服务业绿色发展：驱动机理、绩效测评与战略反应

Green Development of the Service Industry: the Driving Mechanism, the Performance Evaluation and Strategic Reaction

贺爱忠　著

国家社科基金后期资助项目
出版说明

后期资助项目是国家社科基金设立的一类重要项目，旨在鼓励广大社科研究者潜心治学，支持基础研究多出优秀成果。它是经过严格评审，从接近完成的科研成果中遴选立项的。为扩大后期资助项目的影响，更好地推动学术发展，促进成果转化，全国哲学社会科学工作办公室按照“统一设计、统一标识、统一版式、形成系列”的总体要求，组织出版国家社科基金后期资助项目成果。

全国哲学社会科学工作办公室

摘 要

绿色工业革命与绿色发展是21世纪的世界潮流。中华人民共和国"十二五"规划、"十三五"规划定位绿色发展，中国共产党第十八次全国代表大会报告提出"把生态文明建设放在突出地位，融入经济建设、政治建设、文化建设、社会建设各方面和全过程，努力建设美丽中国，实现中华民族永续发展"。2015年3月24日，中共中央政治局会议上更是首次将"绿色化"与"新型工业化、城镇化、信息化、农业现代化"并列为"新五化"战略。中国共产党第十八届中央委员会第五次全体会议则提出创新、协调、绿色、开放、共享等五大发展理念。由此可见，绿色发展已成为中国经济社会发展中的重大战略。服务业是国民经济三大产业之一，其发展水平是衡量现代社会经济发达程度的重要标志。目前，中国服务业已成为第一大产业，中央政府决定"把服务业打造成经济社会可持续发展的新引擎"。服务业对资源环境不仅有直接影响，而且有巨大的间接影响。这种影响因其隐蔽性、复杂性、长期性和难以确定性等特点而往往容易被人们忽视。因而，研究服务业的绿色发展意义重大。

国内外学者们就服务业对资源环境影响的具体表现、影响方式及原因等进行了较为系统的探讨，基本达成了共识；对服务业生态化建设或绿色发展的具体对策措施从多个角度进行了探讨。这些为本书研究奠定了坚实基础，提供了极富启发性的思路。尤其是服务业绿色化矩阵、服务业绿色化保障体系、服务业生态化建设的调控激励机制等内容有助于对服务业绿色化的进一步研究。但是，总体而言，服务业绿色化研究刚刚起步，以往研究多为描述性、思辨性研究，甚至是浅层次的，缺乏数理性、实证性的研究；在工业绿色化领域运用较多的"压力—状态—响应"研究模式，基本没有应用到服务业绿色化研究中；对服务业绿色发展的机理性、规律性研究明显匮乏；重复性的研究较多，创新性尤其是原创性研究不足。本书试图在汲取前人研究成果有益成分的基础上，在研究模式、研究方法、理论模型构建等方面较以往有所突破，为服务业绿色发展初步构建一个理论分析框架、一套绩效测评体系。具体来说，本书主要尝试解决以下问题。

第一，服务业为什么要走绿色发展之路？服务业绿色发展的理论基础是什么？国内外学者在此领域的研究贡献与不足在哪里？

第二，服务业为什么会采取绿色行为？即服务业绿色发展的内外部驱动因素是什么？外部驱动因素的具体构成是怎样的？其中最大的促动因素又是什么？服务业绿色发展的内在非经济因素是什么？这一因素对服务业绿色行为的影响机理与路径是什么？

第三，服务业绿色发展绩效测评指标由哪些部分组成？用什么方法测评更为准确？

第四，根据服务业的绿色发展程度制定什么样的绿色发展战略？通过什么样的路径和措施实现服务业的绿色发展战略构想？

基于以上思考，本书对服务业绿色发展问题进行理论研究和实证研究，重点探究服务业绿色发展的深层次影响因素及其机理、服务业绿色发展绩效测评，以及服务业绿色发展的战略框架，最终初步形成服务业绿色发展的“动力—状态—响应”（Drivers - State - Response，即 DSR）理论分析框架，初步构建服务业绿色发展绩效测评体系，为服务业绿色发展提供理论支持和经验证据，为政府、行业协会推进服务业绿色发展提供科学的决策依据，为服务企业绿色发展提供方向性的指导和战略思路。

本书研究的理论意义在于：综合运用多学科的相关理论，采用多种研究方法，率先集中且系统探索服务业绿色发展的驱动机理、绩效测评、战略反应，既有助于完善产业绿色发展理论体系，也拓展了资源环境经济学、服务业经济理论的研究视野。本书明确提出并系统论证了服务业绿色绩效测评指标体系，尤其是提出并论证“安全”指标在绿色绩效测评中的重要性，既丰富了生态系统健康评价学科的内容，也补充了绿色发展绩效测评指标的内容。本书将云模型应用于绿色绩效测评中，为绿色绩效测评引入一种新方法，同时拓展了云模型的应用领域。

本书研究的实践意义在于：把体制机制创新作为释放服务业绿色发展潜力的重要突破口，建议从非经济因素寻找激发服务业绿色行为的动力，把服务业绿色发展战略定位为有时空差异性的梯度推进战略，把绿色创新与绿色控制统一作为服务业绿色发展的战略路径，提出服务业绿色发展的多种具体措施，有助于提高政府相关政策法规的系统性、有效性，有助于寻求适合中国特色的服务业绿色化道路，能为生态文明、美丽中国建设提供新的视角、新的思路。

本书在马克思主义唯物辩证法的指导下，立足绿色发展相关理论、中国服务业绿色实践与现代统计分析方法、数学方法、计算机科学中的云模型评价法，采取理论论证与实证检验相结合的研究方法。

一方面，本书立足相关的绿色发展理论，在融合马克思主义生态自然观、中国传统文化生态伦理观、西方可持续发展理论、习近平绿色发展理论、绿色发展系统观、产业生态化理论、循环经济理论、人类与环境之间的压力—状态—响应（PSR）模型等相关绿色发展理论的基础上，构建基于动力—状态—响应（DSR）模型的服务业绿色发展理论框架。

另一方面，本书通过对数十位专家的深度访谈，以及对700多家服务企业、400多位与服务业有关的政府部门公务员的问卷调查，收集第一手资料，运用统计分析方法对DSR模型各组成部分内部的概念模型进行检验。采用描述性统计分析、一阶验证性因子分析等对服务业绿色发展的体制机制障碍进行检验。根据《中国统计年鉴》《中国能源统计年鉴》的相关数据，采用LMDI因素分解模型探究服务业绿色发展的行业因素。采用描述性统计分析、一阶验证性因子分析、方差分析、结构方程模型、多群组分析等对服务企业绿色行为的内在驱动机理及在不同群组间的适配性进行检验。运用德尔菲法、层次分析法、云模型评价法等构建服务业绿色发展绩效测评指标并进行测评；运用方差分析、快速聚类分析等方法对服务企业绿色度的群组差异及其原因进行分析。运用系统分析方法，构思服务业绿色发展的战略框架。

本书的特色在于：

第一，从研究对象来看，专门研究服务业领域的绿色发展，使产业绿色化的理论体系更趋完善。以往学术界关于产业绿色发展相关内容的研究，基本是以第二产业尤其是制造业为研究对象，选择工业整个产业或其中资源耗费、环境污染严重的具体行业如石油化工、冶炼、煤炭、纺织、造纸、医药、建材等行业为研究对象，研究这些行业的绿色发展路径或绿色绩效测评，鲜有以服务业为研究对象的成果。本书集中研究服务业这一国民经济的战略性、基础性、未来的主导性产业的绿色发展机理、路径及其绩效测评，从而从更宽广的领域讨论产业绿色发展理论，使产业绿色发展的理论体系更趋完善，有助于提高产业绿色发展理论的普适性。

第二，从研究内容来看，对前人有较多成果尤其是基本达成共识的方面不再重复研究，集中研究前人述之甚少的方面。前人研究较多的方面，包括研究服务业对资源环境影响的必要性、服务业发展对资源环境会产生的负面影响的具体表现与方式、经济因素对服务业绿色行为的影响等内容或观点，本书只是进行文献综述或在有关研究中提及，不另行论述。而对前人研究较少的服务业绿色发展的体制机制、行业因素、内在非经济因素、绿色发展绩效测评、战略定位、战略思路与任务，本书则用大量篇幅进行讨论。尤其是服务业绿色绩效测评，前人基本没涉及，本书分两章分别探讨生产性服务业、生活性服务业的绿色绩效测评。

第三，从研究方法来看，理论论证与实证分析结合，以大量实地调研基础上的实证分析为主。在实证分析方法中，运用了质化研究（Qualitative Research），笔者采用非结构化问卷对服务业的政府主管部门、行业协会、企业、学者进行访谈，以探究服务业绿色发展体制机制障碍、绿色绩效构成维度及指标构成。通过对访谈结果的分析与整理，筛选出符合行业特点和实际的变量、指标，以验证理论假设或为设计结构化问卷进行大样本调查奠定基础。量化研究（Quantitative Research），除采用描述性统计分析、因子分析、方差分析外，本研究注重采用共同方法偏差检验、结构方程模型、多群组分析、层次分析、云模型评价、快速聚类分析、LMDI因素分解模型等方法，以提高研究结论的科学性。

综观全书，主要有三点创新：

第一，初步构建了服务业绿色发展的理论分析框架。学术界一般把经济合作与发展组织（OECD）和联合国环境规划署（UNEP）于20世纪八九十年代共同发展起来的用于研究环境问题的框架体系——PSR模型（即压力—状态—响应模型）进行概念与内涵的改造，作为工业绿色化的分析框架。这种框架强调的是外部压力对工业企业污染状态的影响，进而工业企业采取应对措施减少污染。而对服务业的绿色化（或绿色发展）研究既未采用前述PSR模型，也未形成其他分析框架。本书认为，外在压力和内在动力共同对服务业各企业资源消耗、环境保护、公众健康安全状况（即绿色绩效）产生影响，进而服务业各企业根据绿色绩效制定与实施相应的战略以减少资源消耗、环境污染、消费风险，从而提升绿色绩效。这一逻辑分析框架即为DSR（动力—状态—响应）模型。笔者认为，本书概括提炼的DSR模型比PSR模型能更全面、更系统地解释服务业绿色发展的机理，可以为剖析服务业绿色发展提供新的视角、模型、路径和方法，并进一步推进服务业绿色发展理论的研究。

第二，初步构建了服务业绿色发展绩效的测评指标体系，并率先引入云模型测评绿色绩效。现有绿色绩效测评的对象较多的是工业，也有少量的是农业，但基本没有涉及服务业绿色绩效测评。本研究根据服务业绿色发展的内涵，采用文本研究、专家深度访谈、问卷调查等手段收集数据，借鉴扎根理论技术等方法确定初步测评指标，采用德尔菲法筛选指标，采用一致性检验和层次分析法确定指标权重，分生产性服务业、生活性服务业构建绿色绩效测评指标体系。尤其是把运营安全或消费安全纳入指标体系，突出安全在绿色绩效测评中的重要地位，这是以往工业、农业绿色绩效测评指标体系中所没有涉及的。同时，用计算机科学中能同时解决随机性与模糊性的云模型评价法对生产性服务业、生活性服务业的若干企业绿色绩效进行测评，以检验指标体系的科学性、可操作性，识别服务业绿色绩效状况。而以往对各行各业或各区域绿色发展绩效测评采用的方法是加权算术平均法、模糊综合评价法、模糊层次分析法、数据包络分析法等方法，这些方法要么只解决了事件的随机性，要么只解决了事件的模糊性。

第三，提出并论证服务业绿色发展的战略反应体系，尤其是提出并论证“服务业绿色发展战略路径是绿色创新与绿色控制的统一”这一命题。本书在对服务业绿色发展的外在驱动因素、内在非经济影响机理、绿色绩效测评探讨的基础上，提出服务业绿色发展的战略定位、战略思路与任务、战略重点与步骤、战略路径、战略措施，为服务业绿色发展提供兼具科学性、指导性、参考性的方向与思路，这也是以往的研究所忽略的。尤其是提出并从服务业绿色创新的内容、服务业绿色控制的内容、服务业绿色创新与绿色控制统一的基本条件、服务业绿色创新与绿色控制统一的实现路径等方面论证“服务业绿色发展战略路径是绿色创新与绿色控制的统一”，超越了学术界一般只强调绿色创新重要性的窠臼。

由于主客观条件所限，本书也存在一些不足之处，主要有以下两方面。一是服务业绿色发展的一些理论有待更加系统深入探讨。例如，服务业绿色发展的内外驱动因素的交互作用需要论及，服务业绿色度的测评指标体系有待完善，服务业绿色创新与绿色控制统一有待更加体现服务业特色，等等。二是服务业绿色发展的实证分析有待增加行业与区域。例如，医疗健康服务业、旅游业、汽车维修服务业等行业的绿色发展有自身行业特色，通过对这些行业绿色发展进行实证分析，不仅可以提高服务业绿色发展理论对实践的指导作用，而且可以充实服务业绿色发展理论，提高理论的普适性。从区域看，宜增加东、西部地区的样本。这些不足，我们将在未来的研究中努力完善。

在笔者看来，未来进一步研究的领域主要表现在以下三个方面：一是服务业绿色发展的外在动力、内在动力之间的互动关系；二是通过研制服务业各细分行业绿色绩效测评指标体系，最终归纳、提炼整个服务业绿色绩效的测评指标体系；三是服务业典型非绿色行为的形成机理与干预政策、干预路径。

目　录

图目录

表目录

第一章　绪论

全球绿色运动方兴未艾、发达国家推行绿色新政争夺全球话语权、中国经济发展与资源环境的矛盾日益突出，促使中国“十二五”规划定位绿色发展，2015 年 3 月中共中央政治局将绿色化与新型工业化、城镇化、信息化、农业现代化并列为“新五化”战略。中国共产党第十八届中央委员会第五次全体会议进一步提出创新、协调、绿色、开放、共享五大发展理念。中国“十三五”规划在国家发展模式和理念上将“绿色”强调为主色调。由此可见，绿色发展已成为国家的重大战略。服务业是国民经济三大产业之一，并已成为中国的第一大产业，对资源环境不仅有直接影响，而且通过供应链产生巨大的间接影响。使服务业发展与资源环境、人类健康安全协调统一，具有重大的理论意义与实践应用价值。本章将在系统梳理国内外相关文献的基础上，设计本研究要解决的主要问题，明确本研究的基本思路和采用的研究方法，厘清本研究的特色及可能的创新之处。

第一节　研究背景与意义

一　全球绿色运动方兴未艾

工业社会给人类进步带来了举世瞩目的成就，不断丰富着人类物质文化生活，也带来生态环境恶化和生存资源减少。例如，英国的工业革命损失了大片森林；美国的工业化以开垦大片草原、抽取超量地下水、破坏生态环境为代价；日本在第二次世界大战后经济高速增长的同时，由工业污染造成的以“水俣病”为首的各种“公害病”陆续发生，其对健康的危害程度之大之广，为世界卫生史上所罕见。这些污染和公害造成的严重后果，震惊了世界，引发了关爱地球环境的世界性潮流。联合国于 1972 年 6 月 5 日至 16 日在瑞典首都斯德哥尔摩召开了第一届“人类环境大会”，通过了《人类环境宣言》，决定每年 6 月 5 日为“世界环境日”，揭开了全球性环境治理的序幕。与此同时，西方国家形形色色的生态组织和绿党跃上国际政治舞台。经过 20 年的努力，环境保护取得了一定成绩，但步履艰难，进展缓慢。为了更有效地遏制环境恶化，为了维护生态平衡，联合国于 1992 年 6 月 3 日至 14 日在巴西里约热内卢召开了以"可持续发展"为主题的世界"环境与发展会议"。大会通过了《关于环境与发展的里约热内卢宣言》《联合国气候变化框架公约》《21 世纪议程》等 5 个重要文件。从此，绿色文明引起世界各国的高度关注，得到世界各国的普遍认同。1997 年 12 月《联合国气候变化框架公约》参加国三次会议制定的《联合国气候变化框架公约的京都议定书》，和 2007 年 12 月联合国气候变化大会通过的"巴厘路线图"，明确了不同发展阶段国家应对气候变化的责任，全球由此逐步兴起环境与经济协调发展的绿色浪潮。2009 年 12 月召开的哥本哈根会议则开启了世界选择低碳发展道路的新征程。

经过 30 多年的发展，绿色运动早已超出生态学范畴，扩展成为各种丰富而复杂的社会活动，例如：和平运动、女权运动、生态社会主义运动等，集中体现在政治、经济和科技领域。

（一）政治的"绿化"

首先，建立了保护绿色的组织——绿党。自 1972 年新西兰成立了绿党组织——新西兰价值党之后，全球各洲相继成立了绿党或绿党联合组织，并于 2001 年在澳大利亚堪培拉举行了全球绿党集会，通过了全球绿党章程，成立了全球绿党网络和全球绿党协调。绿党"以保护环境、扩大民主、维护人类和平"为主要目标，以"生态学、社会正义、基层民主、非暴力"为基本价值观（王瑜，2006）。绿党的思想理论基础是系统论和生态学（刘然，2006）。其次，形成了绿色政治战略。西方领导人呼吁把环境问题置于政治问题的重要地位，强调环境主权、生态利益、生态安全。

（二）经济发展的绿色化道路

1. 世界贸易组织高度重视环保

首先，环保列入了世界贸易组织的议程。世贸组织一个最基本目标是可持续发展，其中一个议程是贸易与环境、可持续发展的协调（米歇尔·达密安，2002）。在世贸组织的许多贸易协议中包括了处理环境问题的"绿色"条款（李振纲，2000）。其次，成立了专门机构，建立了工作机制。1995 年世贸组织成立了“贸易与环境委员会”，其职责是研究贸易与环境的关系以促进可持续发展；设立了“中央登记处”，专司登记世贸组织各成员国的环保标准和措施（李振纲，2000）。贸易与环境委员会还同多边环境协议秘书处、联合国环境规划署建立了联席会议制度（米歇尔·达密安，2002）。最后，形成了以自我约束为主的环境与贸易争端解决机制。

2. 政府制定绿色计划

美国政府决心做“环保骑士”，曾制定和实施了改变气候行动计划、环境技术开发和综合计划、绿色照明计划、洁净煤计划、绿色建筑计划、绿色电脑计划、技术再投资计划、环境教育计划、环境国际计划等，大力发展生态农业和生态工业，发展“生态产业集群”。

日本政府曾制定和实施了绿色地球百年行动计划，确保能源资源的新阳光计划，谋求有效利用能源的月光计划，植物工厂计划，环保型工厂计划，公害防治计划，等等。

欧盟不断增加对环保科研、环保技术、环保产业的投资，争当“世界绿色革命的带头人”。德国是最早制定环境政策的国家，人均环保研究支出最高，制定了农业与环境新联邦法、海洋研究与开发计划。英国制定和实施了大地环境研究计划，法国制定了国家环境计划和生物未来计划，加拿大制定和实施了绿色工业战略计划。其他欧盟国家也在减少农药使用量、开发新能源、防治空气污染等方面制定了相应的绿色计划（谢军安、郝东恒，1997）。

发展中国家韩国制定了低碳绿色增长国家战略，争取在 2020 年底跻身全球七大“绿色大国”之列，印度、印尼、巴西等国制定并实施了 21 世纪行动议程、保护热带雨林计划等绿色计划。

3. 企业参与绿色事业

近年来，许多国家的大企业积极参与绿色事业，通过采取生产绿色产品、开展绿色营销、开拓绿色产业等绿色行为，树立绿色形象，并寻求种种方法阻止破坏环境、浪费资源的行为。新一代的“生态企业家”出现，许多企业聘任生态顾问和生态经理、建立绿色银行、设立绿色基金。

4. 消费者绿色意识渐强

绿色意识逐渐深入人心，已渗透到人们日常吃、住、用、行、穿等生活中。例如，越来越多的消费者购买和食用绿色食品，住宿绿色酒店、绿色客栈，购买和使用节能冰箱和洗衣机，使用绿色生态火柴、绿色电池、绿色电脑，购买和驾驶绿色汽车，使用公共自行车等。

（三）绿色科技成了科技发展的主题

绿色科技是整个国际社会的一种发展趋势，是按照生态学原理要求进行研究、管理、应用的科学技术，要求人们把可持续发展的理念渗透到改造自然、产品研发、工艺设备改进、技术创新之中。认为环境问题的最终解决、产业结构的调整必须依靠先进的科学技术；强调科学技术发展必须以不危及人类、自然、环境和生态为红线，且应该着力解决人类面临的各种自然、环境和生态难题；强调绿色科技在提高资源利用率、改善生态环境、维持生态平衡、实现绿色发展中的支撑作用；力图减少科技发展对人类造成的负面影响，使科学技术真正服务于人类、有益于人类。总之，在全球政治、经济、社会绿色化过程中，绿色科技成了科技发展的主题，各学科、各领域的专家、科技工作者密切关注生态、环境、资源等全球性问题，广泛研发、推广、应用绿色技术。

二　发达国家绿色新政争夺全球话语权

（一）绿色新政的缘起

20 世纪以来，环境伴随着全球经济迅猛增长而加速恶化。1981 ~ 2005 年，世界各国国内生产总值翻了 1 倍多，同期世界 60% 的生态系统被以不可持续的方式利用乃至出现退化（张保明，2009）。2008 年初由美国次贷危机引发的国际金融危机严重冲击着全球经济，其隐藏着金融创新泛滥、资源环境极限、人类福利门槛等三重挑战。突破这些挑战，找到新一轮增长的道路，成了世界各国的重大课题。联合国给出了答案：推出绿色新政。2008 年 10 月，联合国环境规划署推出了全球“绿色新政”的概念，发出了旨在推动世界各国向绿色经济[①]模式转变的倡议，呼吁各国领导人在制定和实施经济刺激计划时，加强对绿色经济的引导和扶持，主动推动投资转向绿色经济增长和绿色就业；逐渐将高能耗、高排放的传统经济发展模式，转变为低能耗、低排放的绿色经济发展模式。2009 年 2 月 17 日，

① 绿色经济是一种以维护人类生存环境、合理保护资源与能源、有益于人体健康为特征的经济，是一种平衡式经济。

联合国环境规划署第25届理事会会议暨全球部长级环境论坛上，与会代表就“全球危机：迈向绿色经济”主题展开了部长级磋商，联合国环境规划署执行主任阿希姆·施泰纳指出：各国应将总额约2.5万亿美元的经济刺激方案中的1/3资金投资于绿色经济领域，以推动全球经济向绿色新政方向发展。2009年3月19日，联合国环境规划署发表了《全球绿色新政政策纲要》，敦促20国集团领导人抓住机会，促使世界经济向绿色经济转变。

（二）绿色新政的政策领域与指标

联合国环境规划署的《全球绿色新政政策纲要》规定的政策领域为建筑、可再生能源、生态基础设施、可持续运输、可持续农业等五个方面。这一纲要规定了指标经济增长、就业增加、节能减排，认为只有在这三方面都具有作用的政府公共投资，才是真正意义上的绿色新政。

（三）西方国家的绿色新政

2009年，欧、美、日等主要发达国家及一些发展中国家力图利用当时全球多重危机中的机遇，纷纷制定和推进短期内刺激经济复苏、中长期向低碳经济转型的绿色发展规划。其战略目标是：培育新的经济增长引擎，确立新的经济发展模式，争夺全球竞争的主导权。

英国于2009年7月发布了低碳转换计划、可再生能源战略，成为世界上第一个在政府预算框架内特别设立碳排放管理规划的国家。德国重点发展生态工业，把生态工业政策作为德国经济的指导方针。法国重点发展核能和可再生能源。美国绿色新政的核心是新能源开发，2009年2月的《美国复苏与再投资法案》将发展新能源作为主攻领域之一。日本政府于2009年4月公布了《绿色经济与社会变革》，重点支持政府采取环境、能源措施刺激经济，中长期实现低碳社会、实现人与自然和谐共生的社会目标。韩国于2009年7月公布了绿色增长国家战略及五年计划，确定了发展绿色能源的一系列指标，提出了2020年年底前跻身全球七大“绿色大国”的目标（张来春，2009）。

从全球绿色新政的实施情况来看，有五个共同点：发展绿色经济已成为国家战略，有政策支持，重视绿色技术研发，确立了发展重点，争夺全球绿色话语权。

三 中国将绿色发展提升为中长时期的国家发展模式和理念

西方发展理论经历了四个阶段：第二次世界大战后刘易斯等人提出经济发展等于经济增长；1968 年瑞典缪尔达尔主张经济发展包括经济增长和社会改革；1988 年联合国提出可持续发展；1979 年法国佩鲁提出以人为本的新发展观；联合国发展规划署 1990 年首次提出“人类发展”这一概念，标志着以人为中心的发展观开始获得较为普遍的认同。21 世纪初，中国吸收当今世界发展理论的精华，结合本国基本国情和阶段性特征提出了科学发展观。与发展理论对应的发展模式有三种：一味强调对环境征服的传统模式、“过程末端治理”模式、治理与发展同步的绿色发展模式。联合国计划开发署发表的《2002 中国人类发展报告：绿色发展，必选之路》，率先提出在中国应当选择绿色发展之路。

从实践来看，中国早在 20 世纪末就开启了绿色发展的先河。1996 年 11 月，中国国家工商行政管理局商标局正式核准注册“绿色食品”标志。1999 年以来，中国政府部门在流通领域相继推出了创建“绿色市场”“绿色饭店”“绿色餐馆”的“三绿工程”，政府“绿色采购清单”，“零售业节能行动”，《农副产品绿色批发市场》《农副产品绿色零售市场》《绿色饭店》国家标准。2006 年开始温家宝同志连续 5 年在《政府工作报告》中提到发展新能源和环保问题。2007 年国务院确定武汉城市圈、长株潭城市群为全国资源节约型、环境友好型社会建设综合配套改革试验区，2008 年底国务院从刺激经济发展的 4 万亿元人民币中，拿出 3400 亿元人民币用于绿色项目。2009 年实施了节能减排、发展循环经济、加快构建中国环境经济政策体系等行动。2010 年的《政府工作报告》，用了前所未有的篇幅阐述绿色发展问题，指出：要打好节能减排攻坚战和持久战，加强环境保护，积极发展循环经济和节能环保产业，积极应对气候变化。中华人民共和国国民经济和社会发展“十二五”规划定位绿色发展，把建设资源节约型、环境友好型社会作为加快转变经济发展方式的重要着力点。2015 年 3 月中共中央政治局将绿色化与新型工业化、城镇化、信息化、农业现代化并列为“新五化”战略。中国共产党第十八届中央委员会第五次全体会议进一步提出创新、协调、绿色、开放、共享五大发展理念。中华人民共和国国民经济和社会发展“十三五”规划在国家发展模式和理念上将“绿色”强调为主色调。之后从制度建设、法规建设等方面进行了系列部署，引领中国走向永续发展、文明发展的新道路。

四　服务业对资源环境具有广泛影响

服务业（又称第三产业）与第一、第二产业共同组成国民经济整体，服务业已成为当前发达国家和地区的主导产业，是国际大都市的标志性产业。服务业对资源环境有重大影响。首先，服务业的生存与扩张需要大量资源，会在消耗资源的过程中产生废弃物。其次，服务业涉及多样化的有形产品，在提供给顾客的服务产品中包含有形的部分，例如足疗服务中的药水、快递服务中的包装物、汽车维修服务中的备用件等，另外，许多服务必须不同程度地依赖于有形产品的支持才能得以实现，例如无形的理发服务必须依赖某种有形的理发工具来实现。这些有形产品在服务业经营活动过程中产生的各种废物、废水、废气和其他无形污染，会对资源环境产生负面影响。再次，生产领域产生的具有负面环境效应或不健康、不安全的产品，大多是通过服务业流向市场、流向社会的。最后，服务业的一些经济活动（货物运输、餐饮供应、沐浴服务、低俗促销等）直接产生、加重了环境污染和资源浪费。而服务业在一国经济社会中的广泛性决定了它对资源环境的影响具有广泛性。早在2000年，美国就有学者指出，服务业已经成为影响美国废气排放、废物生成和能源消耗的一个重要部分。由于服务业的经济总量是制造业的两倍，这使得服务业与制造业整体上的能源消耗和全球变暖潜能保持大致相同（Jeffrey Rosenblum et al.，2000）。中国著名服务经济学者夏杰长（2013）指出，服务业在提供服务的过程中，同时会提供实体产品或消耗和使用实体产品并产生一定的废弃物、废水、废气和其他无形污染，对环境产生一定的负面影响，即非绿色影响。2006年中国社会科学院财贸经济研究所汪德华博士研究发现，中国的服务业总体资源消耗比重都要高于除韩国和波兰以外的其他经合组织国家的水平。据国家邮政局统计数据，2015年全国快递业务量达到207亿枚，产生包装垃圾400多万吨。

五　国内外对服务业绿色发展的理论研究缺乏

产业绿色化概念源于1989年加拿大环境部长提出的“绿色计划”一词，绿色计划在20世纪90年代初得到12个工业发达国家的认同，这些国家把绿色计划作为推进各国社会经济可持续发展的重要战略。西方国家学术界的相关研究集中在工业与外部环境压力互适过程和变化的实证方面（陈雯、Dietrich Soyez、左文芳，2003）。有关服务业绿色化的研究多为物流、酒店与旅游、金融、医疗保健等某些具体行业的绿色化问题。学术界对绿色物流的普遍关注源于1995年《国际物资配送及物流管理杂志》第25卷第2期所设的绿色物流研究专刊。绿色物流研究的重点有二：一是与采购相关的环境问题（Carter，C. and Dresner，M.，2001；Min，H. and Galle，W.，1997），二是逆向物流（Gungor A.，S. M.，1998）。此外，对绿色物流的影响因素、环境政策、绿色物流行为等方面也进行了少量的实证研究。绿色酒店与旅游的研究可能源于1991年“威尔士王子商业领导论坛”创建“国际旅馆环境倡议”机构，并于1993年召开旅馆环境保护国际会议，出版《饭店环境管理》一书（王圣果、沈晨仕，2000）。1995年加拿大全国饭店协会制定了“绿叶生态分级体系”，从节约水资源和能耗、循环利用废弃物、使用危害自然环境的物质的程度等方面对饭店评分评级。随后，这套评定标准推广到美国、泰国、哥斯达黎加、丹麦等国家（朱磊、曹静，2009），从而使饭店行业的环境管理成为全球共识。有学者主张饭店需要基于资源的有限性而规划，要在教育消费者意识到节约资源的价值方面起更大作用（Kamal Manaktola and Vinnie Jauhari，2007）。绿色金融概念的提出则是在1997年。2000年《美国传统词典》（第四版）将其定义为：研究如何使用多样化的金融工具来保护环境、保护生态多样性。国外研究和实践的重点是碳金融，即所有服务于限制温室气体排放的金融活动，包括直接投融资、碳指标交易和银行贷款等（雷立钧、高红用，2009）。

韩枫（2007）从绿色、绿化、服务业绿化层层推进的思路界定了服务业“绿化”的内涵，提出了服务业绿色的内容；中国著名服务经济学者夏杰长（2011，2013）就绿色服务业与服务业绿色转型的内涵与要求、重点领域、障碍与建议进行了探讨。庞瑞芝、王亮（2016）核算了2010～2013年中国30个省份服务业部门的环境全要素效率，发现中国服务业发展不是绿色的，存在着环境库兹涅茨曲线和污染避难所假说。新常态下转向以服务业为重心的经济增长依然面临着绿色发展的严峻使命。其他学者则以服务业具体行业的绿色化问题进行研究。关于绿色流通方面，北京物资学院、中国商业经济学会则先后出版了《绿色流通引论》（2005）、《绿色商业发展战略研究》（2008）。关于绿色物流方面，以介绍国外绿色物流法律法规、物流的环境影响因素、发展物流的路径选择等定性文献为主（陈达，2001；王长琼，2003；谢泗薪、王文峰，2010），定量研究主要集中在逆向物流方面（谢家平、陈荣秋，2003；于成学、武春友、樊宇，2006）。绿色饭店的理念于20世纪中期传入中国，而中国饭店协会2003年制定的《绿色饭店等级评定规定》首次提出了集安全、健康、环保于一体的整合型绿色饭店体系。众多学者随后对这一领域进行了研究，集中在：绿色饭店兴起的背景及其含义，创建绿色饭店的必要性、意义、措施，饭店绿色营销、绿色管理（袁蒙蒙，2009）。关于绿色金融方面，研究热点有二：一是绿色金融与循环经济、可持续发展的关系，二是发展绿色金融的建议（雷立钧、高红用，2009）。

上述成果侧重于现状描述、具体措施探讨，缺乏从服务业整体视角体现服务业特色的绿色发展逻辑分析框架的研究成果，战略高度、理论深度明显有待进一步加强，缺乏对服务业绿色发展绩效测评指标体系及测评方法的探讨，难以满足绿色发展的实践要求。

综上所述，研究服务业绿色发展意义重大。

第二节 相关研究回顾

国内外与服务业绿色发展相关的研究主要集中在以下四个方面。

一 研究第三产业发展对资源环境影响的必要性

（一）什么是第三产业发展对资源环境的影响

在众多研究第三产业对资源环境影响的文献中，只有极少数学者对其下了明确定义。汪兴涛、杨凯、蔡晓燕（1998）认为，第三产业环境污染主要是指在商业、餐饮、娱乐服务、交通运输、旅游等活动中对区域环境质量和人群健康造成不良影响的现象。蔺栋华（2000）从经济学角度进行了界定，认为第三产业发展对环境产生的影响和破坏，即第三产业发展的环境代价，是指第三产业发展中对一定量自然资源和环境资源的消耗，尤其是不当消耗，实质是第三产业发展中的负外部性，或外部不经济性。可见，学者们侧重从负面影响的角度分析第三产业对资源环境的影响，而汪兴涛等人（1998）的界定更为全面，不仅分析了第三产业对环境质量的影响，而且分析了对人群健康的影响。

（二）第三产业发展对资源环境影响的特点

学者们一致认为，第三产业发展对资源环境的影响不同于第一、第二产业。蔺栋华（2000）认为，第三产业发展对环境的破坏和影响具有无形性、长期性和难以确定性等特点，直接影响人们的身心健康。杨凯（2002）认为，第三产业环境污染点分散，形式多样，污染行为遍布于人们日常消费活动之中。杨昂、孙雪梅（1994）也指出第三产业发展的环境问题与人民生活紧密相关。黄孔融、王国聘（2008）认为，第三产业的环境影响具有隐蔽性。曲如晓（2004）认为，第三产业的环境影响方式较为间接和隐蔽。彭水军等人（2015）发现，服务业对资源环境的影响往往隐藏在其生产供应链背后而不易被觉察。李艳梅、孙丽云（2016）认为，服务业的环境影响具有间接性、广泛性、长期性、潜在性等特点。可见，第三产业发展对环境影响的间接性、隐蔽性、与人民生活相关的密切性等特点得到了大多数学者的认同。

（三）研究第三产业发展对资源环境影响的必要性

白长虹、武永红（2001）认为，目前不仅主要发达国家已经名副其实地实现了向服务经济转变，而且全球制造业中的服务活动越来越成为企业的主要经营活动，甚至大大超过单纯的制造活动。但服务企业和服务活动的环境影响仍未受到足够重视，人们必须将视野做相应调整。杨昂、孙雪梅（1994）认为，第三产业中的交通运输业、饮食服务业、旅游业的蓬勃发展带来了大量的环境问题，而且和人民生活紧密相关；第三产业在城市中的比重逐渐加大，因而有必要研究第三产业的环境影响。黄孔融、王国聘（2008）对研究第三产业环境问题的必要性进行了较为详细的阐述，认为其必要性在于：人们对第三产业造成的环境影响的认识不足，资源与环境压力剧增促使人们探索产业发展的新思路，学术界对第三产业与环境问题关系的研究十分欠缺。归纳学者们的观点，服务业在国民经济中所占比重不断上升，服务业的蓬勃发展带来了大量的与人民生活紧密相关的环保问题，且这一问题尚未受到足够重视，决定了我们必须研究第三产业发展对资源环境的影响。

二　第三产业发展与资源环境的关系

学者们研究第三产业发展与资源环境的关系，主要集中于第三产业发展对资源环境的影响表现、影响方式和影响原因，极少数学者研究了资源环境对第三产业的影响。

（一）第三产业发展对资源环境影响的表现

杨昂、孙雪梅（1994）认为第三产业对环境的影响主要表现为交通运输业的噪音、尾气，餐饮服务业的废水、烟尘废气。汪兴涛、杨凯、蔡晓燕（1998）提出，第三产业对环境的负面影响主要表现在噪声扰民、汽车尾气污染、油烟气污染、废水污染、热污染、光污染、包装垃圾污染以及市容景观污染等。吕晓刚（1999）分具体行业分析了第三产业对环境的影响，指出交通运输业的环境问题主要体现在船舶垃圾、火车垃圾、交通运输噪声及汽车尾气排放而造成的空气污染；商业饮食娱乐业的环境问题主要集中在光污染、“白色污染”及野生动物保护方面；房地产业的环境问题表现为对绿地及农耕地资源的挤占，建筑工地的噪声污染及建筑垃圾，城市建筑使用玻璃幕墙造成的光辐射、风影区及热岛效应；新闻传播及邮电通信业的环境问题主要表现为电磁辐射污染。蔺栋华（2000）认为，第三产业发展对环境的影响和破坏主要表现是：“白色污染”、噪音污染、大气污染、野生动物被乱捕滥杀、生活垃圾、光污染、绿地及肥沃的农耕地被挤占、植被破坏、某些珍贵的不可再生资源的衰退和灭亡、玻璃幕墙的光辐射、风影区和“热岛”“风岛”“雾岛”效应、电磁辐射污染。张新婷、黄龙跃（2009）把服务业对环境的非绿色影响归纳为三个方面：服务业在服务过程中所消耗的资源对环境产生的非绿色影响，如饮食业、房地产业、旅游业对资源的消耗；服务过程中产生的废弃物和排放物对环境产生的非绿色影响，主要包括三类，即固体废弃物、废水、废气；服务过程中对环境产生的其他污染，主要有三类，即噪声污染、光污染、电磁波辐射等污染。于琨、张展（2011）专门分析了生产性服务业具体行业环境影响的表现，主要有现代物流业的空气污染、噪音污染、交通阻塞和特殊危险品的泄漏；金融业大量纸质账单、塑料卡的使用对生态环境的破坏；信息服务业的“计算机垃圾”，废旧电子产品中含有的有毒有害物质；商业服务业对水电及其他能源的消耗、废弃物排放等。胡子祥（2004）提出服务污染主要表现为：服务过程中所提供的有形产品所产生的废料、废物及其有害、有毒物质对生态环境和人体健康产生的负面影响；服务过程中所使用的有形实体和所消耗的资源能源产生的各种废气、废水、废渣、噪音等污染；纯粹的服务过程如理发、修理、裁剪等产生的废弃物。而 Elisabeth Robinot 和 Jean – Luc Giannelloni（2009）认为酒店业对环境的负面影响很显著，特别是在水、能源消耗、废物产量方面。归纳上述学者的观点，第三产业发展对资源环境影响的表现多种多样，主要有：噪音、废水、废气（如尾气、油烟气）、固体废弃物、辐射（如光辐射、电磁辐射）、农耕地挤占、野生动植物破坏等方面。

（二）第三产业对资源环境影响的方式

Jeffrey Rosenblum 等人（2000）运用经济投入产出分析—生命周期评估法对货运和快递服务、零售贸易、高校、酒店服务等 4 个服务行业的环境影响进行评估后得出，服务业对环境的影响不仅有自身的直接影响，而且有供应链的间接影响。服务业的间接影响巨大，甚至在某些程度上与制造业的直接影响相当。盛静芬、邹欣庆、葛晨东（2001）研究发现，清洁、服务站、车辆维修等行业可能产生直接的环境影响；银行业、财务、咨询、保险等行业可能通过其决策对其他工商企业产生间接的环境影响；旅游、教育、零售等行业可能对环境既有直接影响也有间接影响。曲如晓（2004）提出，电力服务业、航空运输业、公路运输、医院等烟囱服务业会对环境产生相当大的直接影响；快餐连锁店、汽车服务站、牙科诊所等累积性服务业的服务提供者集合起来将产生巨大的环境污染；零售商业、健康医疗服务、旅游业等杠杆服务业会对其消费者或供应者的环境行为施加影响。进一步地，他又分 14 个具体行业列表说明服务业潜在的环境影响。Suh（2006）基于服务消费规模和供应链效应，运用投入产出模型进行分析后发现，美国家庭服务消费引起的温室气体排放占生产总排放的比重达 37.6%。成升魁等人（2012）专门分析了餐饮业食物浪费的资源环境效应，一是前效应，指生产那些浪费掉的食物所付出的资源环境代价；二是后效应，指那些浪费掉的食物进入城市环境系统后所引发的新的对资源环境、食物安全甚至城市居民健康的负面影响。钟永德等人（2014）对 2007 年中国旅游业的碳排放进行计量分析，发现间接碳排放占旅游业总碳排放的比重为 57%，超过直接排放量。李艳梅、孙丽云（2016）运用投入产出法对2005~2012年中国及北京服务业直接和间接能源消耗进行计量分析后发现，间接消耗远高于直接消耗。综合以上学者的观点，第三产业不同行业对资源环境影响的方式按路径可分为直接影响和间接影响，按结果可分为积极影响和负面影响，按环节可分为某一环节的影响、某些环节的影响和全过程的影响。

（三）第三产业发展对资源环境影响的原因

Stephen J. Grove等人（1996）认为，许多服务在不同程度上都要依靠有形产品来传达其利益，服务过程通常需要各种资源，或者在服务期间产生废弃物，对服务过程设计的生态合理性等都会使服务业对资源环境产生影响，而服务业的大量存在及其行业和企业的众多性，使其成为环境保护潜在的中坚力量。蔺栋华（2000）把第三产业发展对环境影响和破坏的具体原因归纳为6个：利益驱动，公共物品的非竞争性使用，第三产业快速发展造成的环境压力过大，第三产业发展对环境的影响和破坏具有隐蔽性，法制体系不完善和执法不严，环保资金、人才的缺乏。白长虹、武永红（2001）认为，服务业活动过程中必不可少的有形物的参与，服务政策、服务设计、服务提供、消费导向的缺陷，都会造成大量浪费，且服务活动过程本身需要消耗资源并产生废物。黄孔融、王国聘（2008）具体分析了第三产业发展对环境造成直接和间接影响的原因，认为产生直接影响的原因主要有三：服务企业生产经营活动中的有形产品会产生各种废物；服务过程中使用有形实体及消耗资源和能源，会产生各种废弃物、噪音、电磁辐射等污染；纯粹的服务过程本身也会产生废弃物或对生态造成一定损害。产生间接影响的原因主要有四：第三产业规划与布局欠科学合理，重经济利益而轻环境承受能力，宣传、教育力度不够，规章制度不完善，有法不依、执法不严。Alcántara和Padilla（2009）发现服务业对物质投入存在很大依赖性，这种依赖性使服务业对环境的负面影响非常突出。吴继贵、叶阿忠（2016）通过构建半参数面板数据向量自回归模型进行分析后发现，服务业发展水平的提高推动了碳排放强度的上升。综合以上学者的观点，利益驱动、经营服务运营需求、资源环境的非竞争性利用、服务业的蓬勃发展、规划布局不合理、法规制不完善、宣传教育力度不够，造成了第三产业发展对资源环境的影响。

（四）资源环境对第三产业发展的影响

从已掌握的文献来看，只有黄孔融、王国聘（2008）专门分析了资源环境对第三产业发展的影响。他们认为，环境是第三产业发展的物质基础，环境对第三产业发展具有促进或阻碍作用。

三　第三产业生态化建设

（一）生态型第三产业与第三产业生态化

对生态型第三产业下了定义的是盛静芬、邹欣庆、葛晨东（2001），他们认为生态型第三产业就是将对环境的影响减小至最小的程度，既具有传统第三产业吸收大量剩余劳动力、增加社会收入、加快国民经济发展的优势，又能预防传统第三产业带来的负面环境影响，从而使第三产业成为“清洁产业”。他们同时把生态型第三产业分为三类：着眼于对第一、第二产业提供服务的基础生态服务业，以水、土、生物景观资源为基础进行综合开发的特色生态第三产业，从事环境管理建设的综合环境服务业。有学者提出了一个与生态型第三产业相关的“生态型服务”概念，就是减少资源占用和能源消耗，从而有利于生态的特殊服务（李伍荣、周艳，2007）。汪兴涛、杨凯、蔡晓燕（1998）对第三产业生态化进行了界定，提出第三产业生态化就是减少产品与服务中的原材料和能源的用量，提高物质的循环使用率，以少废无废为宗旨，与其他产业生态化设计相耦合，建立基本闭路循环的生态城市体系。徐竞成、范海青（2000）认为，服务业生态化就是把“3R”原则和生态理念融入服务业产业系统结构中去，建立起生态服务产品的生产、消费、还原等过程的产业“生态链”。可见，已有研究成果基本是从减少资源能源消耗、减少污染的角度理解生态型第三产业及第三产业生态化的。

（二）第三产业生态化建设的必要性

汪兴涛、杨凯、蔡晓燕（1998）认为第三产业生态化趋势是建设生态城市与可持续发展的需要。徐竞成、范海青（2006）认为传统服务业生态化建设有助于循环经济发展，可以降低产业发展对资源和环境的冲击负荷。于琨、张展（2011）则认为工业生态网的构建是人类生存的需要，而生产性服务业是工业生态产业链的必备环节。可见，已有研究成果从建设生态城市、可持续发展及产业链等方面理解第三产业生态化建设的必要性。

（三）第三产业生态化建设的重点领域

这方面的研究成果很少。Martin Standley（1998）介绍了挪威服务业中提高生态有效性的优先考虑行业，它们是：零售业、建筑物建设与管理业、广告业、旅游业、金融服务、小轿车租赁业。徐竞成、范海青（2006）认为，服务业生态化建设的重点领域是大中型商场和市场、宾馆饭店、运输物流部门等。这两篇文献共同提到的重点行业是零售业。

（四）第三产业生态化建设的调控激励机制

目前可见的公开文献只1篇，即杨凯（2002）对上海第三产业生态化建设的环境激励调控机制的探讨。他认为环境税、抵押金、排污收费及排污权交易共同构成外部经济调控机制，而IS014001环境管理体系则是内部调控机制、内外调控共同作用，形成较为系统的环境激励调控体系。

（五）第三产业生态化建设的途径

众多学者对第三产业生态化建设的途径从不同视角进行了探讨。汪兴涛、杨凯、蔡晓燕（1998）提出的第三产业生态化建设的途径有二：一是引入产品“非物质化”、绿色消费、清洁服务等全新消费模式与消费理念；二是创造性地运用清洁生产、生命周期评估、ISO14000环境管理体系、环境经济激励措施等环境技术支持手段。藺栋华（2001）提出了四条发展生态型第三产业的对策：树立第三产业发展的生态观；完善法律体系，加大执法力度，为发展生态型第三产业保驾护航；深化改革，顺应绿色趋势，培育新的经济增长点，促进环保型第三产业发展；转变消费行为，走绿色消费之路，支撑环保型第三产业发展。徐竟成、范海青（2006）则专门提出了传统服务业生态化建设的四条途径：一是服务主体生态化，二是服务途径清洁化，三是消费模式绿色化，四是与其他产业生态耦合化。黄孔融、王国聘（2008）提出的观点与徐竟成、范海青（2006）的观点大同小异。李伍荣、周艳（2007）提出企业在开发生态型服务时应注意以下几个方面：正确确定目标顾客，选定生态型服务相关联的产品，调适组织及其功能，改变消费者行为。

四 服务业绿色转型与绿色发展

直至目前，关于服务业绿色转型或绿色发展的研究文献屈指可数。这些文献涉及以下六个方面的问题。

（一）服务业绿色转型的战略意义

韩枫（2007）从绿色、绿化、服务业绿化层层推进的思路界定了服务业“绿化”的内涵。他认为服务业绿化就是把“绿色”（即“无污染”“无公害”）因素不断渗透于服务业的各项活动中，并使“绿色”因素成为主体因素，形成“绿色服务业”。Stephen J. Grove（1996）也认为，服务业通过坚持开展绿色环保实践活动可以给环境带来积极的潜在影响，给服务组织带来巨大利益，如成本控制、增加盈利及顾客吸引力。George I. Kassinis and Andreas C. Soteriou（2003）以服务利润链理论为假设基础，通过对欧洲酒店业的抽样调查，使用结构方程模型进行检验，发现服务业环境管理实践的实施程度与市场绩效正相关。宗建树（2010）指出，从中国所处的发展阶段和产业结构调整的方向来看，服务业节能减排有较大潜力可挖。如果能因势利导，那么服务业在节能减排中可发挥巨大作用。夏杰长、张晓兵（2011）认为，服务业绿色转型是现代服务业发展的一个重要方向。其战略意义在于：可以高效高质满足民生需要，可以创新服务业态，创造许多新的就业岗位，可以进一步降低第三产业的能耗，有利于实现人与自然协调发展。庞瑞芝、王亮（2016）通过实证研究发现，只有真正实现服务业的绿色发展，我国的经济结构转型才有切实意义。可见，学者们已认识到服务业绿色转型在民生、就业、生态环境、节能减排、财务绩效、市场绩效方面具有重要意义。

（二）服务业绿色转型的重点领域

宗建树（2010）认为，服务业绿色转型的重点有二：一是既有服务行业通过加大改造力度，精心挖掘节能减排潜力；二是新上服务行业从一开始就做节能减排的典范。夏杰长、张晓兵（2011，2013）认为，服务业绿色转型的重点有四：绿色商业、绿色物流、绿色金融和节能环保服务业。李艳梅、孙丽云（2016）在进行实证分析后指出，服务业绿色转型的重点是加快发展资源环境影响较小的现代服务业部门，例如，金融服务业、高技术服务业、设计咨询业、节能环保服务业等。

（三）服务业绿色化的内容

Jeffrey Rosenblum 等人（2000）提出绿化服务业应包括绿化他们的供应链。Ming Kaan Low 等人（2001）认为，从基础结构的角度看服务的绿化应考虑两个重要组成部分：单个产品的绿化、服务平台的绿化。韩枫（2007）认为服务业绿色化的内容包括：贯彻执行国际与我国的可持续发展战略规划，铸造服务业“绿化”的基本特征，协调好服务业与生态环境的关系，尽力减少服务活动中对自然资源的消耗，迅速提高服务业现代科技水平。可见，服务业的绿色化包括宏观和微观两个视角。

（四）服务业绿色化矩阵

Stephen J. Grove（1996）为了阐明服务业众多行业建立绿色环保导向的各种方法，采用3R 环境管理框架和 SERVMARK 分类体系相结合，提出了服务业绿色化矩阵，如表 1－1 所示。这一矩阵为服务业具体行业的绿色实践指出了可能性及具体着力点。

表 1－1 服务业绿色化矩阵

服务业的分类		绿色环保方式		
行业分类	服务组织范例	减少	回收	重复利用
医疗保健	医院	换用小流量喷头和水龙头，减少用水量	回收利用装正常水、盐水或者无菌水的塑料瓶	开发能够消毒和重复利用医疗手术服的系统而不是一次性处理
金融业	零售银行	减少客户的每月银行结单，节约用纸	收集日常办公所用纸张（例如，打印纸和信件等）	转为使用可多次而非一次使用的钢笔、打印机墨盒等
生物业	牙医	使用含更少有毒物质的填充材料	回收口罩、手套和常用的塑料材料	对牙科医具进行消毒处理而非直接扔掉
酒店旅行与旅游业	酒店		从饭馆和客服部门回收瓶罐	回收利用洗涤用水，用于地板清洁

续表

服务业的分类		绿色环保方式		
行业分类	服务组织范例	减少	回收	重复利用
娱乐业	体育、艺术、高尔夫	使用需要更少水、肥料和化学物质的草坪	回收可转化为肥料的草屑，用于给土地施肥	收集记录得分的铅笔，供后来的顾客使用
非营利组织	政府、半政府、公交路线	转为使用电力交通工具，减少内燃污染物	回收含橡胶的轮胎和其他材料	收集旧公交车的零部件，用做运营车辆的替代部件
租赁行业	渠道、物流、百货商店	努力存储有利环保的产品	回收运输产品的装箱和包装材料	转为使用可重复利用的天幕或电子显示屏
教育	科研大学	延迟课时，缩短学期时间，节约用于运行物理设备所需要的资源	收集日常活动中大量使用的白色纸张（例如，试卷、备忘录等）	更换新机后，在校园里找到旧电脑的放置点
通信	电话公司	转为使用光纤，以减少电话线的使用	回收旧手机元器件和材料	培养翻新和销售旧手机或二手机的能力
维修	汽车修理	使用大容器装的商品材料而不是小的、易浪费的容器	在更换机油时回收使用过的机油，以便后来使用	可能的话，保存更换的汽车零件用于再制造（例如，发电机、化油器）

（五）服务业绿色转型的保障

夏杰长、张晓兵（2011）提出了促进服务业绿色转型的6条保障措施：资金保障、土地保障、科技保障、载体保障、项目保障、人才保障。

（六）服务业绿色发展的对策

关于服务业绿色发展对策探讨的文献较多。Robin Roy（2001）认为设计并营销四种服务系统——结果服务、共同使用服务、产品寿命延长服务和需求可持续侧管理可以实现节约。Ming Kean Low 等人（2001）提出运用时间分离、空间分离、系统结构分离、部分间分离原理进行服务设计，可以建立绿色服务。胡子祥（2004）分别从消费者、企业、政府的角度提出了发展绿色服务的对策建议，他认为需要消费者选择绿色服务，企业推行绿色服务，政府鼓励和规范绿色服务，而政府需要做的工作主要是：大力提高国民的绿色意识，积极申请绿色认证，积极推行绿色管理，建立和完善绿色政策和法规。韩枫（2001）提出的主要对策措施是：通过宣传教育，强化服务业全体从业人员的“绿化”意识；实施“绿化发展战略规划”；制定服务业“绿色”标准；创建一支“绿化”队伍；提高服务业绿色科技水平，提高服务活动中的“绿色”要素比例。张新婷、黄龙跃（2009）从系统角度出发，认为我国服务业绿色发展首先需要政府提供一个良好的外部环境，重点是综合利用法律、法规强制手段和经济调节手段规范服务企业及相关企业的行为；制定政府的绿色采购制度；尽可能减少提供综合服务时产生的非绿色影响，发挥引导市场绿色消费的示范作用。其次，服务企业与相关企业加强绿色化合作，引导、鼓励公众绿色消费，发挥绿色消费需求的拉动作用。最后，企业加强自身的绿色经营管理理念。此外，张新婷、许景婷（2010）进一步提出作为外部环境的构建者，政府应制定发展绿色服务业的中长期规划，为服务企业营造统一开放、公平竞争、规范有序的市场环境，为发展绿色服务业提供强有力的法律保障，制定一系列刺激服务业提供绿色服务同时遏制非绿色服务的经济政策和制度，利用自身优势为发展绿色服务技术提供一定的支持，严格执法，避免各项规则和制度流于形式。同时，政府充分运用各种手段加强宣传，引导、教育消费者进行绿色消费。作为服务提供者，政府部门应积极倡导和实践绿色服务理念，优先选择绿色服务途径，做好绿色服务业的表率。也有学者单独从服务企业的角度提出了对策。Stephen J. Grove（1996）提出服务组织应使用全面质量管理和标杆管理践行绿色环保活动。白长虹、武永红（2001）运用营销学的相关理论，在分析服务业绿色化矩阵的基础上，提出了服务企业绿化的策略：首先，企业需要制定消费者能够接受、认同的绿色产品价格；其次，企业可以通过组织有消费者参加的环保宣传活动，来引导消费者的绿色倾向，降低企业的环境成本；再次，企业可以通过广告、公关等沟通手段进行绿色消费宣传，树立企业绿色形象。综上所述，大多数学者从政策法规、标准与认证、宣传教育、队伍、科技、规划等方面探讨政府的对策，也有少数学者从全面质量管理、标杆管理、设计、营销等方面探讨企业的对策。夏杰长（2013）立足于中国服务业绿色发展的现实障碍，提出要通过制定绿色服务业的科学规划、全面推进服务业的绿色升级、以促进服务企业绿化为落脚点全面落实服务业绿色转型、完善政府绿色采购制度、扩大绿色服务业的市场需求等方面促进绿色服务业发展。

五　相关研究成果简要评价

综上所述，国内外学者们就服务业（第三产业）对资源环境影响的具体表现、影响方式及原因等进行了较为系统的探讨，且基本达成了共识。对服务业（第三产业）生态化建设或绿色发展的具体对策措施也从多个角度进行了探讨。这些为本研究奠定了坚实基础，提供了极富启发性的思路。尤其是服务业绿色化矩阵、服务业绿色化保障体系、服务业生态化建设的调控激励机制、服务业绿色转型的重点领域等内容特别有助于对服务业绿色化的进一步研究。但是，总体而言，服务业绿色化研究刚刚起步，以往研究多为描述性、思辨性的研究，甚至是浅层次的，缺乏数理性、实证性的研究；在工业绿色化领域运用较多的“压力—状态—响应”研究模式，基本没有应用到服务业绿色化研究中；对服务业绿色发展的机理性、规律性研究明显匮乏；重复性的研究较多，创新性尤其是原创性研究不足。本书试图在汲取前人研究成果有益成分的基础上，在研究模式、研究方法、理论模型构建等方面较以往有所突破，为服务业绿色发展初步构建一个理论分析框架、一套绩效测评体系。

第三节　研究目的与内容

一　研究目的

本书专门针对服务业经营活动过程中的资源浪费、环境污染、人身财产威胁问题，对服务业的绿色发展问题进行理论和实证研究。这里，服务业的绿色发展，是指把服务业发展建立在生态环境良性循环的基础上，使生态、经济、社会三大效益获得有机统一的服务业发展模式。其实质是服务企业发展中资源环境问题解决的思路和对策不断由外部的补救措施，转变为服务产品、服务项目和服务流程设计过程中的内源考虑因素。其核心内涵是服务业的经济发展与自然资产保护、公众健康安全协调统一的发展。本书试图在运用经济学、管理学、生态学、心理学等学科相关理论成果，汲取前人有关服务业资源环境问题相关研究成果有益成分的基础上，解决以下问题。

（1）服务业为什么要走绿色发展之路？服务业绿色发展的理论基础是什么？国内外学者在此领域的研究贡献与不足在哪里？

（2）服务业为什么会采取绿色行为？即服务业绿色发展的内外部驱动因素是什么？外部驱动因素的具体构成是怎样的？其中最大的促动因素又是什么？服务业绿色发展的内在非经济因素是什么？这一因素对服务业绿色行为的影响机理与路径是什么？

（3）服务业绿色发展绩效测评指标由哪些部分组成？用什么方法测评更为准确？

（4）根据服务业的绿色发展程度制定什么样的绿色发展战略？通过什么样的路径实现服务业的绿色发展战略构想？

基于以上思考，本书对服务业绿色发展问题进行理论研究和实证研究，重点探究服务业绿色发展的深层次驱动因素及其机理，服务业绿色发展的绩效测评，以及服务业绿色发展的战略框架，最终初步形成服务业绿色发展的“动力—状态—响应”（Drivers - State - Response，即 DSR）理论分析框架，初步构建服务业绿色发展的绩效测评体系，为服务业绿色发展提供理论支持和经验证据，为政府、行业协会推进服务业绿色发展提供科学的决策依据，为服务企业绿色发展提供方向性的指导和具有可操作性的思路。

二　研究思路

联合国环境规划署（UNEP）和经济合作与发展组织（OECD）于 20 世纪八九十年代共同开发了用于研究环境问题的分析框架——PSR 模型（即压力—状态—响应模型）。这一模型包括压力指标、状态指标和响应指标等三类指标。压力指标表征人类的经济和社会活动对环境的负面作用，状态指标表征特定时间阶段的环境状态和环境变化情况，响应指标表征社会和个人减轻、阻止、恢复和预防人类活动对环境的负面影响所采取的行动。西方学术界对这一模型进行了概念与内涵的改造，作为工业绿色化的分析框架。工业绿色化中的 PSR 模型，说明的是工业生产过程中产生的废弃物和噪声等形成了污染状态，引起了政府、市场、公众以及社会各界的广泛关注和不满，从而对制造污染物的企业造成压力。随着环境压力的增加，企业不得不做出反应，重新调节自身行为，从而达到减少污染的目的（谢红彬、林明水、黄柳婷，2006）。企业做出的反应在软的方面表现为企业的思维方式转变、组织管理结构改变、绿色组织文化的形成、员工的绿色化教育和培训等；在硬的方面表现为企业绿色研究开发、清洁生产、绿色营销等（Soyez，Dietrich，1995）。PSR 框架强调的是外部压力对工业企业污染状态的影响，进而工业企业采取应对措施减少污染，然而它忽略了工业企业内在动力的影响。我们认为，外在压力和内在动力共同对服务业各企业资源消耗、环境保护、有益公众健康安全状况（即绿色绩效）产生影响，进而服务业各企业制定与实施相应的战略减少资源消耗、环境污染、消费风险，从而提升绿色绩效。而外部压力人们一般又称之为外部动力，因而，我们可以把外部压力与内在动力合称为“动力”，用“动力—状态—响应”（Drivers - State - Response，即 DSR）逻辑分析框架来研究服务业绿色发展问题。

本书沿着文献回顾、理论基础、“动力—状态—响应”（外在内在动力、状态测评、主体响应）思维逻辑、结论的研究线索展开研究。在外在内在动力、状态测评部分，则沿着文献述评、模型（或指标）构建、假设提出与量表设计、问卷调查、数据分析、结论的研究路线展开研究。具体的研究思路如图 1 - 1 所示。

三 研究内容

本书共七章，各章的内容如下。

第一章是绪论。本章首先沿着空间顺序讨论全球绿色运动方兴未艾的潮流、发达国家绿色新政争夺绿色话语权的动态、中国中长期绿色发展模式与理念的战略定位，然后分析服务业对资源环境影响的广泛性与学术界对服务业绿色化研究的匮乏，从而凸显出研究服务业绿色发展的重大战略意义。接着从研究第三产业对资源环境影响的必要性、第三产业发展与资源环境的关系、第三产业生态化建设、服务业绿色转型与绿色发展四个方面，回顾国内外学术界相关研究成果，并进行简要评价。在此基础上，提出本书的研究目的、研究思路、研究内容、研究方法、研究特色和创新之处。

第二章是服务业绿色发展的理论基础。本章首先沿着西方环境价值观

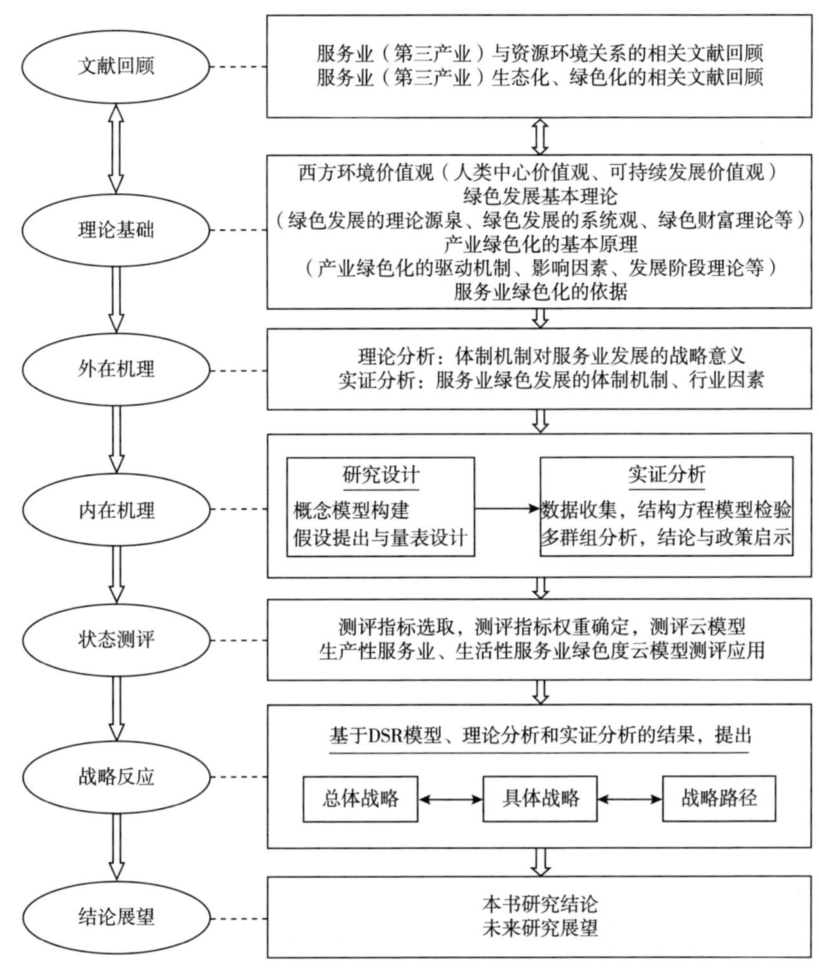

图 1－1 研究思路

从人类中心主义到可持续发展观的演进顺序，分五个阶段阐述了不同时期西方具体环境价值观的重心、时代背景及实践效果。其次，系统梳理、归纳了绿色发展的概念与内涵、绿色发展的理论渊源、绿色发展的系统观、习近平的绿色发展理论、绿色发展的总体目标等一系列绿色发展的基本理论。再次，在汲取相关学科知识、前人相关研究成果的基础上，梳理、归纳了产业绿色化的概念与内涵、理论渊源、分析框架、驱动机制、发展阶段，作为产业绿色化的基本理论。最后，在这些理论铺垫的基础上，论证了服务业绿色发展的客观依据。

第三章是服务业绿色发展的外在驱动机理。本章是本书试图构建的

DSR分析框架里“D”的外部规章制度与行业因素驱动力部分。本章在肯定外部公众信用压力、市场压力和财政压力等对服务业绿色发展的推动作用的前提下，基于服务业绿色发展所处的起步阶段特性、中国经济社会发展的政府主导模式及现阶段服务业发展所存在问题等国情，侧重探讨体制机制问题。本章在对体制机制进行概念界定之后，根据中外统计数据对比分析，以及笔者实地调查的数据推演，得出“服务业存在的问题其深层原因与体制机制有关”；继而从理论与实践考察，得出“体制机制创新是释放服务业发展潜能的重要动力”。在对服务业绿色发展的体制机制构成维度进行理论分析的基础上，设计调研问卷，通过问卷调研和深度访谈收集数据，检验数据的信度效度，分析服务业绿色发展实践中的行政管理体制机制、产业引导体制机制、资源节约体制机制、环境保护体制机制、消费安全体制机制、科技支撑体制机制等6个方面的障碍。同时，根据《中国统计年鉴》《中国能源统计年鉴》2001～2013年的相关数据，采用LMDI因素分解模型探究服务业绿色发展的行业因素。

第四章是服务业绿色行为的内在驱动机理。本章是本书试图构建的DSR分析框架里“D”的内在非经济动力部分。鉴于国外学术界从内在经济因素方面探讨较多，本章在肯定经济因素作用的前提下，侧重从非经济因素方面进行研究，并且选择零售业作为实证分析对象。本章以一般个体行为的“知情行”模型为基础，结合绿色行为的特点和零售企业的实际，先对认知、情感、行为变量进行范围的扩充和概念的重新界定，然后构建零售企业绿色认知和绿色情感对绿色行为的驱动机理模型。之后，提出研究假设，进行量表开发，选择武汉、长沙有代表性的307家零售企业进行问卷调查，对数据进行信度效度检验、共同方法偏差检验和研究假设检验，最后基于零售企业特征变量和区域变量进行多群组分析。最终检验零售企业绿色认知和绿色情感对绿色行为的驱动机理，以及其在不同企业和地区的适配性。

第五章是生产性服务业绿色发展绩效测评。本章是本书试图构建的DSR分析框架里“S”部分在生产性服务业中的表现。鉴于物流业是融合运输业、仓储业、货代业和信息业等的复合型服务产业，以及物流业在生产性服务业中对资源环境影响的典型性，本章以物流业为例探讨生产性服务业绿色发展绩效测评。具体而言，在对国内外学术界关于绿色度评价和物流业绿色问题相关成果进行述评的基础上，根据绿色发展理论和物流业绿色化的特点，结合对物流业政府主管部门、物流行业协会、物流企业、物流学术界等领域12位专家的深度访谈，运用德尔菲法确定物流业绿色发展绩效测评指标；通过对政府主管部门、物流行业协会、物流企业、物流学术界10位专家的问卷调查，运用层次分析法确定准则层指标权重；选取17家3A级及以上级别物流企业发放问卷，收集数据，运用云模型评价法测评物流企业绿色绩效，并运用单因素方差分析法比较了不同群组物流企业绿色绩效的差异。

第六章是生活性服务业绿色发展绩效测评。本章是本书试图构建的DSR分析框架里“S”部分在生活性服务业中的表现。鉴于零售业是城市的基础产业，是国民经济的重要行业，是一个国家和地区经济社会发展的晴雨表，对上游的生产领域尤其是下游的消费领域起着其他行业无可比拟的引导、示范作用，又由于生活性服务业本质上是零售业，因而本章以零售业为例探讨生活性服务业绿色发展绩效测评。具体而言，本章在汲取国内外关于企业绿色度测评研究成果有益成分的基础上，根据零售企业绿色经营的内涵，借鉴2009～2011年商务部发布的《中国零售业节能环保绿皮书》的相关内容，结合对零售业政府主管部门、零售业行业协会、零售企业、零售学术界等领域13位专家访谈的结果，构建一套适合零售企业绿色绩效的测评指标；通过对15位专家的问卷调查，运用层次分析法确定准则层指标权重；运用云模型评价法对12家具有代表性的大型零售企业的绿色绩效进行测评，并运用快速聚类法对这些零售企业按绿色绩效归类且分析影响零售企业绿色绩效的深层原因。

第七章是服务业绿色发展的战略反应。本章是本书试图构建的DSR分析框架里的“R”部分。本章在上述各章尤其是第三至第六章研究的基础上，提出服务业绿色发展的战略定位与战略思路和任务、战略重点与步骤、战略路径、战略措施。在战略定位与战略思路和任务方面，重点阐述服务业绿色发展的指导思想与原则、战略定位、战略思路、战略目标、战略任务；在战略重点与战略步骤方面，重点阐述服务业绿色发展的重点领域、不同视角考察的战略步骤；在战略路径方面，重点阐述服务业绿色创新（文化创新、技术创新、制度创新、市场创新）、绿色控制（文化控制、制度控制、标准控制）及服务业绿色创新与绿色控制的统一；在战略措施方面，重点阐述服务业绿色发展的法规标准措施、经济措施、技术措施、人才措施、文化措施和社会营销措施。

最后一部分是结论与展望。总结全书理论分析和实证分析的主要结论，根据服务业绿色发展理论研究趋势与实践提出的要求，对服务业绿色发展的进一步研究领域及应用前景进行展望。

第四节　研究方法与创新

一　研究方法

本书在马克思主义唯物辩证法的统领下，立足绿色发展相关理论、中国服务业绿色实践与现代统计分析方法、数学方法、云模型评价法，采取理论分析与实证检验相结合的方法。

一方面，本书立足绿色发展相关理论，在融合马克思主义生态自然观、中国传统文化生态伦理观、习近平绿色发展观、西方可持续发展理论、循环经济理论、绿色发展系统观、绿色财富理论、产业生态化理论、人类与环境之间的压力—状态—响应关系（PSR）模型等相关绿色发展理论的基础上，构建基于动力—状态—响应（DSR）模型的服务业绿色发展理论框架。

另一方面，本书通过深度访谈、问卷调查收集第一手资料，运用统计分析方法对DSR模型各组成部分内部的概念模型进行检验。采用描述性统计分析、一阶验证性因子分析等对服务业绿色发展的体制机制障碍进行检验。根据《中国统计年鉴》《中国能源统计年鉴》的相关数据，采用LMDI因素分解模型探究服务业绿色发展的行业因素。采用描述性统计分析、一阶验证性因子分析、方差分析、共同方法偏差检验、结构方程模型、多群组分析等对服务企业绿色行为的内在驱动机理及在不同群组间的适配性进行检验。运用德尔菲法、层次分析法、云模型评价法等构建服务业绿色发展水平测评指标并进行测评。运用方差分析、快速聚类分析等方法对服务企业绿色度的群组差异及其原因进行分析。运用系统分析方法，构思服务业绿色发展的战略框架。

二　研究特色

本书的特色在于：

第一，从研究对象来看，专门研究服务业领域的绿色发展，使产业绿色化的理论体系更趋完善。以往学术界关于产业绿色发展相关内容的研究，基本是以第二产业尤其是制造业为研究对象，选择工业整个产业或其中资源耗费、环境污染严重的具体行业如石油化工、冶炼、煤炭、纺织、造纸、医药、建材等行业为研究对象，研究这些行业的绿色发展路径或绿色绩效测评，鲜有以服务业为研究对象的成果。本书集中研究服务业这一国民经济的战略性、基础性、未来的主导性产业的绿色发展机理、路径及其绩效测评，从而从更宽广的领域讨论产业绿色发展理论，使产业绿色发展的理论体系更趋完善，有助于提高产业绿色发展理论的普适性。

第二，从研究内容来看，对前人有较多成果尤其是基本达成共识的方面不再重复研究，集中研究前人述之甚少的方面。前人研究较多的方面，包括研究服务业对资源环境影响的必要性、服务业发展对资源环境会产生的负面影响的具体表现与方式、经济因素对服务业绿色行为的影响等内容或观点，本书只是进行文献综述或在有关研究中提及，不另行论述。而对前人研究较少的服务业绿色发展的体制机制、行业因素、内在非经济因素、绿色发展绩效测评、战略定位、战略思路与任务、战略路径，本书则用大量篇幅进行讨论。尤其是服务业绿色绩效测评，前人基本未涉及，本书分两章分别探讨生产性服务业、生活性服务业的绿色绩效测评。

第三，从研究方法来看，理论论证与实证分析结合，以大量实地调研基础上的实证分析为主。在实证分析方法中，运用了质化研究（Qualitative Research），笔者采用非结构化问卷对服务业的政府主管部门、行业协会、企业、学者进行访谈，以探究服务业绿色发展体制机制障碍、绿色绩效构成维度及指标构成。通过对访谈结果的分析与整理，筛选出符合行业特点和实际的变量、指标，以验证理论假设或为设计结构化问卷进行大样本调查奠定基础。量化研究（Quantitative Research），除采用描述性统计分析、因子分析、方差分析外，本研究注重采用共同方法偏差检验、结构方程模型、多群组分析、层次分析、云模型评价、快速聚类分析、LMDI因素分解模型等方法，以提高研究结论的科学性。

三　主要创新

综观全书，主要有三点创新：

第一，初步构建了服务业绿色发展的理论分析框架。学术界一般把联合国环境规划署（UNEP）和经济合作与发展组织（OECD）于20世纪八九十年代共同发展起来的用于研究环境问题的分析框架——PSR 模型（即压力—状态—响应模型）进行概念与内涵的改造，作为工业绿色化的分析框架。这种框架强调的是外部压力对工业企业污染状态的影响，进而工业企业采取应对措施减少污染。而对服务业的绿色化（或绿色发展）研究既未采用前述 PSR 模型，也未形成其他分析框架。本书认为，外在压力和内在动力共同对服务业各企业资源消耗、环境保护、公众消费安全状况（即绿色绩效）产生影响，进而服务业各企业根据绿色绩效制定与实施相应的战略以减少资源消耗、环境污染、消费风险，从而提升绿色绩效。这一逻辑分析框架即为 DSR（动力—状态—响应）模型。笔者认为，本书概括提炼的 DSR 模型比 PSR 模型能更全面、更系统地解释服务业绿色发展的机理，可以为剖析服务业绿色发展提供新的视角、模型、路径和方法，并进一步推进服务业绿色发展机理的研究。

第二，初步构建了服务业绿色发展绩效的测评指标体系，并率先引入云模型测评绿色绩效。现有绿色绩效测评的对象较多的是工业，也有少量的是农业，但基本没有涉及服务业绿色绩效测评。本研究根据服务业绿色发展的内涵，采用文本研究、专家深度访谈、问卷调查等手段收集数据，借鉴扎根理论技术等方法确定初步测评指标，采用德尔菲法筛选指标，采用一致性检验和层次分析法确定指标权重，分生产性服务业、生活性服务业构建绿色绩效测评指标体系。尤其是把运营安全或消费安全纳入指标体系，突出安全在绿色绩效测评中的重要地位，这是以往工业、农业绿色绩效测评指标体系中所没有涉及的。同时，根据这一指标体系设计问卷收集数据，用计算机科学中能同时解决随机性与模糊性的云模型评价法对生产性服务业、生活性服务业的若干企业绿色绩效进行测评，以检验指标体系的科学性、可操作性，识别服务业绿色绩效状况。而以往对各行各业或各区域绿色发展绩效测评采用的方法是加权算术平均法、模糊综合评价法、模糊层次分析法、数据包络分析法等方法，这些方法要么只解决了事件的随机性，要么只解决了事件的模糊性。

第三，提出并论证服务业绿色发展的战略反应体系，尤其是提出并论证“服务业绿色发展战略路径是绿色创新与绿色控制的统一”这一命题。本书在对服务业绿色发展的外在驱动因素、内在非经济影响机理、绿色绩效测评探讨的基础上，提出服务业绿色发展的战略定位、战略思路、战略目标与任务、战略重点、战略步骤、战略路径和战略措施，为服务业绿色发展提供兼具科学性、指导性、参考性的方向与思路，这也是以往的研究所忽略的。尤其是提出并从服务业绿色创新的内容、服务业绿色控制的内容、服务业绿色创新与绿色控制统一的基本条件、服务业绿色创新与绿色控制统一的实现路径等方面论证“服务业绿色发展战略路径是绿色创新与绿色控制的统一”，超越了学术界一般只强调绿色创新重要性的窠臼。

第二章　服务业绿色发展的理论基础

服务业绿色发展有着坚实的理论基础。本章通过研读国内外相关学科研究成果，系统梳理、归纳、提炼出环境价值观、绿色发展理论、产业绿色化理论作为服务业绿色发展的主要理论基础。通过逻辑推演，提出服务业绿色发展的客观依据。

第一节　西方环境价值观

从农业革命开始，人们发明了工具，就开始由自然崇拜向主宰自然的价值观转变，于是出现了森林破坏、沙漠化等环境问题，人类社会经历了古埃及文明、巴比伦文明、古印度文明、地中海地区的西方文明、玛雅文明的兴衰。从工业革命开始，西方国家环境污染和治理的历史显示出人们的环境价值观从人类中心主义向可持续发展观转变，从被动治理环境污染向主动管理环境污染转变，从传统线性发展模式向循环发展模式转变，从任意消费到绿色消费模式转变。

一　18世纪至19世纪70年代：人类征服和主宰自然的价值观

就英、美等西方国家而言，18世纪以来一直存在两种对立的自然价值观：一是阿卡狄亚主义（Arcadianism），把自然看作需要尊重和热爱的伙伴（张筱薏、周延蓉，2010）；二是帝国式论点（Imperialism），把自然看作供人类索取和利用的资源。随着工业文明的诞生、生产力的发展、科技的进步，“帝国式论点”成为西方社会的主流意识（王宏斌，2011），社会上形成了追求财富利益的风气。西方发达国家建立起以煤炭、冶金、化工等为基础的工业生产体系，创造了前所未有的财富，起初造成的环境污染是小范围的，不被人类意识的。而第二次工业革命后重工业的迅速发展所释放的毒气、废液，已经超过环境的净化能力，破坏了大自然的整体性。但是这一时期，政治经济和对外关系高于一切，政府、企业主，甚至是公民都不能够真正投入环境保护的行列，当时的科学技术也不能够真正理解问题的根本所在，环境的治理效果并不理想。

二　19 世纪 70 年代至 20 世纪 40 年代：环境问题是技术问题

在这一时期，环境问题并没有对经济发展产生足够的影响，经济发展开始依赖不可再生资源的利用。汽车、有机化学制品等琳琅满目的商品，占据了人类的精神世界，在 19 世纪与 20 世纪之交掀起了“炫耀性消费”之风（卡洛·M. 奇波拉，1991）。燃煤造成霉雾事件，二氧化硫造成农业损害。这时，人们把环境问题仅仅当作技术问题。西方国家采取了一些限制性的环境保护法规，主要针对大气和水污染，但是采取的是单项的治理技术，并不能进行整体性的有效解决。这种被动的污染治理未能阻止环境污染的蔓延。

三　20 世纪 40 年代至 70 年代：环境问题是道德问题

第二次世界大战之后，西方国家纷纷加快经济恢复的步伐，经济高速增长。资本主义主要发达国家进入了“消费社会”，“大量消费”“符号消费”日益大众化。在这个西方经济发展的“黄金时代”，自然资源大量消耗，大量的废弃物、DDT 等化学物质输入自然中。环境公害事件大爆发，如洛杉矶光化学烟雾事件、多诺拉烟雾事件、日本东京发生光化学烟雾和二氧化硫废气使万人受害事件、德国莱茵河污染、日本水俣病事件、日本米糠油事件、进入海洋的废弃物及放射性物质引起赤潮的频繁发生。公害事件的不断发生震惊了世界，不仅影响了西方国家的经济发展，而且对人体的健康造成了极大危害。公众从公害事件中觉醒，以人类为中心的环境价值观悄然动摇，环保运动此起彼伏。呼吁关注环境问题的著作《寂静的春天》《人口爆炸》《封闭圈》《只有一个地球》等问世。环境问题逐渐被提高到道德层面。

许多发达国家政府要求一切重大行动都要进行环境影响评价，唯经济发展的时代开始衰退。但是仍有许多政府在面对已经造成环境公害的情况下，希望在保持经济继续高速发展的前提下治理环境问题，如 20 世纪 60 年代末日本特别强调“保护生活环境”应“与经济健全发展相协调”，结果环境污染日趋加重。在强大的社会压力下，1970 年日本确立了环境优先的原则，制定并实行了世界上最严格的环境标准（周生贤，2009）。

四 20世纪70年代至80年代中期：环境问题是政治问题

1972年斯德哥尔摩“人类环境会议”发布《人类环境宣言》，指出环境保护是各国政府的责任，从而树立起了环境保护的又一里程碑。从此，发达国家加大环境保护的投资，制定严格的法律法规，大力开展环境科学技术研究，不断加深对环境污染的认识。各国政府纷纷建立环境管理部门，一些国家还成立了“绿党”。非营利环保组织数量快速增加。1974年，西德设立了世界上第一家环境银行。1978年，德国针对消费者使用的产品，率先推出“蓝色天使”环境标志，其他发达国家也陆续出台环境标志，制定统一标准。西方国家开始建立“绿色大学”，形成绿色教育高潮。政府的环境规制得到了切实的执行。

率先拥有环境保护技术的国家占据了“先动优势”，如20世纪70年代，日本果断实行限制汽车尾气排放的政策，既促进了环保技术取得重大突破，又快速提升了日本汽车的全球市场竞争力。两次石油危机诱发的世界性经济危机，沉重打击了西方发达国家能耗高、污染大的重化工业，从而促使这些国家着手发展以微电子技术为主的资源能源消耗较少、环境污染较少的产业（周生贤，2009），实现了从以工业为主向以服务业为主的多元产业发展的产业结构转变。加之绿色市场的兴起，发达国家的环保产业迅速发展，成为新的经济增长点。

针对工业化带来的环境问题的治理取得了一定的成效，但是事实证明，人类没有真正地理解人与自然的关系，新一轮的环境问题——全球变暖、臭氧层空洞、酸雨等成为人类面临的新挑战。人们开始认识到传统的发展模式存在的问题。

五 20世纪80年代中期至今：可持续发展价值观

在传统线性发展模式下，资源利用效率低下、环境污染，发展是不可持续的，与之相对的循环经济应运而生，以人类中心主义的价值观向可持续发展价值观转变，任意消费模式向绿色消费模式转变。

1987年，世界环境与发展委员会在《我们共同的未来》这一报告中正式明确提出了可持续发展观。1989年，联合国大会通过的第44/228号决议中明确指出：全球环境不断恶化的主要原因，是不可持续的生产方式和消费方式，特别是发达国家的消费方式。英国出版了《绿色消费指南》

一书，向消费者提议购买商品时要选择那些重视环境保护的厂家的产品（李英、刘奔，2010）。日本提出了10年内三项绿色物流推进，发布法律规范消费者的绿色购买行为。20世纪90年代初，德国提出循环经济理念，倡导商品的“无包装”和“简单包装”。1992年，在里约热内卢举行了联合国环境与发展大会，敦促各国把可持续发展作为未来的共同发展战略。《京都议定书》规定了温室气体排放削减目标。《21世纪议程》进一步指出：地球所面临的最严重的环境问题之一，是不可持续的消费模式导致的环境恶化。随后，西方发达国家都纷纷致力于开发环境友好型技术和环境友好型产品或服务，从末端治理转变为产品设计、生产过程考虑到环境因素。绿色消费成为世界各国保护生态环境，促进环境友好的主动选择（张爱勤，2007）。

许多国家出台了关于二氧化碳排放、能源、回收、可持续消费等方面的法律法规。1995年，迈克尔－波特提出严格的环境法规有利于提升企业的绿色竞争力的观点。生态创新、绿色GDP、绿色消费、绿色生产力、逆向物流、环境供应链、生态足迹、生态服务指标体系、绿色金融、碳中和等概念相继提出。2009年，哥本哈根气候大会的召开掀起了绿色经济和低碳经济的高潮。环境问题逐步成为发达国家经济发展的一个手段，绿色贸易、碳关税等给环保水平较低的发展中国家带来又一大挑战，围绕气候大战的国际贸易格局拉开了帷幕。

由此可见，18世纪工业革命以来至20世纪80年代中期，西方国家的环境价值观是人类中心主义价值观，即把人视为自然万物的主宰和中心，而将自然视为不断满足人类无限欲望的对象（潘岳，2009）。20世纪80年代至今，西方国家的环境价值观是可持续发展价值观，即人与自然和谐共存，人类要尊重自然权利和自然规律，树立对自然的责任和使命意识。当代人在开发自然资源满足自己的同时，要不损害子孙后代健康生存和正常发展对自然资源和生态环境的需求。

第二节　绿色发展理论

绿色发展是一种新的发展模式，尚未形成公认的理论框架。在此，就国内外对绿色发展的主要探索简要陈述如下。

一 绿色发展的概念与内涵

"绿色发展"有多种用法，最初用于空间规划和开发，关注的重点是建筑环境、社区和土地利用。例如，有学者指出，绿色发展战略是使经济、社会和生态环境三者密切结合、相互协调的整体规划，是一种空间综合开发的规划。最早始于1989年加拿大完成的加拿大绿色计划（Green Plan for Canada）（柴锡贤，1998）。这一意义上的绿色发展的实施通常是在区域、乡村和城市空间范围内。进入21世纪以来，在应对战略资源紧缺、气候变化和金融危机等一系列全球性问题和挑战的推动下，绿色发展这一概念得以拓展，从空间规划和开发领域向经济社会发展模式拓展。2002年联合国开发计划署（UNDP）在《2002年中国人类发展报告：绿色发展，必选之路》中，首次将"绿色发展"界定为"强调经济发展与保护环境统一协调"的发展模式或者环境可持续发展模式。这一界定得到中国学者们的普遍认同（杨伟智，2012）。胡鞍钢（2012）将绿色发展更进一步界定为："经济、社会、生态三位一体的新型发展道路，以合理消费、低消耗、低排放、生态资本不断增加为主要特征，以绿色创新为基本途径，以积累绿色财富和增加人类绿色福利为根本目标，以实现人与人之间和谐、人与自然之间和谐为根本宗旨。"他认为绿色发展继承并超越了可持续发展思想，因为可持续发展是不给后人留下后遗症，绿色发展是为后人"乘凉"而"种树"，增加更多的投入，留下更多的生态资产，"功在当代，利在千秋"，"造福子孙，造福人类"。而2010年6月7日，胡锦涛在中国科学院第十五次院士大会、中国工程院第十次院士大会上，这样阐述"绿色发展"的内涵："绿色发展，就是要发展环境友好型产业，降低能耗和物耗，保护和修复生态环境，发展循环经济和低碳技术，使经济社会发展与自然相协调。"经合组织（OECD，2012）则把"绿色增长"界定为：在促进经济增长与发展的同时，确保自然资产能够继续提供生态系统服务。刘世锦（2012）认为，绿色发展是指经济增长摆脱对传统化石能源和其他资源的高消耗及其带来的高污染的依赖，并在经济增长与碳排放减少、资源节约及环境改善之间形成相互促进关系的一种可持续发展方式。由此可见，虽然国内外各界对绿色发展的定义不一，但其核心内涵是一致的：绿色发展是经济增长与自然资产保护协调统一的发展。李晓西、潘建成（2011）认为，绿色发展是经济与环境和谐的发展方式，是维护人类生存环境、合理保护资源与能源、有益于人体健康为特征的发展方式。这一界定与他人不同的是，增加了“有益于人体健康”这一重要内容。本书以李晓西、潘建成的界定为蓝本，把“有益于人体健康”扩展为“有益于公众健康安全”来理解、探讨服务业的绿色发展。

二　绿色发展的理论渊源

胡鞍钢（2012）指出绿色发展理论来源于三个方面：马克思主义自然辩证法、中国“天人合一”思想、可持续发展理论。本书以此观点为基本线索，结合发展的系统观，梳理、归纳国内外相关领域的研究成果以充实、完善之。

（一）马克思主义的生态自然观

马克思恩格斯从资本主义生产中敏锐地洞察到了人与自然矛盾日趋紧张的趋势，辩证而唯物地论述了人与自然的关系，形成了较为系统的生态自然观，成为当今时代绿色发展的重要理论源泉。

1. 人与自然是对立统一的

首先，人是自然界发展到一定阶段的产物。“人本身是自然界的产物，是在自己所处的环境中并且和这个环境一起发展起来的”（马克思、恩格斯，1995）。其次，人是能动的自然存在物。“人直接地是自然存在物”（马克思，1844），是自然界的一部分。人类通过实践发挥能动性来改变自然界。再次，自然界是人类必需的生存环境。自然界是“人的直接的生活资料”，是“人的生命活动的对象（材料）和工具”。“植物、动物、石头、空气、光等等”是人类生活不可缺少的自然物（马克思、恩格斯，1995）。

2. 人与自然的关系同人与社会的关系是统一的

马克思指出：“只有在社会中，自然界对人说来才是人与人联系的纽带，才是他为别人的存在和别人为他的存在，才是人的现实的生活要素；只有在社会中，自然界才是人自己的人的存在的基础。只有在社会中，人的自然的存在对他说来才是他的人的存在，而自然界对他说来才成为人。”（马克思、恩格斯，1979）也就是说，人、自然、社会是统一的，人与自然的关系内在地包含着人与人的关系，人与人的关系直接就是人与自然的关系。

3. **人类必须尊重和遵循自然规律，才有可能改造自然**

恩格斯指出："我们统治自然界，决不像征服者统治异族人那样，决不是像站在自然界之外的人似的，——相反地，我们连同我们的肉、血和头脑都是属于自然界和存在于自然之中的；我们对自然界的全部统治力量，就在于我们比其他一切生物强，能够认识和正确运用自然规律。"（马克思、恩格斯，1995）"事实上，我们一天天地学会更加正确地理解自然规律，学会认识我们对自然界的惯常行程的干涉所引起的比较近或比较远的影响。特别从本世纪自然科学大踏步前进以来，我们就愈来愈能够认识到，因而也学会支配至少是我们最普通的生产行为所引起的比较远的自然影响。"（马克思、恩格斯，1979）马克思说："不以伟大的自然规律为依据的人类计划，只会带来灾难。"（马克思，1975）

4. **社会制度变革与观念转变是解决人与自然矛盾的根本路径**

人与自然之间的相互作用关系始于人类劳动。"劳动首先是人和自然之间的过程，是人以自身的活动来中介、调整和控制人和自然之间的物质变换的过程。"（马克思、恩格斯，2001）这种物质变换包括三个方面：一是自然生态系统中的物质代谢；二是社会经济系统中的物质变换；三是自然生态系统与社会经济系统之间发生物质变换。由此可见，人与自然的矛盾也罢，人与自然的和谐也罢，皆始于人类劳动过程及其产生的影响。马克思主义认为，解决人与自然的矛盾，首先需要进行社会制度变革。"我们也渐渐学会了认清我们的生产活动的间接的、较远的社会影响，因而我们也就有可能去控制和调节这些影响。但是要实行这种调节，仅仅有认识还是不够的。为此需要对直到目前为止我们的生产方式，以及同这种生产方式一起对我们的现今的整个社会制度实行完全的变革。"（马克思、恩格斯，1995）马克思进一步指出，"共产主义是私有财产即人的自我异化的积极的扬弃……这种共产主义，作为完成了的自然主义，等于人道主义，而作为完成了的人道主义，等于自然主义，它是人和自然界之间、人和人之间的矛盾的真正解决"（马克思、恩格斯，1979）。其次，人类的观念需要从"征服自然"向"善待自然"转变。"善待自然"，就是要保护而不是掠夺自然、破坏自然，在自然系统中所有自然物均无贵贱、优劣之分，任何物种都只能在共生中体现权利同时履行义务。"甚至整个社会，一个民族，以至一切同时存在的社会加在一起，都不是土地的所有者。他们只是土地的占有者，土地的利用者，并且他们必须象好家长那样，把土

地改良后传给后代。”（马克思、恩格斯，1974）

（二）中国“天人合一”的生态伦理观

绿色发展理论有着深厚的传统文化渊源。“天人合一”的自然观为绿色发展提供了强大的理论支撑。

“天人合一”就是指人与自然和谐。尽管中国古代哲学派系较多，但以儒家学说为典型代表。一般讲中国古代文化，基本就是讲中国儒家文化。因此，本节以儒家学说为代表扼要介绍中国古代“天人合一”的自然观。“天人合一”的自然观既为绿色发展理论提供了智慧源泉，也为中国绿色发展实践提供了文化土壤。

1. “天人合一”的自然观认为人与自然是和谐统一的

汉代董仲舒最先明确提出天与人“合而为一”的观点（王丹，2011），他说：“天地人，万物之本也。天生之，地养之，人成之。天生之以孝悌，地养之以衣食，人成之以礼乐。三者相为手足，合以成体，不可一无也。”在此基础上，宋代大儒张载正式提出“天人合一”的命题，他认为人和万物是天地所生，人只是天地中一物，人与自然是一个统一整体。宋儒程朱学派、王夫之都对“天人合一”的哲学思想进行了发展。朱熹坚信“天地生物之心”，王夫之强调天地人一体，人与自然不可分割。

2. “天人合一”的自然观认为只有认识自然规律、遵循自然规律，才能达到天、地、人的和谐

典型代表人物是荀子，他认为“天有行常，不为尧存，不为桀亡。应之以治则吉，应之以乱则凶”。

3. “天人合一”的自然观认为要博爱生灵、保护大自然

孔子说“子钓而不纲，戈不射宿”。董仲舒进一步说“质于爱民，以下至鸟兽昆虫莫不爱。不爱，奚足以谓仁?”中国古代还产生了朴素的保护大自然的思想。例如，荀子认为：“草木荣华滋硕之时，则斧斤不入山林，不夭其生，不绝其长也；鼋鼍、鱼鳖、鳅鳝孕别之时，罔罟毒药不入泽，不夭其生，不绝其长也；春耕、夏耘、秋收、冬藏，四者不失时，故五谷不绝而百姓有余食也；污池渊沼川泽，谨其时禁，故鱼鳖优多而百姓有余用也；斩伐养长不失其时，故山林不童而百姓有余材也。”

（三）西方的可持续发展理论

西方可持续发展理论是现代工业文明的产物，是现代工业文明的发展观，是绿色发展理论的坚实基础和最重要源泉。其核心组成部分如下。

1. **两个“响应”**

可持续发展是“既满足当代人的需要，又不对后代人满足其需要的能力构成危害的发展”，是一种以人的全面发展为目标，经济、社会和资源环境协调持续发展的新发展观。这一发展观从“外部响应”来看，是处理好“人与自然”之间的关系，这是可持续能力的“硬支撑”；从“内部响应”来看，是处理好“人与人”之间的关系，这是可持续能力的“软支撑”。

2. **三大支柱**

2002 年 9 月《约翰内斯堡可持续发展宣言》第 5 条和第 8 条重申了 1992 年里约热内卢联合国环境与发展大会的原则，在地方、国家、区域和全球各级促进和加强三个相互依存、相互增强的支柱：经济发展、社会发展和环境保护。第 11 条确认，消除贫困、改变消费和生产格局、保护和管理自然资源基础以促进经济和社会发展，是压倒一切的可持续发展目标和根本要求。可持续发展世界《首脑会议实施计划》第 2 条提出：“……致力于促进可持续发展的三个既相互依赖又彼此增强的组成部分：经济发展、社会发展和环境保护融为一体，消除贫穷和改变不可持续的生产和消费模式以及保护和管理经济及社会发展所需的自然资源基础，是可持续发展的首要目标，也是根本要求。”由此可见，从宏观来看，可持续发展由三个支柱组成：经济发展、社会发展和环境保护。

3. **“三重底线”**

20 世纪末以来，可持续发展的概念在商业领域中越来越受到重视，与之相关的“三重底线”的概念越来越流行。“三重底线”这一术语基于如下假定：企业不仅对他们的股东，而且对更广泛的社区负有责任。这一术语在 1995 年由 Elkington 创造。他认为：企业需要通过使用一系列可衡量的业绩指标来衡量和展示其“可持续性”，这一系列指标可用“三重底线”描述。“三重底线”即为“沿着资金、环境和社会三个维度来评价和衡量对资本投资的回报”，表明的不是“非此即彼”，而是“亦此亦彼”的理念，阐述一个公司如何在经济、社会和环境三个领域达到平衡（彭海珍、任荣明，2003）。咨询管理顾问安德鲁·萨维茨（2011）认为，可持续发展是“在相互依存的世界里开展经营管理的艺术”，企业必须关注“三重底线”，实现创造可观利润、保证环保质量、改善人类福利的平衡。

（四）地球系统观与发展系统观

地球系统观认为，地球是一个由相互之间有着密切的物质、能量和信息联系的不同部分组成的一个有机整体，即所谓的地球系统（Earth System）。这个系统可分为外部圈层和内部圈层，其中外部圈层包括大气圈、水圈和生物圈，内部圈层包括地壳、地幔和地核。这些圈层之间能够发生强烈的相互作用并自发地呈现系统总体性状、结构与动力学行为，不仅相邻两圈层之间可相互作用、相互影响，而且相隔甚远的圈层也能以某种形式相互联系、相互影响。生物圈（包含人类经济、社会系统）是地球外部圈层系统的中心，而生物圈正逐渐变为人为作用下的人类圈（Noosphere）。生物圈中的人类活动逐渐成为影响和控制地球外部圈层系统内能量、物质循环和演变方向的重要因素，已经并且继续改变地球生物圈的性质。地球外部圈层系统未来的状态越来越依赖于人类社会自觉的行为。由此可见，地球系统观客观规定着地球系统的有序运行要求人类活动必须与地球的资源供应能力、环境承载力相适应、相协调。地球系统观也内在地规定着人类的经济、社会活动与地球的自然系统相互联系、相互影响，而且人类的经济、社会活动对自然系统的影响越来越大。这种地球系统观为绿色发展的系统观提供了科学基础。

从“发展”这一术语的演变来看，“发展”最初由经济学家定义为“经济增长”，之后其内涵得到了更深更宽的拓展。《大英百科全书》是这样定义的：“一般说来，发展被用来叙述一个国家的经济变化，包括数量上与质量上的改善。”《我们共同的未来》认为：“满足人的需求和进一步的愿望，应当是发展的主要目标，它包含着经济和社会的有效的变革。”1990年，世界银行资深研究人员戴尔和库伯（Daly and Cobb，1990）在他们合著的一部书中，进一步建议：“发展应指在与环境的动态平衡中，经济体系的质的变化。”这里，强调“发展”是经济系统与环境系统之间保持某种动态均衡。而牛文元等（2012）科学家进一步拓展了发展的定义：“发展是在一个自然—社会—经济复杂系统中的行为轨迹。发展作为正向矢量将导致上述复杂系统朝向日趋合理、更加和谐的方向进化。”这一定义强调了“发展”关联到自然—社会—经济的复合性。也就是说，现代意义上的“发展”应是自然系统、社会系统、经济系统之间动态平衡的发展。“发展”概念的演变为绿色发展的系统观提供了学理基础。

据此，可以认为，绿色发展是一个自然系统、社会系统、经济系统和谐协同发展的复合系统。绿色发展系统观，是指自然、社会、经济三大系统整体及其各自的绿色发展。自然系统的绿色发展主要是指生态环境的改善；社会系统的绿色发展主要是指社会公平的改善，包括代内横向公平和代际公平；经济系统的绿色发展主要是指经济增长与环境污染、资源消耗的增长脱钩。整体的绿色发展是指生态环境改善、社会公平改善、经济增长的协调统一的发展。显然，服务业绿色发展属于经济系统的绿色发展。

三 习近平的绿色发展理论

经初步梳理，习近平的绿色发展理论主要包括绿色发展理念、绿色发展道路、绿色发展的途径、绿色发展的保障、绿色发展的根本目标五个方面。

（一）绿色发展理念

习近平的绿色发展理念可以归纳为绿色生产方式、绿色生活方式、绿色价值取向和绿色绩效理念。绿色生产方式即“科技含量高、资源消耗低、环境污染少的生产方式”；绿色生活方式即“勤俭节约、绿色低碳、文明健康的消费模式和生活方式”；绿色价值取向即“把生态文明纳入社会主义核心价值体系，形成人人、事事、时时崇尚生态文明的社会新风”；绿色绩效即“绿水青山就是金山银山”，“保护生态环境就是保护生产力、改善生态环境就是发展生产力”，“GDP 快速增长是政绩，生态保护和建设也是政绩”（《学习小组》，2015；《学习路上》，2015）。

（二）绿色发展道路

习近平在中国共产党第十八次全国代表大会报告中指出：要“坚持节约资源和保护环境的基本国策，坚持节约优先、保护优先、自然恢复为主的方针，着力推进绿色发展、循环发展、低碳发展”。2015 年 3 月 24 日中共中央政治局会议上首次确立“新五化”国家战略，即绿色化、新型工业化、城镇化、信息化、农业现代化，确定绿色化是生态文明建设的具体道路，从而表明中国特色的总体道路中，政治、经济、文化、社会建设中，都要贯穿“生态文明”（《学习小组》，2015）。

（三）绿色发展途径

习近平从多方面阐述了绿色发展的路径，归纳起来主要涉及以下方面。（1）加快转变经济发展方式。从“过多依赖增加物质资源消耗、过多依赖规模粗放扩张、过多依赖高能耗高排放产业的发展模式”，向“更多依靠创新驱动、更多发挥先发优势的引领型发展”模式转变（新华社，2017）。（2）加快发展绿色技术。“要加快开发低碳技术，推广高效节能技术，提高新能源和可再生能源比重，为亚洲各国绿色发展和可持续发展提供坚强的科技支撑。”（习近平，2010）（3）推行绿色消费。“要大力弘扬生态文明理念和环保意识，坚持绿色发展、绿色消费和绿色生活方式，呵护人类共有的地球家园，成为每个社会成员的自觉行动。”要“大力发展绿色消费”（新华社，2013）。（4）实施重大生态修复工程，增强生态产品生产能力。“要实施重大生态修复工程，增强生态产品生产能力。环境保护和治理要以解决危害群众健康的突出环境问题为重点，坚持预防为主、综合治理，强化水、大气、土壤等污染防治，着力推进重点流域和区域水污染防治，着力推进重点行业和重点区域大气污染治理。”（5）完善环保合作机制。一是国内合作。“着力扩大环境容量生态空间，加强生态环境保护合作，在已经启动大气污染防治协作机制的基础上，完善防护林建设、水资源保护、水环境治理、清洁能源使用等领域合作机制。”（《学习中国》，2015）。二是国际合作。“大力推动国际新兴产业合作，尤其是加强节能减排、环保、新能源等领域合作。”（习近平，2010）“中国倡议探讨构建全球能源互联网，推动以清洁和绿色方式满足全球电力需求”，“要通过‘一带一路’建设等多边合作机制，互助合作开展造林绿化，共同改善环境，积极应对气候变化等全球性生态挑战，为维护全球生态安全作出应有贡献”（霍小光、张晓松，2016）。（6）全面促进资源节约集约利用。“要树立节约集约循环利用的资源观，用最少的资源环境代价取得最大的经济社会效益。”（新华社，2017）

（四）绿色发展的保障

习近平指出：“只有实行最严格的制度、最严格的法制，才能为生态文明建设提供可靠保障。”（中共中央宣传部，2016）可见，习近平关于绿色发展保障的思想包括两个方面：一是法制保障，二是制度保障。

习近平强调，生态环境保护能否落到实处，关键在领导干部（新华社，2017）。在习近平绿色发展保障思想引领下，2014 年以来我国先后出台了《大气污染防治行动计划》《水污染防治行动计划》《土壤污染防治行动计划》《环境法》《生态文明体制改革总体方案》（魏林甫，2016）。同时，还出台了一系列强化环境保护的“党政同责”和“一岗双责”要求的制度：把资源消耗、环境损害、生态效益纳入经济社会发展评价体系；建立责任追究制度；建立健全资源生态环境管理制度（中共中央宣传部，2016）。

（五）绿色发展的根本目标

习近平认为绿色发展的根本目标就是惠民，他多次强调绿色发展对提高老百姓生活质量的重要意义。2013 年 4 月，习近平在海南考察时指出，“良好生态环境是最公平的公共产品，是最普惠的民生福祉”。当年 5 月在中央政治局第六次集体学习时习近平强调，“建设生态文明，关系民生福祉，关乎民族未来”（《学习路上》，2015）。2015 年 4 月，习近平参加首都义务植树活动时指出，植树造林是最普惠的民生工程。2015 年 5 月，在浙江召开华东七省市党委主要负责同志座谈会时习近平强调，要让良好生态环境成为人民生活质量的增长点（杨月，2016）。

四 绿色发展的总体目标

财富是人类永恒的追求。不同的财富观引导人们追求不同的财富并采取相应的行为，从而产生不同的社会结果。《辞海》定义“财富”为“具有价值的东西”。英国著名经济学家戴维·W. 皮尔斯主编的《现代经济学词典》认为：“任何有市场价值并且可用来交换货币或商品的东西都可被看作是财富。它包括实物与实物资产、金融资产，以及可以产生收入的个人技能。当这些东西可以在市场上换取商品或货币时，它们被认为是财富。财富可以分成两种主要类型：有形财富，指资本或非人力财富；无形财富，即人力资本。”这一定义被认为是经济学意义上的财富的定义。

绿色发展的总体目标是绿色财富。借鉴以上关于财富的定义，可以对绿色财富定义如下：是指以节约资源、保护环境、有益健康安全为基础所创造的具有价值的东西。1995 年 9 月 17 日，世界银行公布了一项衡量国家（地区）财富的新标准。这项新标准，是把经济、社会和环境因素融为一体，综合计算国家财富，以取代传统的只以收入论穷富的老方法（陈秀英，1996）。本书参照这一标准，即一国的国家财富由三个主要资本组成：自然资本（包括土地、水、木材以及地下资产的经济价值，如石油、黄金和铁矿等）、人造资产（包括机器、工厂、基础设施、供水系统及道路等）、人力资源（包括以人为主体如教育、营养、医疗等所反映的价值）。界定绿色财富主要由三个部分组成：绿色自然资本、绿色人造资产、绿色人力资源。前两者又可统称为绿色有形财富，后者可称为绿色无形财富。进一步地，绿色财富具有三层含义：从性质上看，是生态型、环保型、有益健康型的财富，即无公害、无污染可供人们安全享用的财富；从创造和积累方式上看，是资源节约型、环境友好型的方式；从流通来看，绿色标志（包括生态标识、能效标识、绿色标识、安全标识、环保标识等）是绿色产品、绿色服务在市场上流通的通行证。

如何评价绿色发展所创造的绿色财富？由国际绿色经济协会（IGEA）组织建立的全球第一个“绿色财富”评价指数，由财富指数、能耗指数、原材料绿色指数、环境贡献指数、环境污染指数、影响力指数综合而成，主张高财富、高材料绿色、高环境贡献、高影响力、低环境污染、低能耗的排行榜价值方向（田新程，2011）。但基本上是对有形绿色财富的评价，缺乏对人力资源这一无形绿色财富的评价，这有待后人补充完善。

第三节　产业绿色化理论

一　产业绿色化的概念与内涵

产业绿色化在传统上特指工业绿色化。刘红明（2008）认为工业绿色化是工业企业对环境问题的认知、思维和行为不断朝着减少污染，使投入、生产过程及其产出和提高环境质量目标相协调方向变化的过程。其实质是工业企业发展中环境问题解决的思路和对策不断由外部的补救措施，转变为产品和流程设计过程中的内源考虑因素。中国社会科学院工业经济研究所课题组（2011）指出工业绿色转型是指实现工业生产全过程的绿色化可持续发展，获得经济效益与环境效益的双赢。联合国工业发展组织（2011）认为工业绿色发展是在继续扩张工业规模以消除贫困和创造就业的过程中，使得生产和消费模式变得具有可持续性，其特征应是资源能源有效、低碳排放、低废弃物和零污染、安全的。苏利阳、郑红霞、王毅（2013）认为工业绿色发展是一种绿色低碳、资源节约、环境友好的工业发展模式，可细分为工业生产绿色化和产品绿色化。傅志寰等人（2015）指出，工业绿色发展是指通过科技创新和加强管理，提高资源能源利用效率，降低碳排放和污染物排放，实现工业生产制造过程的绿色化、产品绿色化和企业绿色化。可见，傅院士等人的界定更为丰富和全面。

西方发达国家20世纪80年代开始研究这一命题，20世纪90年代初产业绿色化开始成为全球战略研究的一个重要命题。经过多年的理论研究和实践发展，产业绿色化目前包括所有产业的绿色化，是把产业发展建立在生态环境良性循环的基础上，使生态、经济、社会三大效益获得有机统一的产业发展模式。

二 产业绿色化的理论渊源

产业绿色化毫无疑问是以可持续发展理论为重要理论源泉的，除此以外，还主要有以下理论源泉。

（一）产业生态化理论

“生态化”这个词是苏联学者创用的，在俄文中的意义是把生态学原则渗透到人类的全部活动范围中，用人与自然协调发展的观点去思考问题，并根据社会和自然的具体可能性，最优地处理人与自然的关系（欧阳志远，1992）。而产业生态化理论是人类面对社会经济发展所带来的资源和环境危机而提出的一个走出困境的办法和途径。产业生态化理论源于Ayres（1984）的“产业代谢理论”和Frosch（1989）的“产业生态系统理论”。该理论强调通过模仿自然生态系统闭路循环的模式构建产业生态系统，按照生态规律和经济规律安排生产活动，实现产业系统的生态化，达到资源循环利用、环境破坏减少或消除、产业与自然协调的目标（Allenby，1994）。产业生态化的内容涵盖第一、第二、第三产业各个领域，它要求产业结构的优化和升级不仅要满足社会经济发展的内在要求，同时又要确保经济发展不会损害其生态基础，从而使经济发展具有长期的可持续性与合意性。

（二）循环经济理论

循环经济的核心主旨是倡导经济活动以“循环式经济”替代传统的

“单程式经济”，从效仿以线性为特征的机械论规律转向服从以反馈为特征的生态学规律（吴季松，2003）。其本质是以“4R”为原则，遵循“资源—产品—再生资源”规律的一种自然和谐式经济发展模式。它要求把经济活动组织成一个“资源—产品—再生资源”的反馈式流程，所有的物质和能源在这一流程中都得到合理和持久利用，从而对自然环境的影响降低到尽可能小的程度。实施循环经济战略思想的基本指导原则是“4R”原则，即减量化、再回收、再利用、再循环原则。实现循环经济的途径主要有三条：一是企业内的物质循环，即在企业内实现减量化，减少污染物排放；二是企业与企业之间的物质循环，即集聚于一个园区的若干相互联系的企业，形成不同品级使用价值链的生产与再生产循环；三是生产和消费整个过程的物质循环（卢嘉瑞，2013）。

（三）绿色经济理论

“绿色经济”这一名词最早见于 David Pierce 的著作《绿色经济的蓝图》，最早的官方定义则见于联合国环境规划署等国际组织的《绿色工作：在低碳、可持续的世界中实现体面工作》这一工作报告（唐啸，2014）。联合国环境规划署把绿色经济定义为“重视人与自然、能创造体面高薪工作的经济”（UNEP et al.，2008）。其倾向于把绿色经济解释为经济系统和环境系统相互联系的一种经济模式，即“让经济增长和环境责任在一个相互加强的模式中共同运作”（ICC，2011）。作为实践的社会经济形态和发展模式，绿色经济至少应包含以下这些具体的内容：产品结构的绿化、产业结构的绿化、消费结构的绿化、技术结构的绿化、就业结构的绿化（熊清华等，2002）。经过世界各国实践发展和理论思考，联合国环境规划署于 2010 年对绿色经济的定义进行了拓展，认为绿色经济是“带来人类幸福感和社会的公平，同时显著地降低环境风险和改善生态缺乏的经济”（UNEP，2010）。这一概念将绿色经济视为一种生态—经济—社会三个支柱缺一不可的发展模式，从而将绿色经济发展的目标扩展至社会系统，追求生态—经济—社会的综合目标。由此出发，将投资从传统的消耗自然资本转向维护和扩展自然资本，并通过教育等方式积累和提高有利于绿色经济的人力资本；倡导生态和谐、经济高效、社会包容（唐啸，2014）。

三　工业绿色化的分析框架

工业绿色化的分析框架是压力—状态—响应（PSR）模型。环保法规、消费者和竞争者、企业邻居、政府、国家和国际环保组织等企业外部环境变量对企业施以“压力”，在这种压力下的企业经济活动会影响到环境的质量和自然资源的数量（或状态），企业通过意识和行为的变化对资源环境状况的变化做出反应。如图 2 - 1 所示，企业的废弃物排放对环境产生压力，环境压力的存在使环境和自然资源状况发生了变化，随着环境状况的变化，企业对环境状况做出响应，首先表现为治理状况的变化，治理状况的改善又反馈到企业外部环境，从而改善环境状况（周长春等，2005）。

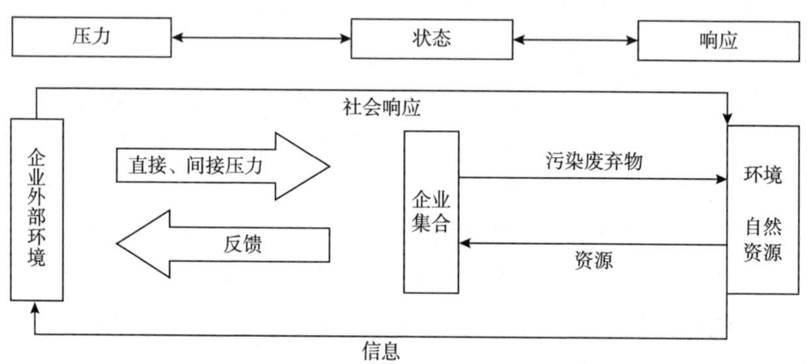

图 2 - 1　压力—状态—响应模型

四　产业绿色化的驱动机制

（一）产业绿色化的外部环境压力

根据 Soyez（2002）的研究，1992 年里约热内卢环境与发展大会召开后，政府、公众、市场等对环境问题日益关注，逐步形成环境压力，包括政府的经济体制改革、环保政策等形成的规章制度压力，企业满足公众环保要求的信用压力，环保产品和工业中间品需求及绿色环境认证、贸易协定等市场压力，投资者、银行和保险公司等企业资信认知的财政压力等。

（二）产业绿色化的内在驱动力

产业绿色化的内在驱动力是指来自企业内部的促使其主动改善环境行为的各种因素。Poter M. E. & Van der Linde C. （1995）研究发现，组织的环境绩效和财务绩效正相关。因此，对财务绩效的追求，就从内部驱使企业不断改善自己的环保行为。企业的环保行为能否为企业带来相应的经济效益，或者能否增强企业的市场竞争力，是产生企业内部驱动力的关键。此外，企业的绿色价值取向及相应的企业战略也是驱动企业进行绿色化的一种内部动力。

（三）产业绿色化的驱动机制

外部压力各要素之间、内在动力各要素之间、压力与动力之间都存在着密切的相互关系。产业绿色化的根本动力来源于企业内部而不是企业外部。产业绿色化的内部动力是起决定作用的，外部压力要通过内部动力要素才会真正发挥实质性的绿色驱动作用；同时，外部压力为内部动力要素的形成、发展与相互耦合，最终形成产业绿色化强大而持久的系统动力，提供基础条件和机遇。缺乏内部动力，外部压力难以发挥诱发和促动作用；没有外部压力，内部动力无法启动。只有内部动力与外部压力相互联系、相互作用、相互协同，才能推动产业绿色化顺利进行。王宜虎、陈雯（2007）指出，各种驱动力之间的相互作用贯穿于产业绿色化的整个过程之中。

五　产业绿色化的发展阶段

根据企业行为与环境压力的相互作用变化，一般可把发达国家产业绿色化归纳为被动适应和主动为之两个大的发展阶段（谢红彬、陈雯，2002）。

20 世纪 80 年代中期以前为被动适应阶段，企业面对不断增长的法规制度和公众压力，总体反应是勉强接受和被动响应，缺乏将环境问题内部化的愿望。环境问题某种程度上只被看作对外部压力尤其是对政府规则和公众压力勉强做出响应之后应当解决的问题。在技术方面大多数企业主要采取末端污染控制。

20 世纪 80 年代中期之后为主动为之阶段。许多跨国公司意识到已有的环保措施已经不能满足政府和公众的要求，一些大的灾难性环境事件加大了公众的反对呼声，也激发了一些新的商业行为。企业开始把环境问题看成是关乎公司长远生存的问题。而且，消费者特别是产业用品消费者和投资者对企业资源环境问题的压力开始显现。许多跨国公司开始将环境保护工作从原来区域分部的被动应付行为转变为公司总部的自觉主动行为，有的还设立了环境保护部门，行使监测、外部联络、政策制定职能。20世纪90年代末，越来越多的企业的环境管理方法从被动适应的方法转向主动创新的方法。来自公众和市场的压力越来越大，环境因素就更强有力地进入了市场。企业逐渐认识到严格的环境规则不会妨碍反而会增强企业竞争力。

第四节　服务业绿色发展的依据

服务业绿色发展是要把全球范围的绿色运动、发达国家的绿色新政、中国的绿色化国家战略与中国服务业的实际运行结合起来，从而推动整个国民经济和社会的绿色发展，推动“美丽中国”“健康中国”的实现。服务业绿色发展不是偶然的，而是顺应经济发展规律、自然规律的正确选择，也是由一系列政治、经济、社会条件所决定的。服务业绿色发展不是一个战术问题，而是一个重大的战略性问题。

一　绿色新政、产业绿色化与服务业内在联系的客观要求

绿色新政的核心内容是一国经济增长、就业增加、节能减排协调统一；产业绿色化的核心则是实现企业经济活动的资源消耗最小化、污染排放最小化，对生态环境和人体健康的损害最小，达到产业经济发展的生态代价和社会成本最低。而各国服务业产值在其国家的整个经济中的比重持续上升，多数国家的服务业就其产值而言已成为第一大产业。同时，服务业是一国就业的主渠道，服务业越发达，容纳的就业人口就越多。例如，1980年低收入和中等收入国家服务业就业比重的平均水平不过40%时，高收入国家的比重已是50%了。2000年服务业吸纳就业人口的比重，发达国家为60%～78%，中等收入发展中国家为45%～62%，低收入发展中国家为30%～45%（谭仲池，2007）。又如，1990～2007年，英国第三产业占国内生产总值的比重从63%上升到76%（潘家华，2010）。此外，

服务业还具有资源消耗小、污染排放少的特点，它的发展与传统产业改造相结合，有利于缓解能源资源和环境压力、培育节能环保产业和绿色循环经济，因而有利于提高经济增长的质量和效益（李克强，2013）。由此可见，实施绿色新政、实现产业绿色化，必须加快发展服务业。进一步地，服务业在活动过程中，不但由于必不可少的有形物的参与会造成环境污染，而且由于服务政策、服务设计、服务提供、消费导向的缺陷，也会有大量浪费。在许多情况下，服务企业提供给顾客的服务产品中包含有形的部分，还有许多服务产品必须不同程度地依赖于有形产品的支持才能得以实现。这些服务产品的消费过程包含了对其有形部分的消费，或者服务产品的实现过程中需要消耗资源并产生废弃物。服务企业也是一个投入—产出系统，需要有形产品的支持，会消耗资源产生废弃物。因此，服务业本身也需要节约资源、保护环境，其加快发展必须以绿色化为导向。

二 大力推进生态文明战略，努力建设美丽中国的客观要求

大力推进生态文明战略的制定与实施，努力建设美丽中国是我国的中长期重大战略。美丽中国，是妥善处理人与人、人与物、人与自然、人与社会之间关系的结果，是自然美、人文美与社会美的结合。而人与自然之间的关系、自然美，都是生态文明建设的内容。因而，树立生态文明理念，着力推进绿色发展，是建设美丽中国的必由之路。2015 年 3 月 24 日，中共中央政治局会议上，首次将“绿色化”与党的十八大提出的“新型工业化、城镇化、信息化、农业现代化”并列为国家的“新五化”战略，明确“绿色化”不仅是一种生产方式，也是一种生活方式，还是一种价值取向。从而在党和国家层面更加明确了绿色发展在美丽幸福中国建设中的战略地位。建设美丽中国，实现中华民族永续发展，加快服务业发展至关重要。现代服务业是知识密集型、技术密集型产业，其增长更多地依靠技术进步和劳动生产率的提高，资源的消耗、环境的污染都比较小。资料表明，服务业单位地区生产总值能耗仅为第二产业的17%，单位地区生产总值用地量仅为第二产业的1/3。加快发展现代服务业，提高其在国家和地区生产总值中的比重，就能降低经济增长的资源消耗和环境污染，这无疑是推进生态文明战略、建设美丽中国路径的最佳选择。同时，如上所述，服务业本身也存在资源节约、环境保护问题，随着服务业增加值在地区生产总值中所占比重的不断上升，经济活动中的资源节约、环境保护越来越体现在服务业中。更为重要的是，生产领域

生产的产品是通过服务业提供给社会、流向消费领域、实现市场价值的，消费领域的消费取向直接受服务业影响。因此，服务业绿色发展是大力推进生态文明战略、建设美丽中国的客观要求。

三 落实“把人民健康放在优先发展战略地位”的需要

在中共中央十八届五中全会公报中，建设“健康中国”已上升为国家战略。在2016年8月19日至20日全国卫生与健康大会上习近平提出“将健康纳入所有政策”，“要把人民健康放在优先发展的战略地位”（新华社a，2016）。2016年8月26日中共中央政治局召开会议，审议通过《“健康中国2030”规划纲要》，强调这一纲要是今后15年推进健康中国建设的行动纲领。而“推进健康中国建设，要坚持预防为主，推行健康文明的生活方式，营造绿色安全的健康环境，减少疾病发生”（新华社b，2016）。首先，服务业是与广大居民直接接触的产业，可以通过自身的生产经营活动和公益活动直接引导居民养成健康文明的生活方式，也能够为居民健康文明生活方式需求的满足提供相应的产品和服务。其次，服务业可以通过采购合同、反馈客户信息等途径影响上游供应商进行绿色生产经营，促使供应商减少资源消耗、环境污染和安全风险。再次，服务业通过经营绿色产品、减少土地和能源等资源消耗、减少废水废气废物排放等环境污染行为，而为整个社会绿色安全的健康环境贡献自身的力量。最后，健康服务业既是大健康产业的主要组成部分，也是服务业的重要组成部分。而健康产业的发展是健康中国建设的重点之一（新华社a，2016）。因而，服务业绿色发展是落实“把人民健康放在优先发展战略地位”的需要。

四 经济发展水平与居民消费水平提升的客观要求

根据国家统计局公布的数据，2001年中国GDP总量是109655亿元，2011年是484753亿元，2016年达到744127亿元，年均增长8.9%以上。根据国际货币基金组织测算，中国经济总量占世界经济总量的份额，从2002年的4.4%提高到2015年的15.5%；中国经济总量在世界的排序，从2002年的第6位上升至2010年的第2位，2016年依然保持着这一位置。根据世界银行公布的数据，2011年中国内地人均GDP达5445美元。国际经验表明，人均GDP超过3000美元，将带来服务业特别是现代服务业的全面加速发展。根据H. 钱纳里等人关于经济阶段的划分标准，人均

GDP 750～1490 美元为初级产品阶段，人均 GDP 1490～2980 美元为工业化初级阶段，人均 GDP 2980～5960 美元为工业化中级阶段，人均 GDP 5960～11170 美元为工业化高级阶段，人均 GDP 11170 美元以上为发达经济阶段。由此可判断，中国经济正由工业化中级阶段向工业化高级阶段迈进。伴随着的是服务业比重不断上升，并最终占主导地位。由此可以预见，在未来一定时期内，中国服务业对资源环境的影响，从总量上将逐步逼近乃至可能达到制造业的程度。从收入和消费水平来看，根据世界银行按图表集法统计的数据，2010 年中国人均国民收入即达到中等偏上水平，从 2012 年的 5870 美元上升到 2015 年的 7880 美元。根据国家统计局公布的数据，2016 年中国社会消费品零售总额达 332316 亿元，比上年增长 10.4%，扣除价格因素，实际增长 9.6%。随着居民收入水平的提高，经济条件无疑将好转，从而促进消费需求质的提升。越来越多的居民在生活中将从不重视生态环境的质量转向追求舒适、优美的生态环境，健康安全的消费体验。这说明中国服务业绿色发展有强大的需求驱动力。

五 “新型工业化、信息化、城镇化、农业现代化、绿色化”协同推进的客观要求

2015 年 4 月发布的《中共中央国务院关于加快推进生态文明建设的意见》，在“指导思想”部分明确要“协同推进新型工业化、信息化、城镇化、农业现代化和绿色化”，“五化协同”从此成为国家重大战略部署。工业化大生产需要大量矿产资源、水资源和土地资源，在生产大量产品的同时产生大量废弃物，而全球性资源约束与环境容量问题已经显现，我国的工业化又处于重化工业发挥特殊重要作用的阶段（林家彬，2008），因而我国新型工业化的“新”必然是通过科技进步、管理创新、经营创新实现资源消耗少、环境污染少、经济效益好的发展，即新型工业化是绿色的工业化。实现这一目标，需要服务业的支撑。一方面，制造业服务化是全球大势所趋；另一方面，工业化的发展，需要物流与营销、研发、人力资源开发、软件与信息服务、金融服务、会计、审计、律师等专业化生产服务业的支撑。没有服务业发展的支撑，工业化就只能停留在比较初级的阶段，无法向更高阶段升级。此外，工业化过程中节约资源、减少污染需要专业的节能环保服务业提供技术和服务。因而，新型工业化离不开服务业的绿色发展。

有研究显示，信息技术设备对环境的污染程度超过了航空业；电视、

手机、无线及其基站造成的电磁辐射危害人体健康；报废的电视、电脑、手机等电子垃圾泛滥成灾；通信行业运营、信息技术设施生产需要耗费大量水电气能源，互联网、信息设备使用产生大量 CO_2，信息安全隐患大（闵惜林、张启人，2013）。集成芯片的制作过程既需使用许多有毒有害的溶剂，又会产生大量含有上述有毒有害化学物质的废水废渣（阎兆万、李文兴，2007）。互联网上充斥色情、暴力内容，更是有目共睹。因而，信息化过程中把绿色要素融合进去，实现信息技术设备和内容生产的清洁化、信息技术产品和服务使用的环保、信息传输和储存的安全，既十分必要，也十分紧迫。在这一过程中，信息服务业、信息产品流通业的绿色发展是基础，节能环保服务业、信息安全服务业的发展是重要支撑。

城镇化又称城市化。城市是由“城”和“市”组成的。“城”主要由道路、交通、建筑等人文景观和绿地、水、空气等自然景观组成。“市”是由商业、餐饮、旅游、金融、服务等行业组成。城市发展的一般规律表明，城市的构成有物理构架、功能支撑、文化内涵三大元素和生活居住、商贸物流、产业承载、旅游休闲、文化传播、社会组织六大功能。无论是三大元素还是六大功能，都离不开服务业的发展和支撑。世界上不存在没有服务业的城市。新型城镇化是以人为核心、以提升质量为关键的城镇化，城市的空间布局、建筑、交通、治理理念、运行机制都要体现人文关怀，“让城市融入大自然，让居民望得见山、看得见水、记得住乡愁”（新华社，2013）。而且，新型城镇化强调合理布局生产、生活、生态空间，提高土地、能源利用率，不断改善环境质量。其实质是强调向服务经济社会转型。因此，服务业绿色发展是新型城市化建设的客观要求。

农业现代化主要是指农业生产技术和工具现代化、农业经营管理方法现代化和农业劳动者现代化。而这一切既表明了资源利用效率的不断提高，也表明了现代化过程中需要合理利用和保护自然环境，实现人与自然的和谐，例如要尽力减少化肥农药对土壤的污染、对食品安全的负面影响等。同时，农业现代化的过程离不开相应的服务业支撑，例如农机服务、农技服务、信息服务、教育培训服务、节能环保服务等，这种服务业必须是节约资源的、环境友好的、健康安全的服务业。因此，服务业绿色发展也是农业现代化建设的客观要求。绿色化的出发点和归宿点是推动经济社会绿色发展，实现人与自然和谐共生（秦国伟、李铁铮，2016）。服务业作为中国国民经济中的第一大产业，其绿色发展无疑是国家绿色化战略的题中应有之义。

第三章　服务业绿色发展的外在驱动机理

本章是本书试图构建的 DSR 分析框架里“D”的外部规章制度与行业因素驱动力部分。服务业的绿色发展，受规章制度压力、公众信用压力、市场压力和财政压力等众多产业外在因素的影响，也受服务业所在行业因素的影响。鉴于绿色发展在中国是一种全新的价值观念、发展理念、发展模式，加之中国工业化处于重化工业阶段的限制，以及受中国经济和社会发展的政府主导模式影响，未来较长一段时间内中国服务业绿色发展首先要解决的是体制机制问题。同时，行业因素的影响直接而又体现行业特色。因而，本章试图在文献回顾和实地调研的基础上，以全国资源节约型和环境友好型社会建设综合配套改革试验区的长沙市为例，剖析中国服务业绿色发展的体制机制。以《中国统计年鉴》《中国能源统计年鉴》2000～2012 年的相关数据为基础，以流通业 CO_2 排放为例，揭示服务业绿色发展的行业因素。

第一节　体制机制对服务业发展的战略意义

一　体制机制的内涵及其延伸

按照中国社会科学院语言研究所词典编辑室编的《现代汉语词典》（第 5 版）的解释，体制有两重含义：一是指国家、国家机关、企业、事业单位等的组织制度，如经济体制、政治体制、教育体制、科技体制；二是指文体的格局、体裁。从经济学角度来说，体制指的是整个社会经济活动中所有经济要素（包括经济主体要素和客体要素在内）的组合方式及其框架所形成的组织体系和秩序制度的总和。其中，主体间的组织框架和秩序制度是其精髓（赵儒煜，1994），具体包括组织结构设置、领导隶属关系、管理权限划分、资源配置方式等方面。“机制”一词源于希腊文，原意是指机器的构造和工作原理，即机器运转过程中的各个零部件之间相互联系、互为因果的联结关系及运转方式，如计算机的机制。后来，“机制”

一词逐渐被其他学科借用，其含义不断拓展，典型代表性的含义有三：（1）指有机体的构造、功能和相互关系，如动脉硬化的机制；（2）指一个复杂的工作系统和某些自然现象的物理、化学规律，如竞争机制；（3）泛指事物自身的构成及其运动中的某种由此而彼的必然联系和规律性。《辞海》指出：阐明一种生物功能（例如光合作用或肌肉收缩）的机制，意味着对它的认识从现象描述进到本质说明（夏征农、陈至立，1989）。从经济学的角度来说，机制是在国民经济活动中，一定发展阶段的社会和企业能够采用的运行原理（规律）和运行方式，并以某种效率向社会提供消费品和取得利润（鲍去病，1994）。

体制和机制的中心语和使用范围不一样。体制指的是有关组织形式的制度，限于上下之间有层级关系的政府、国家机关、企事业单位。机制重在事物内部各部分的机理即相互关系。从经济学的角度来说，体制与机制是相互联系、相互作用的。一方面，经济体制决定着经济运行机制（鲍去病，1994）。经济体制的构成要素决定着国家和地区的经济管理组织机构及从事经济活动的企业能够采取什么样的运行原理和运行方式。另一方面，经济体制作用的发挥又要靠与之适应的经济运行机制才能实现。而在中共中央、国务院的有关政策、文件中，常把体制机制联系在一起，例如，《中共中央关于制定国民经济和社会发展第十三个五年规划的建议》中指出，“加快完善各方面体制机制，破除一切不利于科学发展的体制机制障碍，为发展提供持续动力”。为适应实践中这种惯例，本书把体制机制联系在一起阐述，不进行分别阐述。

欧阳峣、陈修谦（2009）运用系统动力学原理，依据结构决定功能的观点，揭示“两型社会”建设体制机制系统由政府管理、产业结构、高新技术、资源节约、环境友好五个子系统构成。李定珍（2010）把“两型社会”建设试验区的体制机制创新归纳为两个方面：一是与“两型社会”建设直接相关的体制机制创新，包括资源节约体制机制创新、环境保护体制机制创新等；二是对“两型社会”建设起支持作用的体制机制创新，包括政府管理体制机制创新、产业引导体制机制创新、科技支撑体制机制创新等。这些成果突出了“两型”特色，对本书探究服务业绿色发展的体制机制如何体现“绿色”特色富有启迪意义。

本书所指的服务业体制，即一定生产关系基础上的具体组织、管理和调节服务业运行的制度、方式、方法的总和。本书所指的服务业运行机制，是在服务业体制影响下的服务业构成及其运行原理和方式，它使服务业经济组织不断向服务业管理目标趋近。

二 服务业存在的问题其深层原因与体制机制有关

现代服务业在国民经济中的比重在很大程度上是一个国家或地区服务业发展水平的重要标志。2016 年财政年度，世界银行将世界各个国家/地区按人均收入水平划分为四个组别：低收入国家/地区（人均 GNI 等于或少于 1026 美元，现价美元，下同），中低等收入国家/地区（人均 GNI 1026～4035 美元），中高等收入国家/地区（人均 GNI 4036～12475 美元），高收入国家/地区（人均 GNI 高于 12476 美元）。2015 年中国人均 GNI 为 7820 美元，属于中高等收入国家。我们选取 2015 年不同组别的国家服务业发展水平与 2015 年中国服务业发展水平进行对比，中国服务业增加值比重（50.5%）和就业比重（42.4%）都处于较低水平（见表 3－1）。

表 3－1 服务业发展水平的国际比较（2015 年）

单位：%，美元

国家	服务业增加值的比重	服务业吸纳劳动力的比重	人均国民总收入
世界	68.0	50.9（2010）	10437
低收入经济体	47.9	—	620
埃塞俄比亚	42.8	19.9（2013）	590
阿富汗	55.0	—	630
尼泊尔	51.6	22.4（2013）	730
坦桑尼亚	43.6	26.6	910
中低收入经济体	57.2	34.9（2013）	2035
巴基斯坦	55.5	34.0（2014）	1440
印度	52.6（2014）	28.7（2013）	1590
越南	39.7	32.0（2013）	1980
乌克兰	60.1	59.1（2014）	2620
尼日利亚	58.8	—	2820
摩洛哥	57.7（2014）	39.4（2012）	3040
印度尼西亚	43.3	44.8（2014）	3440
菲律宾	58.8	53.6（2014）	3540
中高收入经济体	58.3	51.5（2011）	8113

续表

国家	服务业增加值的比重	服务业吸纳劳动力的比重	人均国民总收入
泰国	52.7（2014）	37.5（2014）	5620
南非	68.9	71.9（2014）	6050
哥伦比亚	59.2	64.1（2014）	7130
保加利亚	67.2	62.8（2014）	7220
中国	50.5	42.4	7820
墨西哥	63.6	62.4（2013）	9710
土耳其	64.9	51.9（2014）	9950
俄罗斯	62.8	65.8（2014）	11400
高收入经济体	73.9（2014）	71.4（2013）	41366
匈牙利	64.4（2014）	64.5（2014）	12990
意大利	74.0	69.5（2014）	32790
日本	72.0（2014）	69.1（2013）	36680
法国	78.8	75.8（2014）	40580
英国	79.2	79.1（2014）	43340
德国	69.0	70.4（2014）	45790
美国	78.0（2014）	81.2（2010）	54960

资料来源：World Bank，2016，《World Development Indicators 2016》。

国家科技部《现代服务业科技发展“十二五”专项规划》指出，中国服务业存在的问题主要表现为生产性服务业规模偏小、新兴服务业引领作用不强、科技服务业支撑能力薄弱等。2010年12月22日，在第十一届全国人民代表大会常务委员会第十八次会议第二次全体会议上，时任国家发展和改革委员会主任的张平指出：服务业总体发展仍滞后，难以适应经济社会发展需要。一是服务业增加值占国内生产总值比重偏低。二是结构仍不合理。三是服务业固定资产投资占比徘徊下降。四是国际竞争力依然不强。五是服务业供给能力和水平还难以满足我国消费结构升级需要（张平，2011）。这些问题的深层原因都与体制机制有关。尽管中国进行社会主义市场经济体制建设已有近40年的历程了，尽管中国在不断推进经济体制改革，但服务业体制改革相对于第一、第二产业来说是落后的，文化、金融、电信等行业垄断程度非常高，一些行业虽然进行了改革但体制不全、机制不活。据我们2010年1月8日至2月9日对长沙市181家生产性服务企业、188家生活性服务企业的抽样调查，59.1%的生产性服务企业认为生产性服务业发展环境存在的问题是体制机制问题（见表3-2），46.2%的生活性服务企业认为生活性服务业发展环境存在的问题是体制机制问题（见表3-3），分别居各选项的第1位和第2位。同时，72.9%的生产性服务企业认为生产性服务业发展最迫切需要改善的环境是加强政府管理、规范服务业的市场竞争（见表3-4），69.9%的生活性服务企业认为生活性服务业发展最迫切需要改善的环境是改善政府管理、改进工作作风、提高工作效率，64.5%的生活性服务企业认为生活性服务业发展最迫切需要改善的环境是加强政府管理、规范服务业的市场竞争（见表3-5）。这些从多方面验证现代服务业的潜能被体制机制所束缚。2013年5月29日，国务院总理李克强在全球服务论坛北京峰会上的主旨演讲中指出“中国服务业发展滞后，有认识上的问题、结构方面的原因，但主要还是体制机制的制约”，更进一步佐证了我们的理论分析与调查结论。

表3-2　生产性服务业发展环境存在的主要问题

单位：%

选项	基础设施不完善，硬件不足	体制不活，机制不灵	政策不平等，政府支持力度小	社会环境不佳	政府管理不足，越位、缺位现象严重	其他
应答率	51.9	59.1	37.0	24.3	46.4	3.3

表3-3　生活性服务业发展环境存在的主要问题

单位：%

选项	基础设施不完善，硬件不足	体制不活，机制不灵	政策不平等，政府支持力度小	社会环境不佳	政府管理不足，越位、缺位现象严重	其他
应答率	63.7	46.2	35.0	30.8	33.5	9.9

表3-4　生产性服务业最迫切需要改善的发展环境

单位：%

选项	应答率
改善政府管理，改进工作作风，提高工作效率	23.8
加强政府管理，规范服务业的市场竞争	72.9
降低市场准入条件	23.2

续表

选项	应答率
加大对内、对外开放力度	29.3
解决政策不平等问题	34.8
实行税收优惠	47.5
实行规费减免	23.2
财政资金支持	32.0
实行价格扶持	22.7
加强对知识产权的保护	32.6
加强服务业的法制建设	38.7
加大治安力度	14.4
加强诚信体系建设	34.8
加大对服务业的宣传力度	27.1
迅速提高服务业从业人员的素质	43.6
提高公众服务消费意识	35.9
其他	1.7

表 3－5 生活性服务业最迫切需要改善的发展环境

单位：%

选项	应答率
改善政府管理，改进工作作风，提高工作效率	69.9
加强政府管理，规范服务业的市场竞争	64.5
降低市场准入条件	16.9
加大对内、对外开放力度	24.6
解决政策不平等问题	29.0
实行税收优惠	38.3
实行规费减免	27.3
财政资金支持	35.0
实行价格扶持	21.3
加强对知识产权的保护	16.9
加强服务业的法制建设	29.7
加大治安力度	19.8
加强诚信体系建设	21.9
加大对服务业的宣传力度	21.3
迅速提高服务业从业人员的素质	48.1
提高公众服务消费意识	42.6
其他	3.8

三　体制机制创新是释放服务业发展潜能的重要动力

一般而言，体制机制创新是经济社会发展最根本、最有效、最持久的促进因素（两型社会研究院，2009）。发达国家服务业发展的体制比较健全，因而学者们很少研究这一问题。国内学者研究得较多，常修泽（2005）认为，推进现代服务业的发展，必须着力推进体制创新，重点是产权制度创新；以李江帆为首的课题组（2005）认为，今后要想使服务业获得持续稳定发展，必须通过体制改革促进技术创新，具体而言，要放宽服务业市场准入限制，推进事业单位改革，促进企事业和机关单位后勤服务社会化；夏杰长（2007）认为，体制创新与技术进步是促进我国服务业快速高质发展的“双引擎”，他提出了服务业体制改革与创新的五个方面：加快市场取向改革，优化和完善法规制度与政策措施，创新服务业引导资金使用，逐步消除城市化的制度障碍，依据不同服务行业特征制定合理的准入门槛。郭怀英（2010）在回顾中国服务业体制沿革的基础上，指出：服务业领域政企不分、政事不分、行政垄断、多头管理、准入限制严重，已成为国民经济体制障碍最突出、最集中的领域。“十二五”改革攻坚要以教育医疗领域和垄断性服务业改革为重点，以政府管理体制为核心。夏杰长（2015）在研究“十三五”中国服务业的发展趋势与政策建议时指出，服务业体制机制改革滞后已经成为制约中国服务业大发展最重要的因素之一。一是部分服务业垄断严重，二是市场准入门槛还比较高，三是缺乏可真正落实和可操作性的服务业发展支持政策。“创新是提升服务业生产率和提高服务质量的关键要素。”可见，国内学者在服务业体制改革对服务业发展的重要性方面达成了共识。

从实践来考察，20 世纪 80 年代初期，中国农村实行了土地承包经营责任制，这一经营制度变革，极大地释放了中国“三农”发展的潜能，在科技水平基本没有变化的条件下，粮食产量大幅度提高。20 世纪 80 年代中期以来，中国制造业领域先后进行了扩权让利、承包经营责任制、厂长负责制、股份制等改革，极大地释放了中国制造业的潜在能量，产品产量、质量大幅度提升，不少产品进入国际市场尤其是美国、日本等发达国家市场。服务业领域的商贸流通业，在各行各业中是最早启动改革和以全市场化的姿态出现的。1992 年我国商业逐渐开始对外开放，1993 年粮票退出历史舞台，2004 年商业全面开放。不论是社会消费品零售总额、商业从业人员数量，还是商业企业平均利润、商业企业国际竞争力都大幅提升。这些宝贵的经验表明：作为生产关系、上层建筑具体表现形式的体制机制对生产力发展有巨大的促进作用，体制机制要适应生产力的发展，要随着生产力的发展及时进行变革和创新。“十二五”“十三五”乃至更长时期中国都要以绿色化为导向加快现代服务业发展，要在了解阻碍服务业发展的体制机制因素的基础上，按照绿色化、市场化的改革目标，着力推进体制机制创新，这样才能释放现代服务业发展的潜在能量。

第二节 服务业绿色发展的体制机制

一 服务业绿色发展的体制机制构成与调研设计

江静、刘志彪（2009）认为，要从根本上解决中国现代服务业发展问题，核心就在于改变基于 GDP 的考核目标，确保公共投入的强制机制，政策导向更多立足于人类发展。这一观点隐含了服务业的绿色发展问题，只是没有明确提出。张新婷、黄龙跃（2009）认为，我国要发展绿色服务业，首要的条件是政府要提供一个良好的外部环境，综合运用法律、法规强制手段和经济调节手段规范服务企业及相关企业的行为。张新婷、许景婷（2010）进一步探讨了政府作为外部环境构建者发展绿色服务业的对策：制定中长期规划，不断完善市场体制和市场环境，尽快建立健全相关的法律法规，制定一系列经济政策和制度刺激服务业提供绿色服务同时遏制非绿色服务，为发展绿色服务技术提供一定支持，强化市场监管和环保执法力度。这些观点提到了绿色服务业发展中的体制问题，但既没有展开论述，也没有进行实地调查研究，对当前服务业绿色发展的体制障碍及体制创新对策缺乏系统思考。

以绿色发展的内涵、体制机制的内涵及其延伸，以及服务业发展的“体制创新与技术进步双引擎”论为理论基础，运用系统论思想，以管理主体、管理客体、发展目标三维结构为逻辑思维点，我们可以把服务业绿色发展的体制机制系统划分为两部分：一是与服务业绿色发展直接相关的体制机制，包括资源节约体制机制、环境保护体制机制、消费安全体制机制；二是对服务业绿色发展起支持作用的体制机制，包括行政管理体制机制、产业引导体制机制、科技支撑体制机制。整合欧阳峣（2010）、唐宇文（2010）、张建民（2010）、聂国卿（2010）、尹向东（2010）、彭炳忠（2010）等人的研究成果，结合服务业的特点和笔者对服务业绿色发展内涵的理解，对服务业绿色发展体制机制的6个子系统界定如下：行政管理体制机制是指由服务业绿色发展的领导机构、管理权责、政绩考核制度等有机构成的管理系统；产业引导体制机制是指运用各种方法和手段对服务业经济活动向绿色化转型进行引导、激励、约束的行为体系；资源节约体制机制是指以节约资源为目标的服务业发展体制机制，包括实现资源节约目标的政策法规制度体系和运作程序；环境保护体制机制是指由环境保护机构、协同监管制度、生态补偿机制、激励约束机制、执法机制等有机构成的体系；消费安全体制机制是指由消费安全监管机构、法规标准体系、执法队伍与力度、安全追溯、安全信息传播等有机构成的管理系统；科技支撑体制机制是指由科技管理体制、技术研发机制、科技成果转化机制、科技人才配置机制、绿色科技需求培育机制等构成的有机整体。研读有关文献，我们对这6个子系统分别拟定了能体现其核心内容的题项①，按照李克特5点尺度法，把每个题项划分为非常同意、比较同意、中立、不太同意、非常不同意五个等级，由被调查者作答。此外，在问卷最后，我们设计了两个开放式问答题。

在长株潭城市群中，2009年长沙市服务业增加值为1671.8亿元，占湖南全省服务业增加值的31.7%，而株洲市服务业增加值仅354.5亿元，湘潭市服务业增加值仅262.3亿元，两市合计为616.8亿元，只占湖南全省服务业增加值的11.7%（湖南省统计局，2009）。而且长沙市为湖南省省会，是长株潭城市群的龙头。因而，我们选择长沙市作为调研对象。

二　服务业绿色发展的体制机制的调研实施

为了力争准确、全面了解服务业绿色发展的体制机制障碍及其原因，我们采取两种调研方法收集数据：一是问卷调研，二是集体座谈或个别深度访谈。发放问卷和访谈的对象是长沙市辖九区县（市）及市直单位的政府公务员。考虑到对服务业知识的掌握与具有从事服务业管理的实践经

① 调查问卷设计参考了欧阳晓的《构建两型社会综合配套改革试验区体制机制创新调研问卷——综合篇》。

验，我们选择长沙市及其下属市、县、区与服务业有关的下列政府职能部门的公务员：经济委员会（或工业经济局）、商务局、旅游局、文化局、地方金融办公室、环保局、科技局、卫生局、房产局、劳动与社会保障局、教育局、民政局、政府研究室、第三产业领导小组、水利局、农业局、农机局、统计局。调研时间为2010年1月8日至2月9日，调研人员为高校教授1人、副教授1人、讲师1人、研究生4人。在调研前，对所有调研人员进行了服务业、绿色发展、调研方法与技巧、社交礼仪等方面知识的培训。

（一）问卷调研

问卷调研采取配额抽样方式进行。在长沙市九个区县（市）内共发放问卷405份，收回有效问卷224份，有效回收率为55%。具体数据如下：长沙县、望城区、浏阳市、宁乡县、芙蓉区、雨花区、天心区、开福区、岳麓区分别发放问卷50份、50份、55份、50份、50份、35份、35份、40份、40份，分别收回有效问卷27份、45份、33份、32份、21份、16份、21份、14份、15份（见表3－6）。

表3－6 服务业绿色发展的体制机制调研问卷发放及回收情况

单位：份，%

区县（市）	发放问卷数	收回问卷数	删除问卷数	有效问卷数	回收率	有效回收率
长沙县	50	46	19	27	92	54
望城区	50	49	4	45	98	90
浏阳市	55	52	19	33	95	60
宁乡县	50	44	12	32	88	64
芙蓉区	50	34	13	21	68	42
雨花区	35	33	17	16	94	46
天心区	35	31	10	21	89	60
开福区	40	21	7	14	53	35
岳麓区	40	31	16	15	78	38
总　计	405	341	117	224	84	55

（二）访谈调研

通过长沙市发展和改革委员会的推荐和介绍，在宁乡县、望城县、浏阳市发展和改革局的支持下，我们分别在宁乡、望城、浏阳各自召开了与服务业有关的12个局主管领导座谈会；到长沙市发改委第三产业处、长沙市委宣传部文化产业办公室、长沙市文化局、长沙市农业局、长沙市经济委员会、长沙市商务局、长沙县商务局、芙蓉区发展和改革局，及浏阳市商务局、文体局、旅游局、宗教局、卫生局，中南汽车大世界，家润多超市，一力物流园，青苹果数据，长沙第一福利院，宏梦卡通城，星沙湘绣城，靖港古镇，麓谷，三一重工，比一比超市，心连心超市，宁乡县人民医院，浏阳市人民医院，望城区人民医院，新宇房地产公司，浏阳生物医药园，浏阳农业科技园，浏阳工业新城办等众多政府部门和企事业等单位进行了一对一的深度访谈，以对长沙市服务业绿色发展的体制机制问题进行更深层次的了解和诊断。

三 服务业绿色发展的体制机制调研数据分析

本研究以问卷调研结果为主、深度访谈结果为辅，分析服务业绿色发展的体制机制障碍。

（一）服务业绿色发展体制机制障碍量表的信度和效度分析

本研究为确保数据的可信性与有效性，在从调研数据中提取有效信息之前先对量表进行了信度与效度检验。

本研究采用信度检验中常用的Cronbach's Alpha系数值来判断服务业绿色发展的体制机制障碍量表的信度。结果显示行政管理、产业引导、资源节约、环境保护、消费安全、科技支撑体制机制障碍六个分量表的Cronbach's Alpha系数值都大于0.7，说明量表信度很好（见表3－7）。

由于本研究的量表是在大量文献回顾与专家讨论的基础上形成的，内容效度较好，因此我们采用因子分析重点检验量表的建构效度。在做因子分析之前，本研究先对数据进行了适宜性检验。检验表明KMO值为0.922，Bartlett球形检验结果显著（$p=0.000$），说明数据适合做因子分析。通过对服务业绿色发展的体制机制障碍量表33个题项进行因子分析，从中提取了6个公共因子（见表3－7），累积解释变异为64.714%。旋转后的因子负荷矩阵结果显示各测量题项均按预期分布于6个因子，并且在相应因子上的负荷明显大于0.5，说明量表收敛效度良好；每个题项因子负荷在6个因子间具有很好的区分程度，最大因子负荷与第二大因子负荷之差明显大于0.2，说明量表区分效度良好。因此，服务业绿色发展的体制机制障碍量表效度很好。

表3-7 服务业绿色发展的体制机制障碍量表因子分析与信度分析结果

变量	测量题项	因子负荷						Cronbach's Alpha 系数
		因子1	因子2	因子3	因子4	因子5	因子6	
行政管理	A_1	0.764	0.063	0.158	0.154	0.127	0.143	0.833
	A_2	0.831	0.071	0.113	0.163	0.104	0.194	
	A_3	0.772	0.145	0.096	0.148	0.171	0.080	
	A_4	0.637	0.224	0.212	0.209	0.075	0.054	
产业引导	B_1	0.079	0.601	0.221	0.384	0.053	0.123	0.719
	B_2	0.217	0.769	0.152	0.022	0.157	0.217	
	B_3	0.194	0.713	0.058	0.183	0.227	0.218	
资源节约	C_1	0.286	0.049	0.531	0.202	0.223	0.333	0.880
	C_2	0.233	-0.024	0.712	0.276	0.194	0.200	
	C_3	0.237	0.046	0.710	0.286	0.207	0.199	
	C_4	0.034	0.174	0.710	0.222	0.213	0.175	
	C_5	0.037	0.213	0.658	0.160	0.211	0.189	
	C_6	0.137	0.102	0.754	0.186	0.106	0.130	
环境保护	D_1	0.089	0.101	0.150	0.581	0.288	0.327	0.902
	D_2	0.136	-0.066	0.174	0.607	0.157	0.305	
	D_3	0.120	0.133	0.233	0.721	0.255	0.037	
	D_4	0.187	0.124	0.351	0.658	0.177	0.096	
	D_5	0.187	0.228	0.272	0.598	0.257	0.114	
	D_6	0.206	0.264	0.199	0.626	0.251	0.175	
	D_7	0.217	0.095	0.125	0.612	0.335	0.281	
	D_8	0.137	0.086	0.187	0.727	0.214	0.228	
消费安全	E_1	0.107	0.070	0.179	0.290	0.612	0.215	0.867
	E_2	0.114	0.132	0.226	0.217	0.688	0.147	
	E_3	0.148	0.117	0.106	0.223	0.705	0.298	
	E_4	0.092	0.110	0.163	0.150	0.740	0.237	
	E_5	0.144	0.098	0.296	0.260	0.603	0.069	
	E_6	0.132	0.068	0.131	0.321	0.598	0.149	

续表

变量	测量题项	因子负荷						Cronbach's Alpha 系数
		因子 1	因子 2	因子 3	因子 4	因子 5	因子 6	
科技支撑	F_1	-0.024	0.170	0.130	0.140	0.472	0.599	0.901
	F_2	0.074	0.038	0.185	0.165	0.350	0.684	
	F_3	0.073	0.129	0.252	0.175	0.266	0.752	
	F_4	0.158	0.126	0.197	0.136	0.104	0.805	
	F_5	0.181	0.236	0.182	0.243	0.106	0.725	
	F_6	0.225	0.151	0.149	0.300	0.162	0.638	

（二）服务业绿色发展体制机制障碍分析

1. 行政管理体制机制障碍

在深度访谈中，政府部门、企业普遍反映长沙市服务业多头管理较为严重，机构存在一定的重叠、混乱，协调难度大。个别地方某些职能部门检查频繁，重复检查，例如工商部门；而且对企业不是以指导、帮扶为主，一定程度上是以制裁为主。问卷调查结果显示：72.6%的政府工作人员认为服务业主管部门多，协调程度低；61.4%的政府工作人员认为服务业行政审批程序繁杂，效率低下；57.6%的政府工作人员认为政府行政层级多，机构冗员突出；47.6%的政府工作人员认为政绩考核评价机制不符合可持续发展的要求（见表3－8）。可见，长沙市服务业的行政管理体制本身是非绿色的。

表3－8　服务业绿色发展的行政管理体制机制障碍

单位：%

选项	非常同意	比较同意	中立	不太同意	非常不同意	非常同意或比较同意
A_1 服务业主管部门多，协调程度低	24.2	48.4	14.8	11.2	1.3	72.6
A_2 行政审批程序繁杂，效率低下	19.7	41.7	20.6	15.7	2.2	61.4
A_3 行政层级多，机构冗员突出	20.1	37.5	26.8	13.4	2.2	57.6
A_4 政绩考核评价机制不符合可持续发展的要求	13.5	34.1	29.6	20.6	2.2	47.6

2. 产业引导体制机制障碍

在深度访谈中，政府部门、企业普遍反映长沙市服务业的市场准入门槛普遍高于工业，管制过多、市场化程度低的问题较为突出。一些行业对非国有经济和外资也没有完全开放，较高的进入门槛和狭窄的市场准入范围将绝大多数潜在投资者拒之门外，甚至其他行业的国有企业也难以进入。服务业市场主体单一，缺乏多样性，造成一些服务业部门资源流入不足，弱化了竞争机制在产业发展中配置资源的基础性作用。其结果是服务业创新不足，企业经营效率低下，供给能力的扩张受到制约。问卷调查结果显示：75.6%的政府工作人员认为国有资本在服务业的投向缺乏“绿色”导向，68.6%的政府工作人员认为长沙市服务业绿色转型机制缺失，63.1%的政府工作人员认为长沙市服务业绿色发展的政策支持力度偏弱（见表3－9）。可见，长沙市服务业绿色发展的产业引导体制机制障碍主要是两方面：一是国有资本投资缺乏“绿色”导向，政府对绿色发展政策支持力度偏弱；二是服务业绿色转型机制缺失。

表3－9　服务业绿色发展的产业引导体制机制障碍

单位:%

选项	非常同意	比较同意	中立	不太同意	非常不同意	非常同意或比较同意
B_1 国有资本投向缺乏“绿色”导向	28.8	46.8	15.8	8.6	0	75.6
B_2 服务业绿色发展的政策支持力度偏弱	19.5	43.6	26.4	10.5	0	63.1
B_3 服务业绿色转型机制缺失	18.8	49.8	21.5	9.9	0	68.6

3. 资源节约体制机制障碍

在深度访谈中，不少政府部门、企业反映长沙市服务业，例如现代零售业、文化和创意产业存在盲目上马、重复建设等资源浪费现象，一些中央政府主管部门的节能减排行动没有及时得到落实，例如商务部推行的零售业节能减排行动、“三绿”（绿色市场、绿色饭店、绿色餐馆）工程，在长沙基本上没有下力气去抓。问卷调查结果显示：79.2%的政府工作人员认为节能管理体系不完善，78.9%的政府工作人员认为循环经济发展基础薄弱，74.1%的政府工作人员认为缺乏资源消耗评价标准，71.4%的政府工作人员认为资源使用浪费，缺乏法律法规规范，68.3%的政府工作人员认为节能认证和能效标识制度缺失，65.2%的政府工作人员认为资源市场价格无法反映其稀缺状况（见表3-10）。可见，长沙市片面追求产值的政绩观念没有得到根本性的改变，资源节约意识没有真正树立，节约资源的有关标准和制度缺乏。

表3-10　服务业绿色发展的资源节约体制机制障碍

单位：%

选项	非常同意	比较同意	中立	不太同意	非常不同意	非常同意或比较同意
C_1 资源使用浪费，缺乏法律法规规范	34.8	36.6	18.8	9.4	0.4	71.4
C_2 缺乏资源消耗评价标准	34.8	39.3	19.2	6.7	0	74.1
C_3 节能认证和能效标识制度缺失	32.6	35.7	21.4	8.9	1.3	68.3
C_4 循环经济发展基础薄弱	35.9	43.0	17.0	3.6	0.4	78.9
C_5 资源市场价格无法反映其稀缺状况	28.6	36.6	27.2	7.6	0	65.2
C_6 节能管理体系不完善	30.6	48.6	16.7	4.1	0	79.2

4. 环境保护体制机制障碍

尽管长沙市政府部门意识到了服务业的环保问题，但对这一问题缺乏足够重视，相应的体制机制残缺，尤其是旅游业发展中的环境保护和生态补偿体制机制被有意无意地忽视了。问卷调查结果显示：78.6%的政府工作人员认为生态保护和补偿机制不完善，70.8%的政府工作人员认为环保设施公共投入机制缺失，68.0%的政府工作人员认为服务企业环境成本外部化明显，造成了严重污染，67.1%的政府工作人员认为服务业环境准入和退出政策缺失，65.3%的政府工作人员认为环境监测和管理职能不到位，65.1%的政府工作人员认为环保行政管理体制僵化、联动能力差，64.3%的政府工作人员认为环保行为评价与考核机制缺失，63.5%的政府工作人员认为排污权市场平台缺失（见表3-11）。

表 3-11 服务业绿色发展的环境保护体制机制障碍

单位：%

选项	非常同意	比较同意	中立	不太同意	非常不同意	非常同意或比较同意
D_1 服务业环境准入和退出政策缺失	26.1	41.0	23.9	8.1	0.9	67.1
D_2 服务企业环境成本外部化明显，造成了严重污染	26.1	41.9	21.2	9.9	0.9	68.0
D_3 环境监测和管理职能不到位	20.7	44.6	25.2	8.6	0.9	65.3
D_4 生态保护和补偿机制不完善	29.1	49.5	15.0	5.5	0.9	78.6
D_5 环保设施公共投入机制缺失	23.3	47.5	18.3	11.0	0	70.8
D_6 环保行政管理体制僵化，联动能力差	25.3	39.8	24.9	10.0	0	65.1
D_7 排污权市场平台缺失	27.9	35.6	26.6	9.9	0	63.5
D_8 环保行为评价与考核机制缺失	24.9	39.4	24.0	11.3	0.5	64.3

5. 消费安全体制机制障碍

在深度访谈中了解到，某些具有服务业执法职能的部门属于事业编制，例如，商务监督检查、屠宰、食品等都是事业编制，缺乏权威性，难以执法以保证消费安全。问卷调查结果显示：78.0%的政府工作人员认为服务市场规范化、标准化程度不高，76.1%的政府工作人员认为消费安全检测体系不健全，75.2%的政府工作人员认为消费安全信用体系滞后，73.9%的政府工作人员认为消费安全的法律法规欠缺，73.3%的政府工作人员认为服务企业和顾客之间信息不对称，61.3%的政府工作人员认为服务领域消费安全没有保障（见表 3-12）。可见，关系消费者切身利益的服务业消费安全体制机制亟待完善。

表 3－12　服务业绿色发展的消费安全体制机制障碍

单位：%

选项	非常同意	比较同意	中立	不太同意	非常不同意	非常同意或比较同意
E_1 服务领域消费安全没有保障	20.3	41.0	21.2	17.1	0.5	61.3
E_2 服务企业和顾客之间信息不对称	27.1	46.2	17.2	9.0	0.5	73.3
E_3 消费安全的法律法规欠缺	23.4	50.5	14.0	11.3	0.9	73.9
E_4 服务市场规范化、标准化程度不高	26.6	51.4	16.2	5.9	0	78.0
E_5 消费安全信用体系滞后	31.1	44.1	16.7	8.1	0	75.2
E_6 消费安全检测体系不健全	29.7	46.4	17.1	6.3	0.5	76.1

6. 科技支撑体制机制障碍

在深度访谈中了解到：长沙市服务业相对于制造业科技投入不够，有些行业，例如零售业基本没有科技投入，县域范围内的企业信息化程度低，许多企业没有开展电子商务。问卷调查结果显示：74.3%的政府工作人员认为服务业资源节约和环境保护科技投入薄弱，72.4%的政府工作人员认为服务业公共创新平台水平低，69.8%的政府工作人员认为服务业技术开发费用较低，科技驱动力弱，66.6%的政府工作人员认为服务业国家级创业创新项目少，64.9%的政府工作人员认为服务业技术研发中心效率低，62.2%的政府工作人员认为服务技术产权交易机制缺失（见表 3－13）。可见，不论是服务业一般性的科技投入，还是服务业资源节约和环境保护方面的科技投入，都比较薄弱。

表 3－13　服务业绿色发展的科技支撑体制机制障碍

单位：%

选项	非常同意	比较同意	中立	不太同意	非常不同意	非常同意或比较同意
F_1 服务业技术开发费用较低，科技驱动力弱	27.9	41.9	21.6	7.7	0.9	69.8
F_2 服务业资源节约和环境保护科技投入薄弱	22.5	51.8	18.5	6.8	0.5	74.3

续表

选项	非常同意	比较同意	中立	不太同意	非常不同意	非常同意或比较同意
F_3 服务业公共创新平台水平低	24.0	48.4	20.8	5.9	0.9	72.4
F_4 服务业国家级创业创新项目少	25.2	41.4	26.6	5.9	0.9	66.6
F_5 服务业技术研发中心效率低	20.3	44.6	28.4	6.3	0.5	64.9
F_6 服务技术产权交易机制缺失	17.6	44.6	29.3	8.1	0.5	62.2

综上所述，尽管本课题组调研时长沙市进行“两型社会”建设试验已两年有余，但服务业绿色发展的体制机制方面还存在众多问题，有些是长沙市能够解决的，有些则需要国家层面解决。这些体制机制问题从深层次束缚了长沙市服务业的绿色发展。因而，体制机制创新是释放服务业绿色发展潜能的重要动力。

第三节 服务业绿色发展的行业影响因素

流通业是服务业的重要组成部分，其概念界定中外不一，即使在国内理论界，分歧也较大。多数人认为，应该以商品交易为基点，考察这个产业是否专门从事商品交易，或者是否专门为商品交易服务。由此，流通业包括两大部门：一是专门从事商品交易的批发零售业和餐饮业，二是专门为从事商品交易服务的物流业和住宿业。其中物流业主要指仓储业、邮政业、其他寄送服务业和交通运输业中的货运。流通业既是国民经济的基础性和先导性行业，又是土地资源占用、能源消耗、CO_2 排放的重要载体。庞瑞芝、王亮（2016）研究发现，从中国能源终端消费量来看，“交通运输、仓储和邮政业”、“批发、零售业”和“住宿、餐饮业”占据了服务业行业 70% 以上的能源消耗。并且随着中国经济结构的调整，流通业在国民经济中扮演的角色将越来越重要。因此，量化流通业的能源消费及 CO_2 排放、探讨其 CO_2 排放的主要影响因素，并分析其 CO_2 排放的脱钩效应，对揭示服务业绿色发展的行业驱动因素的作用机理具有重要的理论意义和现实意义。

一 流通业 CO_2 排放及脱钩状态的研究文献回顾

从现有文献来看，鲜有直接涉及流通业 CO_2 排放方面的相关研究成果，但有交通运输业或物流业 CO_2 排放相关的研究。这些研究主要体现在以下三个方面：（1）CO_2 排放量核算。Nicolas 等估算了法国客运行业的 CO_2 排放量，并探讨了其影响因素（Nicolas J. and David D. ，2009）；陈倩（2013）从物流园区和物流运输两个角度估算了中国物流系统的碳排放量；张立国等（2013）估算了中国省际物流业碳排放并进行了排放绩效动态分析。（2）CO_2 排放因素分解。Govinda 等（2009）运用 LMDI 方法将 1980～2005 年 20 个拉美国家交通行业 CO_2 排放变动分解为能源结构、经济增长、排放系数和能源强度效应，同时也将 12 个亚洲国家交通行业 CO_2 排放变动分解为人口、单位产值、排放系数、能源强度和能源结构效应；Wang 等（2011）运用 LMDI 方法将 1985～2009 年中国交通运输行业的 CO_2 变动分解为单位产值、交通运输模式结构、交通强度、交通服务比例、人口和排放系数效应；马越越等（2013）测算了物流业的碳排放并运用 LMDI 方法将其影响因素分解为能源结构、能源效率、运输方式、物流发展、经济增长与人口 6 个因素。（3）CO_2 排放脱钩效应分析。Tapio（2005）研究了欧盟国家交通行业 CO_2 排放与交通业 GDP 之间的脱钩关系；Lu 等（2007）研究了中国台湾、德国、韩国和日本公路运输业 CO_2 排放、能源消费与其 GDP 之间的脱钩关系；韩岳峰等（2013）分析了我国仓储运输业碳排放与经济增长之间的脱钩关系；杨浩哲（2013）从剔除电能消费和包括电能消费两个方面对中国流通业及其细分行业的碳脱钩问题进行研究，并将流通业脱钩指数分解为流通业能源脱钩指数和能源消费的碳脱钩指数。

以上研究对探讨中国相关产业碳排放的影响因素、揭示产业碳排放与经济增长之间的脱钩状态、制定节能减排政策、实现节能减排目标具有积极的借鉴意义。但尚存在如下局限：一是大多数现有文献在估算 CO_2 排放量时，或没有考虑电力消费引致的间接 CO_2 排放量，或没有考虑电力排放因子的变化；二是在探讨 CO_2 排放的影响因素时，目前还没有将流通业作为整体来分析；三是尽管杨浩哲研究了流通业经济增加值变化与其碳排放变化之间的脱钩关系，但没有深入地衡量节能减排努力在实现流通业碳排放脱钩方面发挥的实际效果，而衡量节能减排努力的实际效果，对政府制定节能减排政策具有参考意义。鉴于此，本节在现有研究的基础上，首先计算电力排放因子，运用联合国政府间气候变化专门委员会（Intergovernmental Panel on Climate Change，缩写 IPCC）温室气体排放清单指南中的方法估算中国2000～2012年流通业CO_2排放量，接着运用对数平均迪氏指数法（缩写为LMDI）对其CO_2排放进行分解，最后在分解模型的基础上对流通业CO_2排放脱钩效应进行测度。该研究旨在回答以下问题：流通业CO_2排放趋势怎样？是什么因素导致了流通业CO_2排放的快速上升？哪些因素有助于抑制流通业CO_2排放量的增加？流通业CO_2排放脱钩状态如何？节能减排措施对实现流通业CO_2排放脱钩的贡献如何？

二 中国流通业CO_2排放及脱钩效应的研究方法与数据来源

（一）研究方法

1. 流通业CO_2排放量估算方法

根据IPCC温室气体排放清单指南（2006）中的方法，中国流通业CO_2排放量采用以下公式估算：

$$C = \sum_i E_i \times F_i$$

其中C为流通业CO_2排放总量，E_i为流通业第i类能源消耗总量，F_i为第i类能源的CO_2排放因子。煤炭、石油和天然气这些化石能源F_i的取值如表3－14所示，化石能源的排放因子是不变的。电力的排放因子比较特殊，耗电不会直接产生CO_2，但发电消耗能源间接产生CO_2，且目前中国电力生产主要以火力发电为主，间接排放的CO_2是不可忽视的。耗电所间接引致的CO_2排放受各年电力生产结构、发电煤耗标准、火力发电能源结构等影响。鉴于中国电力能源结构数据不完整，且目前中国火力发电以煤炭发电为主，因此本章通过煤炭排放因子近似估计电力能源消耗的间接排放因子，估算结果如表3－15所示。

表3－14 各类化石能源的CO_2排放因子

项目	煤炭	石油	天然气
F_i（t二氧化碳/t标准煤）	2.741	2.136	1.626

资料来源：根据国家发改委公布的碳排放因子计算得出（二氧化碳排放因子＝碳排放因子×44/12）。

表 3-15　2000～2012 年中国发电结构及电力排放因子

年份	火电比例（%）	其他比例（水、核、风）（%）	发电煤耗标准（kgce/kW·h）	电力排放因子（tCO_2/tce）
2000	82.19	17.81	0.363	6.654
2001	79.92	20.08	0.357	6.363
2002	80.90	19.10	0.356	6.424
2003	82.72	17.28	0.355	6.549
2004	81.50	18.50	0.349	6.343
2005	81.89	18.11	0.343	6.264
2006	82.69	17.31	0.342	6.307
2007	82.98	17.02	0.332	6.144
2008	80.48	19.52	0.322	5.780
2009	80.30	19.70	0.320	5.731
2010	79.20	20.80	0.312	5.511
2011	81.34	18.66	0.308	5.588
2012	78.05	21.95	0.305	5.309

注：发电煤耗标准来自《中国能源统计年鉴》，火电比例通过《中国能源统计年鉴》中火电生产量占生产总量的比例计算得来，间接得到电力排放因子＝火电比例×煤炭 CO_2 排放因子×发电煤耗/电力折标煤转换系数。

2. 流通业 CO_2 排放量的因素分解模型

因素分解法的基本原理是将分析的主参数分解为几个关键组成因素的乘积，以探讨影响该参数的主要因素。为了分析流通业 CO_2 排放量变化的影响因素，我们借鉴 Kaya（1990）恒等式的原理，构建流通业 CO_2 排放量的基本公式如下：

$$C_t = \sum_i C_{it} = \sum_i Q_t \times \frac{E_t}{Q_t} \times \frac{E_{it}}{E_t} \times \frac{C_{it}}{E_{it}}$$

式中：C_t 为 t 年流通业 CO_2 排放总量，10^4t；Q_t 为 t 年流通业增加值，10^8 元；E_t 为 t 年流通业能源消费总量，10^4tce；E_{it}为 t 年流通业消耗的第 i 种能源消耗量，10^4tce；C_{it}为 t 年流通业第 i 种能源的 CO_2 排放量，10^4t。

$$令\ I_t = \frac{E_t}{Q_t};\ S_{it} = \frac{E_{it}}{E_t};\ F_{it} = \frac{C_{it}}{E_{it}}$$

式中：I_t 为 t 年流通业的能源强度；S_{it}为 t 年流通业的能源消费结构；

F_{it}为 t 年流通业第 i 种能源的 CO_2 排放因子。则流通业 CO_2 排放量估算公式可以简化为：

$$C_t = \sum_i C_{it} = \sum_i Q_t \times I_t \times S_{it} \times F_{it}$$

由此可见，流通业 CO_2 排放总量是流通业增加值、能源强度、能源消费结构、排放因子四个因素的乘积。在对 CO_2 排放影响因素的研究中，指数分解法是最常用的研究方法。拉氏指数法和迪氏指数法则是最常用的两种指数分解法。20 世纪 90 年代中后期迪氏指数法盛行，尤其是完善后的对数平均迪氏指数法被提出后，因其不存在剩余项，从而在因素分解分析中得到了广泛应用（王栋等，2012）。该方法适合分解因素少并且包含时间序列数据的模型。Ang（2004）对几种常用指数分解法进行比较研究后发现：对数平均迪氏指数分解法可以将余项完全分解，不存在不解释的余项，其分析结果比其他指数分解法更具有说服力。故本章选取对数平均迪氏指数分解法（LMDI）探讨影响流通业 CO_2 排放量的关键因素。

根据 Ang 的 LMDI 因素分解模型，可推出如下等式：

$$\Delta C_t = C_t - C_0 = \Delta C_{Q_t} + \Delta C_{I_t} + \Delta C_{S_t} + \Delta C_{F_t}$$

式中：C_t 为 t 年流通业 CO_2 排放总量，10^4t；C_0 为基年流通业 CO_2 排放总量，10^4t；ΔC_t 为基年到 t 年流通业 CO_2 排放变化量，10^4t；ΔC_{Q_t}、ΔC_{I_t}、ΔC_{S_t}、ΔC_{F_t}分别表示产业规模效应、能源强度效应、能源结构效应、排放因子效应。

根据 LMDI 分解法又可得到以下等式：

$$\Delta C_{Q_t} = w_t \ln \frac{Q_t}{Q_0}; \Delta C_{I_t} = w_t \ln \frac{I_t}{I_0}; \Delta C_{S_t} = \sum_i w_{it} \ln \frac{S_{it}}{S_{i0}}; \Delta C_{F_t} = \sum_i w_{it} \ln \frac{F_{it}}{F_{i0}}$$

其中 $w_t = (C_t - C_0) / (\ln C_t - \ln C_0)$；$w_{it} = (C_{it} - C_{i0}) / (\ln C_{it} - \ln C_{i0})$

通过运用上述各等式计算可以得到流通业 CO_2 排放的变动量，以及产业规模、能源强度、能源结构和排放因子效应对 CO_2 排放量变化的贡献值。

3. 流通业 CO_2 排放的脱钩努力指数

运用 LMDI 方法对流通业 CO_2 排放量进行分解，虽然可以了解流通业 CO_2 排放变化量的影响因素，但不能具体而客观地衡量节能减排努力所导

致的流通业 CO_2 排放量变化的实际效果。为了衡量节能减排措施的实际效果，本章在LMDI分解模型的基础上，构建了流通业脱钩努力指数模型。脱钩理论被普遍用来衡量经济增长与资源环境消耗增长是否具有同步变化的关系，侧重于分析经济增长与资源环境消耗增长的时间序列数据。本节中的节能减排努力是指为直接或间接减少流通业 CO_2 排放所采取的措施或政策，主要包括降低能源强度、调整能源结构、降低排放因子等。在本节的分解模型中，ΔC_{I_t} 表示流通业能源强度降低导致的 CO_2 排放变化量，ΔC_{S_t} 表示能源结构调整导致的 CO_2 排放变化量，ΔC_{F_t} 表示排放因子改变导致的 CO_2 排放变化量，因此减排努力（ΔC_{U_t}）可以间接地表示为：

$$\Delta C_{U_t} = \Delta C_t - \Delta C_{Q_t} = \Delta C_{I_t} + \Delta C_{S_t} + \Delta C_{F_t}$$

由此可知，产业规模效应 ΔC_{Q_t}（可以理解为经济驱动因子）与减排努力 ΔC_{U_t} 呈负相关性，ΔC_{U_t} 代表为限制减排所采取的政策或措施，可以理解为“反应”因子，ΔC_t 表示为环境直接压力因子。根据以上分析以及DPSIR概念模型的机理，在分解模型的基础上我们构建如下脱钩努力指标（徐盈之、徐康宁、胡永舜，2011）：

$D_t = -\dfrac{\Delta C_{U_t}}{\Delta C_{Q_t}}$；当 $D_t \geqslant 1$ 时，表示强脱钩效应；当 $0 < D_t < 1$ 时，表示弱脱钩关系；当 $D_t \leqslant 0$ 时，表示未脱钩。进一步分解可以观察相关减排努力的脱钩效应：

$D_= -\left(\dfrac{\Delta C_{It}}{\Delta C_{Q_t}} + \dfrac{\Delta C_{S_t}}{\Delta C_{Q_t}} + \dfrac{\Delta C_{F_t}}{\Delta C_{Q_t}}\right) = -\left(D_{I_t} + D_{S_t} + D_{F_t}\right)$，相应地，$D_{I_t}$ 为能源强度的脱钩效应，D_{S_t} 为能源结构的脱钩效应，D_{F_t} 为排放因子的脱钩效应。

（二）数据来源与说明

流通业通常是指批发零售业、住宿餐饮业和物流业的总和。鉴于目前没有物流业能源消耗和物流业增加值的统计数据，因此涉及物流业的相关数据只能通过间接测算得来。由于物流业产值中的85%来自交通运输、仓储和邮政通信业，因此交通运输、仓储和邮政通信业的相关数据能够大致反映出物流业的发展情况，以交通运输、仓储和邮政通信业的相关数据替代物流业的数据具有合理性和现实性（马越越、王国维，2013）。由此本章物流业的数据均以交通运输、仓储和邮政通信业的相关数据作为替代。由此，本节将《中国能源统计年鉴》中“交通运输、仓储及邮政业”和“批发、零售业和住宿、餐饮业”的终端能源消费量之和作为流通业的能源消费量，将《中国统计年鉴》中“交通运输、仓储及邮政业”和“批发、零售业和住宿、餐饮业”的经济增加值作为流通业的经济增加值，为了消除价格变动因素的干扰，我们将流通业各年经济增加值均以2000年的不变价格进行换算。具体数据来源于2001~2013年的《中国统计年鉴》和《中国能源统计年鉴》。

三 中国流通业CO_2排放因素分解及脱钩效应

（一）流通业经济增加值、能源消费、CO_2排放量变化趋势

通过对2001~2013年《中国统计年鉴》和《中国能源统计年鉴》的数据进行整理，我们得到流通业经济增加值和各类能源消费量的数据，根据CO_2排放量计算公式得到CO_2排放量的基本数据（见表3-16），并通过计算得到能源消费结构（见表3-17）。由表3-16可知，2000~2012年，流通业经济增加值呈正向增长，由2000年的16465.9亿元增长到2012年的57829.3亿元；各年增长率较均衡，在8.6%到15.8%之间，年均增长率为11.0%。同期CO_2排放量一直呈正向增长，从2000年的30304.13万吨上升到2012年的83292.56万吨；但各年增长率差异较大，在2.4%到16.7%之间，年均增长率为8.8%。能源消费量方面，除煤消费量个别年份出现下降外，油品消费量、天然气消费量和电力消费量均逐年增长，只是各类能源的增长幅度不同；能源消费总量从2000年的11960.23万吨标煤上升到2012年的34111.60万吨标煤，年均增长率为9.1%。在能源消费结构方面（见表3-17），流通业的能源消费主要以油品为主，其消费比例在研究期间较均衡，均占能源消费总量的80%左右；煤的消费比例下降趋势较明显，其消费比例从2000年的12.7%下降至2012年的6.4%；天然气的消费比例呈逐年上升趋势，且上升趋势较明显，从2000年的0.8%上升到2012年的6.0%；电力的消费比例上升趋势缓慢，从2000年的7.2%上升到2012年的9.4%，且呈波动状态。从能源消费结构的变化趋势来看，未来一定时期流通业仍将高度依赖油品能源，未来天然气和电力的消费比例将上升，煤炭的消费比例将有所下降。

表 3－16　2000～2012 年流通业增加值、能源消费量及 CO_2 排放量

年份	流通业增加值（亿元）	煤消费量（万吨标煤）	油品消费量（万吨标煤）	天然气消费量（万吨标煤）	电力消费量（万吨标煤）	能源消费总量（万吨标煤）	能源强度	CO_2 排放量（万吨）
2000	16465.9	1522.76	9478.37	98.95	860.15	11960.23	0.726	30304.13
2001	17914.3	1428.63	9770.60	148.96	945.36	12293.55	0.686	31043.54
2002	19457.0	1501.71	10454.77	234.88	986.89	13178.25	0.677	33168.80
2003	21179.2	1786.06	11772.12	273.98	1253.47	15085.63	0.712	38695.33
2004	23340.8	1804.11	14288.39	388.48	1419.50	17900.48	0.767	45101.03
2005	26197.4	1912.29	16015.97	552.77	1453.48	19934.51	0.761	49455.19
2006	30122.0	1932.56	17649.59	680.74	1615.67	21878.56	0.726	54293.62
2007	34875.7	1898.09	19239.85	765.20	1796.47	23699.61	0.680	58580.75
2008	39103.2	1870.36	19696.83	1076.10	1953.20	24596.49	0.629	60237.34
2009	42491.6	2038.36	20198.08	1402.40	2155.40	25794.24	0.607	63362.58
2010	47740.6	1919.02	22201.95	1422.38	2490.61	28033.96	0.587	68721.57
2011	53012.9	2115.10	23981.89	1878.79	2890.00	30865.78	0.582	76225.93
2012	57829.3	2169.66	26681.46	2056.65	3203.83	34111.60	0.590	83292.56
累计	429729.86	23898.71	221429.87	10980.28	23024.03	279332.89	—	692482.37

表 3－17　2000～2012 年流通业能源消费结构构成比例

单位：%

年份	煤消费比例	油品消费比例	天然气消费比例	电力消费比例
2000	12.7	79.2	0.8	7.2
2001	11.6	79.5	1.2	7.7
2002	11.4	79.3	1.8	7.5
2003	11.8	78.0	1.8	8.3
2004	10.1	79.8	2.2	7.9
2005	9.6	80.3	2.8	7.3
2006	8.8	80.7	3.1	7.4
2007	8.0	81.2	3.2	7.6
2008	7.6	80.1	4.4	7.9
2009	7.9	78.3	5.4	8.4
2010	6.8	79.2	5.1	8.9
2011	6.9	77.7	6.1	9.4
2012	6.4	78.2	6.0	9.4

（二）流通业 CO_2 排放量因素分解

根据 LMDI 法对流通业的 CO_2 排放量进行分解，得出产业规模、能源强度、能源结构、排放因子效应的贡献值和相应的贡献率（见表 3－18）。

表 3－18　2000～2012 年流通业 CO_2 排放量因素分解结果

单位：万吨，%

年份	产业规模效应	贡献率	能源强度效应	贡献率	能源结构效应	贡献率	排放因子效应	贡献率	总效应
2000～2001	2585.95	349.7	－1742.84	－235.7	158.71	21.5	－262.31	－35.5	739.42
2001～2002	2651.14	124.7	－420.80	－19.8	－163.07	－7.7	58.31	2.7	2125.26
2002～2003	3041.63	55.0	1805.89	32.7	540.00	9.8	139.92	2.5	5526.53
2003～2004	4063.77	63.4	3090.39	48.2	－470.97	－7.3	－274.42	－4.3	6405.70
2004～2005	5454.81	125.2	－370.11	－8.5	－615.28	－14.1	－113.75	－2.6	4354.17
2005～2006	7236.09	149.5	－2412.43	－49.9	－50.73	－1.0	65.84	1.4	4838.42
2006～2007	8266.00	192.8	－3755.94	－87.6	55.08	1.3	－277.66	－6.5	4287.13
2007～2008	6796.78	410.2	－4590.16	－277.0	133.00	8.0	－682.48	－41.2	1656.59
2008～2009	5134.61	164.3	－2196.81	－70.3	287.87	9.2	－100.05	－3.2	3125.23
2009～2010	7688.05	143.4	－2192.05	－40.9	373.30	7.0	－509.48	－9.5	5358.99
2010～2011	7585.18	101.1	－617.16	－8.2	331.22	4.4	206.11	2.7	7504.37
2011～2012	6931.69	98.0	1043.36	14.7	－59.26	－0.8	－840.96	－11.9	7077.24
累计	67435.72	127.2	－12358.67	－23.3	519.89	1.0	－2590.94	－4.9	52999.05

根据表 3－18 可知，2000～2012 年，流通业 CO_2 排放量累计增加了 52999.05 万吨。其中，产业规模效应促使流通业 CO_2 排放量增加了 67435.72 万吨，能源强度效应促使流通业 CO_2 排放量减少了 12358.67 万吨，能源结构效应促使流通业 CO_2 排放量增加了 519.89 万吨，排放因子效应促使流通业 CO_2 排放量减少了 2590.94 万吨。

产业规模效应是流通业 CO_2 排放量增加的主要贡献因素。从累计效应来看，2000～2012 年，流通业产业规模效应的正向影响占总效应的 127.2%。这主要归因于，近年来中国经济的快速发展以及产业结构的调整促进了流通业经济快速增长，而能源作为流通业经济发展的主要投入要素之一，消费的能源伴随着流通业经济增长而增加，自然而然增加了流通

业 CO_2 排放量。

能源强度效应是流通业 CO_2 排放量增加的主要抑制因素。从累计效应来看，在 2000 ~ 2012 年，流通业能源强度效应的负向影响占总效应的 23.3%。能源强度的下降对流通业 CO_2 排放量的减少起着重要作用。能源强度的下降归因于中国节能技术的提高和流通业产业内部结构调整等因素。但 2002 ~ 2004 年和 2011 ~ 2012 年，能源强度效应对流通业 CO_2 排放的影响表现为增量，表明在该段时期内能源强度是上升的。

能源结构和排放因子效应对流通业 CO_2 排放量变化影响不明显。在研究期间，能源结构效应的累计效应表现为正向影响，占总效应的 1.0%。这也反映了现阶段流通业的能源消费仍以石油、煤炭等高碳化石能源为主，水能、核能、风能等清洁低碳绿色能源占能源消费比重过小的现实。排放因子效应的累计效应表现为负向影响，占总效应的 4.9%，这主要因为目前中国开始大力发展水电、核电等清洁能源，努力降低火力发电的比例。

（三）流通业 CO_2 排放的脱钩效应分析

我们通过脱钩努力指数来反映流通业实现经济增长与减排双赢的现实状况以及减排努力的实际效果，结果如表 3 – 19 所示。为了更清楚地观察脱钩努力指数的变动情况，我们将表 3 – 19 的结果用图 3 – 1 展示出来。

表 3 – 19 2000 ~ 2012 年流通业脱钩努力指数

年份	D_t	D_{I_t}	D_{S_t}	D_{F_t}
2000 ~ 2001	0.714	0.674	−0.061	0.101
2001 ~ 2002	0.198	0.159	0.062	−0.022
2002 ~ 2003	−0.817	−0.594	−0.178	−0.046
2003 ~ 2004	−0.576	−0.760	0.116	0.068
2004 ~ 2005	0.202	0.068	0.113	0.021
2005 ~ 2006	0.331	0.333	0.007	−0.009
2006 ~ 2007	0.481	0.454	−0.007	0.034
2007 ~ 2008	0.756	0.675	−0.020	0.100
2008 ~ 2009	0.391	0.428	−0.056	0.019
2009 ~ 2010	0.303	0.285	−0.049	0.066
2010 ~ 2011	0.011	0.081	−0.044	−0.027
2011 ~ 2012	−0.021	−0.151	0.009	0.121

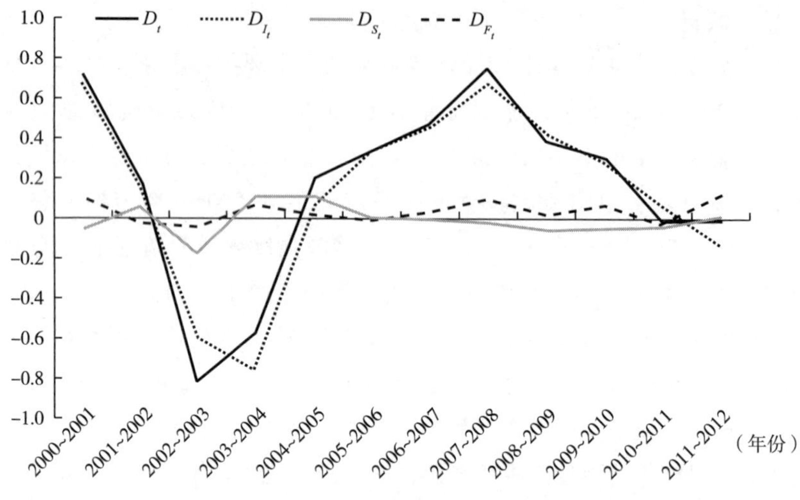

图 3－1 2000～2012 年流通业脱钩努力指数变动情况

从表 3－19 可知，研究期间流通业 CO_2 排放脱钩状态具有阶段性，呈现弱脱钩—未脱钩—弱脱钩—未脱钩的变化特征。2002～2004 年和2011～2012 年表现为未脱钩关系，2000～2002 年和 2004～2011 年表现为弱脱钩关系。研究期间脱钩指数最大值为 0.756，离实现强脱钩关系最小值（$D_t=1$）还相差较远，可看出实现流通业 CO_2 排放强脱钩关系任重道远。从图 3－1 中的流通业脱钩努力指数值（D_t）变化趋势来看，呈倒“N”形，即呈先下降后上升再下降的变化趋势。上述结果的原因可能在于：2002～2004 年流通业增加值快速增长，这必然增加对能源的需求，最终导致 CO_2 排放量增加，但流通业增长模式是“高消耗、低效率、高排放”的粗放型模式，致使减排努力 ΔC_{U_t} 导致的 CO_2 排放减量小于产业规模效应 ΔC_{Q_t} 导致的 CO_2 排放增量；2005 年国家从战略层面提出要建设资源节约型和环境友好型社会，既促进了流通业从粗放型增长模式向集约型增长模式的转变，也加快了节能减排技术的发展，致使减排努力 ΔC_{U_t} 导致的 CO_2 排放减量超过了产业规模效应 ΔC_{Q_t} 导致的 CO_2 排放增量，实现了流通业 CO_2 排放弱脱钩；但从脱钩努力指数值的大小来看，2008 年脱钩努力指数值出现拐点，在 2008 年后呈下降趋势，甚至在 2012 年时表现为未脱钩关系。这一现象的结果可能在于 2008 年年底国家出台的四万亿经济刺激计划，致使流通业经济增长在 2008～2009 年下降后反弹为上升，流通业的经济增长必然伴随着能源的消耗，且在经济刺激计划下流通业可能存在盲目扩张产能的现象；同时受制于中国节能减排技术和低碳清洁能源供应的现状，在流通业能源消耗量增加时可能面临能源效率边际递减的问题以及不能同步增加低碳能源供应的困境，致使减排努力 ΔC_{U_t} 导致的 CO_2 排放减量小于产业规模效应 ΔC_{Q_t} 导致的 CO_2 排放增量。D_t 呈倒“N”形变化趋势也值得我们警惕：如果相关主体落实节能减排政策不坚定、采取节能减排措施不力，按照当前这种趋势变化下去，未来流通业 CO_2 排放脱钩状态很有可能表现为未脱钩关系。

从表 3-19 中能源强度、能源结构和排放因子脱钩指数对总的脱钩指数贡献大小来看，能源强度脱钩指数对总的脱钩指数贡献最大，即降低能源强度是目前决定流通业 CO_2 排放脱钩的关键因素。通过图 3-1 更能清楚地看出能源强度脱钩指数与流通业 CO_2 排放脱钩指数的变动趋势是基本一致的。但值得警惕的是，从能源强度脱钩指数变化趋势来看，近年来能源强度脱钩指数值呈下降趋势。能源结构和排放因子脱钩指数对总的脱钩指数贡献较小，且呈波动状态，即有些年份对实现流通业 CO_2 排放脱钩做出了贡献而有些年份则没有。这反映出目前中国能源供应结构和发电结构的现状：在能源需求不断增加的情况下，仍以高碳能源供应为主，低碳或无碳等新能源供应不能及时跟上经济发展的需求；在发电上主要以火力发电为主，核电、水电等发电量的比重较小。需要注意的是，近年来可能受制于节能减排技术、产业优化升级等因素，能源强度的下降幅度越来越小，通过降低能源强度来实现流通业 CO_2 排放脱钩将越来越困难，未来更需要调整能源结构和降低排放因子来发挥作用。

根据统计年鉴中的流通业数据统计分类（由物流业和批发零售住宿餐饮两大数据系列组成），我们对物流业数据和批发零售住宿餐饮业的数据进行了脱钩分析，具体结果如图 3-2 和图 3-3 所示。从图 3-2 和图 3-3 可知，流通业中的物流子类脱钩指数值也呈倒“N”形变化趋势，批发零售住宿餐饮子类脱钩指数值变化趋势在 2000~2009 年呈倒“N”形；物流子类和批发零售住宿餐饮子类的能源强度脱钩指数与 CO_2 排放脱钩指数的变动趋势均基本一致，与流通业总体数据分析的结果一致。上述结果说明，在脱钩分析中，可通过流通业总体数据的分析结果大致推测出子类的脱钩分析结果。

四 中国流通业 CO_2 排放及脱钩的主要影响因素

本节参照 IPCC 清单中的方法估算了 2000~2012 年流通业的 CO_2 排放

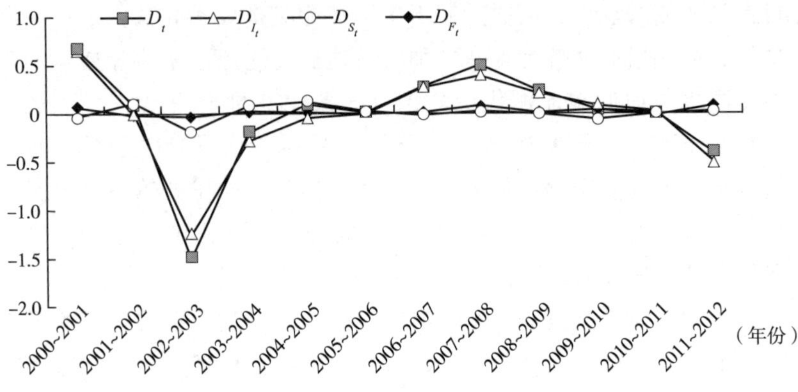

图 3－2　2000～2012 年物流业脱钩努力指数

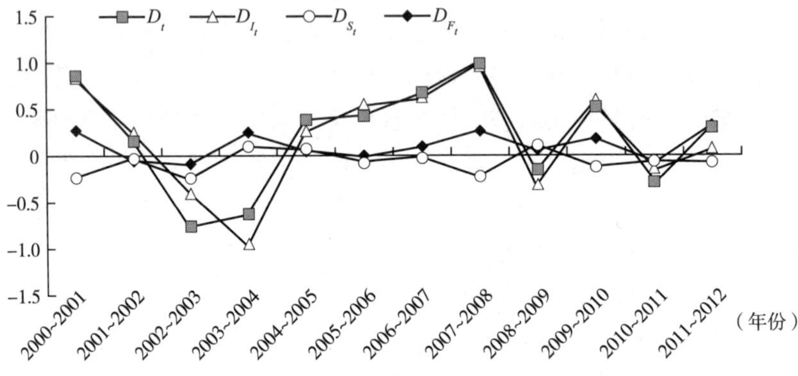

图 3－3　2000～2012 年批发零售住宿餐饮业脱钩努力指数

量，利用 LMDI 方法对影响流通业 CO_2 排放的因素进行了分解，测度了流通业 CO_2 排放的脱钩努力指数，得出以下结论。

第一，流通业增加值、能源消费总量、CO_2 排放量分别从 2000 年的 16465.9 亿元、11960.23 万吨标煤、30304.13 万吨上升到 2012 年的 57829.3 亿元、34111.60 万吨标煤、83292.56 万吨，相应的年均增长率为 11.0%、9.1%、8.8%；在研究期间累计 CO_2 排放量为 692482.37 万吨。流通业能源消费以油品能源为主，其比例一直在 80% 左右，煤炭的消费比例有所下降，天然气的消费比例上升趋势明显，电力的消费比例呈缓慢上升态势。

第二，产业规模效应是流通业 CO_2 排放量增加的主要贡献因素，能源强度效应是流通业 CO_2 排放减量的主要因素，分别引起 CO_2 排放量增加了 67435.72 万吨、CO_2 排放量减少了 12358.67 万吨。能源结构和排放因

子效应对 CO_2 排放量影响有限，能源结构效应促使 CO_2 排放量增加了 519.89 万吨，排放因子效应促使 CO_2 排放量减少了 2590.94 万吨。

第三，研究期间流通业 CO_2 排放脱钩状态具有阶段性，呈现弱脱钩—未脱钩—弱脱钩—未脱钩的变化特征。2000～2002 年和 2004～2011 年流通业 CO_2 排放呈弱脱钩状态，2002～2004 年和 2011～2012 年呈未脱钩关系。在 2000～2012 年流通业 CO_2 排放脱钩努力指数呈倒“N”形，对应的拐点分别在 2004 年（脱钩指数值最小）和 2008 年（脱钩指数值最大）。能源强度脱钩指数对总的脱钩指数贡献最大，即降低能源强度是决定目前流通业 CO_2 排放脱钩的关键因素；但随着能源强度的下降幅度越来越小，未来实现流通业 CO_2 排放脱钩更需要通过调整能源结构和降低排放因子来发挥作用。

第四章　服务业绿色行为的内在驱动机理

本章是本书试图构建的DSR分析框架里“D”的内在非经济动力部分。目前，服务业绿色行为的研究在国内外还是一个前沿课题，尚未发现把服务业作为一个整体研究其行为规律的，国内的研究大多是具体研究零售企业、饭店的绿色行为。从零售业的定义出发，饭店业本质上也属于零售业，而且零售业不只包括商品零售业，也包括服务零售业，零售业是反映一个国家和地区经济运行状况的晴雨表，是一个国家和地区的窗口行业，因而零售业在服务业中具有典型代表意义。本章以零售业为例，探索服务业绿色行为的内在驱动机理。鉴于国外学术界从内在经济因素方面探讨较多，本章侧重从非经济因素方面进行研究。

第一节　服务业绿色行为内在驱动机理的理论模型

在学术界，以绿色商业为主题的研究在西方非常盛行，但在亚洲则较少论及（Ko，Hwang and Kim，2013），零售企业绿色行为的研究仍是一个前沿课题，已有研究主要集中研究零售企业节能环保的驱动因素，且多从外因或企业家的认知或责任心来进行质化或思辨研究，缺乏量化研究。

从外部驱动因素来看，Saha和Darnton（2005）通过对包含零售企业在内的企业管理者环保动机和行为进行深度访谈后，认为商家的绿色行为是对来自政府的法律、非营利组织和其他利益相关者的压力的回应。Peter Jones等人（2005）认为，消费者的意识、政府压力、贸易联盟和投资者、新的立法、信息沟通技术的发展以及媒体的关注等促使零售商践行可持续发展计划。赵亚平、李萍（2007）提出零售企业应当开展绿色经营以满足消费者的绿色需求。Perera等人（2008）对木制品零售商销售环保认证的木制品的动机进行研究，结果显示满足消费者的需求是其销售认证木制品的重要动机。而Brito等人（2008）在研究中指出，政府的政策法规往往是所有企业（包括零售企业）在可持续发展中首要考虑的因素。中国商业经济学会课题组（2008）以思辨方法提出是政府、行业协会推动商业企业进行绿色商品营销。翟金芝（2010）指出零售企业节能环保行为是适应国际政治经济发展、应对国外同行竞争、节约成本、刺激新的经济增长点的需要。赵亚平、孙筠婷（2009）指出：零售企业节能环保是绿色消费需求、政府绿色采购、流通标准与规范颁布、行业协会积极推动的结果。金常飞等人（2012）在研究中指出，政府补贴以及消费者的绿色效用偏好直接影响零售企业的绿色营销。Chkanikova 和 Mont（2015）把影响可持续食品零售商的因素归纳为政府管制、资源、市场以及社会四个类别。

从内部驱动因素来看，Roos 和 Dri（2004）提出当企业家认为如果他能够通过节能环保来增加核心业务的价值，那么节能环保的举措会被考虑或者实行。David（2008）通过实证得出：管理者如果具有节能、环保的责任心，有实现环境价值观的意愿，则会影响零售企业的节能环保行为。Mohamad Rizal Baharum 和 Michael Pitt（2010）发现英国零售商废物回收的驱动因素是公司战略、企业文化、高层管理的支持、资金状况等。杨波（2011）认为中国低碳零售的发展是增强内资零售企业的竞争优势和减少碳排放的要求。

从上述研究可见，零售企业绿色行为的影响因素总的来说包括外部因素和内部因素两大方面。关于企业外部因素，现有研究主要从政治环境和消费者两个方面进行探讨；而对于企业的内部因素，学者们主要从组织管理以及资金状况两个方面进行分析。同时，这些研究大都采用定性分析或采用定量运算的方法直接分析各个因素与零售企业绿色行为之间的直接关系。这既忽略了零售企业内在的主观心理因素的影响，也缺乏对这些影响因素作用机理的探究与实证分析。并且，现有研究既缺乏对这些影响因素作用机理的探究，也忽略了零售企业内在的非经济因素的影响，更没有考虑影响因素的企业差异、地区差异，因而系统性、广泛性与深度均不够。

基于企业是人的集合体，人在一切组织中具有决定性作用，以及所有人类行为都与认知和情感因素有关（Locke et al.，2000），本章试图运用定量与定性相结合的分析方法从零售企业的绿色认知和绿色情感因素入手，探究其对零售企业绿色行为的影响机理，并检验这一机理模型在不同所有制性质、不同规模、不同业态、不同行业地位、不同地区的零售企业群组的适配性，以弥补以上理论研究的不足，并为引导零售企业绿色行为提供依据。

美国学者 Westbrook 和 Oliver（1991）、Frijda（1993）认为，个体改

变行为是一个“知”（认知）、“情”（情感）、“行”（行为）的过程。这一观点被学界称为“知情行”理论。该理论认为，认知是情感的先行变量，情感产生相应的行为，即个体对外部事物和刺激的认知会产生与此相关的情感，进而产生行为。随后，这一理论被广泛应用于个体行为研究中。随着研究的拓展和深化，“认知”和“情感”这两个概念已不再囿于个体行为的研究范畴，而逐渐成为团队行为的研究范畴和研究热点（Kanawattanachai Y.，2001）。因此，本研究将个体行为的“知情行”模型引入零售企业绿色行为这一组织行为研究中。根据“知情行”理论，零售企业对资源环境方面问题的认知会作用于零售企业本身，使其对绿色零售形成相应的情感，进而产生相应的绿色行为。由于绿色行为毕竟不同于一般行为，由于群体毕竟不同于个体，因此个体的“知情行”模型不能直接用于解释零售企业绿色行为这一特殊的组织行为。必须结合零售企业实际，先对零售企业的绿色认知、绿色情感、绿色行为变量进行范围的扩充和概念的重新界定，然后对其关系进行实证研究。

零售企业绿色认知。认知是个体经由意识活动对事物认识与理解的心理过程；是个体知识获得的过程，即个体在环境中究竟如何获知，知之后在必要时又如何用知（张春兴，1989）。因此，认知一词的含义广泛，它包括感知、知识、意识等复杂的心理活动。据此，零售企业绿色认知可以定义为零售企业通过实践、外部传输等途径了解资源环境问题，形成对资源环境问题的感知和科学知识，以及在承担节约资源及保护环境的义务时产生的心理体验。其主要包含三个维度：零售企业资源环境感知、零售企业资源环境知识和零售企业社会责任意识。零售企业资源环境感知是指零售企业对资源环境问题严峻性获得的直接印象，是零售企业对资源紧缺与环境污染问题的感觉和知觉；零售企业资源环境知识是指零售企业在商品经营、服务实践中获得的有关资源节约与环境保护的认识和经验；零售企业社会责任意识是指零售企业主动对节约资源和保护环境承担相应的义务，并尽自己的职责做出贡献的心理体验和特征。

零售企业绿色情感。情感是个体对客观事物是否满足自己的需要而产生的态度体验（卢家楣等，2006）。当人们经历的外界事物满足了自己的需要时，就会产生愉快的正面情感；反之，则产生不愉快的负面情感。据此，本书将零售企业绿色情感具体界定为零售企业资源环境情感，是指零售企业对资源节约、环境保护的意义和对资源浪费、环境污染的敏感性，以及在采取资源节约、环境保护行为时所具有的情绪状态或产生的态度体验。

零售企业绿色行为。企业绿色行为是指作为对资源和环境问题的回应，企业综合采取的“一揽子”解决方案（于伟、倪慧君，2010）。因而，零售企业绿色行为是指零售企业在日常经营过程中以最少的资源消耗和最低的环境污染来获得最大的经济、社会和生态效益的行为。由此，我们可以将零售企业绿色行为具体划分为两个维度，即零售企业资源节约行为和零售企业环境保护行为。

基于以上分析，本章构建了零售企业绿色认知和绿色情感对绿色行为影响机理的理论模型（见图4－1）。在本模型中，零售企业资源环境感知、资源环境知识、社会责任意识三个变量是外生潜变量，分别用 ξ_1、ξ_2、ξ_3 表示；零售企业资源环境情感、资源节约行为、环境保护行为三个变量是内生潜变量，分别用 η_1、η_2、η_3 表示。同时，本章还将检验这一机理模型在不同所有制性质、业态、规模、行业地位、地区等零售企业群组的适配性。

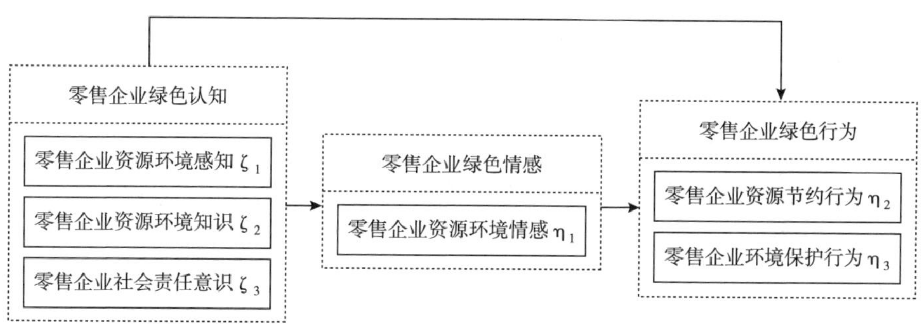

图4－1　零售企业绿色行为内在驱动机理理论模型

第二节　服务业绿色行为内在驱动机理的实证研究

一　研究假设

（一）零售企业绿色认知对零售企业绿色情感的影响

认知包括感知、知识、意识三个维度。认知会对情感产生影响的观点已被心理学家们普遍认同（Butt A. N. and Choi J. N.，2006；Brosch T.，

Pourtois G.，Sander D.，2010）。根据认知理论，零售企业通过对所掌握的资源环境信息进行加工处理后，会提高其对资源环境问题的敏感性，进而会产生实施绿色行为是否会满足业务经营管理需要的态度体验。徐国华（2008）通过理论分析，指出企业对外部刺激的认知处理会引起一定的情感反应，进而影响企业相关决策的制定。据此，我们提出如下假设：

H_1：零售企业资源环境感知对零售企业绿色情感有显著正向影响；

H_2：零售企业资源环境知识对零售企业绿色情感有显著正向影响；

H_3：零售企业社会责任意识对零售企业绿色情感有显著正向影响。

（二）零售企业绿色情感对零售企业绿色行为的影响

"情绪是行为的一个重要前因变量"（Kim C. M. and Pekrun R.，2014），这一观点在绿色行为的相关研究中得到一些学者的肯定。Maloney和Ward（1973）认为，生态情感对生态行为影响的研究结论高度一致，生态情感和生态行为之间存在正相关关系。Hines等学者（1987）的研究则证实了环境情感和环境行为这两个变量之间的相关系数约为0.37。江林等人（2012）采用实证方法在中国情境下验证了绿色情感对行为的影响。王丹丹（2013）使用定量研究的方法验证了生态情感对绿色行为的直接正向影响。因此，我们提出如下假设：

H_4：零售企业资源环境情感对零售企业资源节约行为有显著正向影响；

H_5：零售企业资源环境情感对零售企业环境保护行为有显著正向影响。

（三）零售企业绿色认知对零售企业绿色行为的影响

大量研究证实企业认知会影响企业行为（Andersson P. and Sweet S.，2002；Rundle - Thiele et al.，2008；邓少军、芮明杰，2009）。组织变革理论认为，组织变革认知是影响企业变革行为的根本。零售企业践行绿色行为，就是一种对原有行为的变革。因而，零售企业绿色认知会影响零售企业绿色行为。这是把认知视为一个整体而得出的结论。从认知的具体维度对行为的影响来看，Maloney和Ward（1973）认为由常识和环境问题感知两个因素组成的生态意识越强，其行为越正面。相马一郎（1987）认为：环境感知是绿色行为的心理基础，准确的环境感知是导致合理绿色行为的前提。López－Gamero（2011）通过实证研究指出，管理者的环境感知能够正向影响企业积极的环境行为。因此，我们提出如下假设：

H_6：零售企业资源环境感知对零售企业资源节约行为有显著正向影响；

H_7：零售企业资源环境感知对零售企业环境保护行为有显著正向影响。

知识通常被认为是行为的一个重要的前因变量，环保知识同样是环保行为的一个必要的前因变量（Frick et al.，2004）。零售企业资源环境知识是一种具体、特定的环境知识，如对于什么是“环境认证标志”、什么是“节能标志”等客观现实概念的认识。Dispoto（1977）研究认为，环境知识能够很好地解释环境行为。因此，我们提出如下假设：

H_8：零售企业资源环境知识对零售企业资源节约行为有显著正向影响；

H_9：零售企业资源环境知识对零售企业环境保护行为有显著正向影响。

社会责任意识对绿色行为影响的研究较少，有些学者就社会责任意识对绿色行为影响方面进行了定性分析。如毛文娟（2010）通过对中国服务型企业环境经营动因进行分析后指出，当企业或者企业经营者具备很高的社会责任意识时会主动采取环境保护行为。Styles（2012）通过对欧洲25家大型零售商的绿色实践状况进行分析后认为，领先改善产品供应链环境表现的零售商对供应链的可持续性具有高度的责任感。个别学者对个体的道德责任感与其环境行为之间的相关性进行了实证研究，认为两者相关性很高（武春友、孙岩，2006）。因此，我们提出如下假设：

H_{10}：零售企业社会责任意识对零售企业资源节约行为有显著正向影响；

H_{11}：零售企业社会责任意识对零售企业环境保护行为有显著正向影响。

二　量表开发与数据收集

（一）量表开发

本研究量表包括零售企业绿色认知、零售企业绿色情感、零售企业绿色行为和零售企业背景资料四个部分。其中，绿色认知和绿色情感量表是在借鉴国外较成熟的关于消费者及制造企业绿色认知、绿色情感、生态认知、生态情感相应量表（Schwepker，Cornwell，1991；Johnson，Johnson，1995；Berkowitz，Daniel，1964；Chan，Lau，2000）的基础上，征求本领域专家意见、结合中国零售企业实际情况进行适当修改，形成的初始量表。国内外还没有成熟的绿色行为量表，因此，本研究根据零售企业绿色行为的操作性定义自行开发设计。所用量表（除背景资料之外）均采用7级李克特量表的形式，1、2、3、4、5、6、7分别代表“完全不同意”“不同意”“不太同意”“中立”“大致同意”“同意”“完全同意”。背景资料部分则根据研究的需要选取了零售企业业态、所有制性质、行业地位、年销售额（即规模）四个特征变量及所在地区这一区域变量。正式调查前，我们先对长沙市的20多家零售企业进行了预调查。对量表的信度和效度进行初步检验后，剔除了一些不可靠的指标，形成了本研究的最终量表。由于绿色行为量表是本研究开发的量表，因此需要对量表的信度和效度进行具体分析。绿色行为量表的Cronbach's α系数为0.660，大于探索性研究所要求的可接受值0.6，说明该量表的信度较好。对预调查样本数据进行KMO测度和Bartlett球形检验，KMO值为0.647，说明数据可以进行因子分析（数据是否适合做因子分析，通常采用如下标准：KMO > 0.9，非常适合；0.8 < KMO ≤ 0.9，很适合；0.7 < KMO ≤ 0.8，适合；0.6 < KMO ≤ 0.7，可以接受；0.5 < KMO ≤ 0.6，很勉强；KMO ≤ 0.5，不适合）；Bartlett球形检验的 χ^2 统计值的显著性概率为0.001，小于0.01，说明数据具有相关性。此外，绿色行为量表的6个题项成功地提取了两个因子（特征根大于1），解释了总体方差变异度的68.337%，因子载荷都大于0.5，各个题项的共同度分别为0.639、0.601、0.566、0.628、0.840、0.827，均大于0.4的可接受水平，结构效度良好。综合来看，绿色行为量表信度和结构效度良好，可以用于下一阶段的正式调研。

（二）数据收集

正式调研对象选取了湖北省武汉市与湖南省长沙市的零售企业。因为武汉、长沙自古至今分别是全国商业重镇和江南商业重镇，全国二级商业中心城市和三级商业中心城市；同为“全国资源节约型和环境友好型社会建设综合配套改革试验区”；且武汉是商务部“零售业节能行动”试点城市，长沙不是。两地比较符合本研究对样本企业所处市场环境的要求。调查时间为2010年9月17日至2011年9月20日。为保证问卷回收率及问卷填写质量，本次研究选择零售企业的经理或其他中高层管理人员进行调查，因为他们对本企业的绿色行为有更为全面的了解。此外，在问卷发放之前，调查员首先通过电话或登门拜访的方式取得了各个企业经理或其他中高层管理人员的同意并预约了时间。然后，根据预约时间前往各个样本零售企业向商店经理或中高层管理人员进行面对面的问卷调查，每家企业发放 1 份问卷。为保证样本的代表性，在湖北省武汉市根据零售企业的知名度确定了 40 家必须调研的零售企业，然后在 13 个行政区的 12 个商圈共发放问卷 189 份，回收有效问卷 180 份，有效回收率为 95.2%。在湖南省长沙市根据零售企业的知名度确定了 24 家必须调研的企业，然后在 9 个行政区 11 个商圈共发放问卷 118 份，回收有效问卷 110 份，有效回收率为 93.2%。有效样本总量达到 290 份。样本涵盖了不同业态、不同规模、不同行业地位、不同所有制性质的零售企业，具有较强的代表性。为了便于数据的处理及分析，本研究对样本的特征变量进行了整合归类①。整合归类后的样本的基本信息如表 4－1 所示。

表 4－1　样本的基本信息

单位：个，%

变量	类别	样本数	比例	变量	类别	样本数	比例
业态	传统零售业态	156	53.8	有制性质	非公有制经济	179	61.7
	新兴零售业态	134	46.2		公有制经济	111	38.3
规模	中小微型零售企业	233	80.3	行业地位	领先零售企业	168	57.9
	大型零售企业	57	19.7		非领先零售企业	122	42.1

三　实证结果与分析

（一）描述性统计分析

运用软件 SPSS15.0 对问卷调查所获取的数据进行描述性统计分析，各变量的均值、标准差、Pearson 相关系数如表 4－2 所示。变量的相关分析结果显示：从均值来看，零售企业资源环境感知、零售企业社会责任意

① 归类标准：根据零售业态发展的历程，将百货商店、专业店及便利店归为传统零售业态，将超级市场、专卖店、仓储式商店及购物中心归为新兴零售业态；所有制经济结构可分为公有制经济和非公有制经济，本研究将私营企业、外商投资企业及港澳台商投资企业归为非公有制经济，考虑到股份合作企业、有限责任公司及股份有限公司是公有制经济的实现形式，故将股份合作企业、有限责任公司、股份有限公司、国有企业及集体企业归为公有制经济；根据国家统计局关于零售企业规模的划分标准，将年销售额在 2 亿元以上的企业归为大型零售企业，将年销售额在 2 亿元以下的企业归为中小微型零售企业；考虑到落后行业平均水平的企业样本数比较少，故将处于行业平均水平及落后行业平均水平的企业归为同一类，即非领先水平企业，高于行业平均水平的企业单独为一类，即领先水平企业。

识、零售企业资源节约行为的均值都高于6，说明零售企业对资源环境问题的感知较深刻，社会责任意识较强，节约资源做得较好。从标准差来看，零售企业资源环境知识、零售企业资源环境情感与零售企业环境保护行为三个变量的标准差高于1，说明不同零售企业在有关资源环境的知识水平、对资源环境的情感以及环境保护行为方面差距较大。从相关系数矩阵来看，六个变量之间的相关系数从0.06到0.53不等，除了零售企业资源环境感知、零售企业资源环境知识与零售企业资源节约行为的相关系数不显著外，其他变量之间都显著相关。

表4-2　变量的均值、标准差、相关系数矩阵

变量	均值	标准差	1	2	3	4	5	6
1. 零售企业资源环境感知	6.08	0.75	1					
2. 零售企业资源环境知识	4.67	1.54	0.18**	1				
3. 零售企业社会责任意识	6.23	0.72	0.32**	0.19**	1			
4. 零售企业资源环境情感	5.33	1.05	0.15**	0.19**	0.43**	1		
5. 零售企业资源节约行为	6.12	0.74	0.11	0.06	0.23**	0.29**	1	
6. 零售企业环境保护行为	5.46	1.06	0.16**	0.29**	0.29**	0.53**	0.34**	1

注：** $p<0.01$，显著性水平为99%。

（二）量表的信度与效度检验

利用SPSS18.0对量表进行了信度分析，Cronbach's α信度系数如表4-3所示。各量表及其维度量表的Cronbach's α值均大于标准值0.7，说明量表具有较好的信度。

量表的效度包括汇聚效度与区分效度。我们利用验证性因子分析检验量表的汇聚效度。验证性因子分析模型的拟合指数中，$\chi^2/df=2.31$，SRMR = 0.05，RMSEA = 0.05，PNFI = 0.77，PGFI = 0.67，NFI = 0.92，CFI = 0.95，都达到理想值，说明验证性因子分析模型的拟合度良好。因子载荷都在0.5以上，且T值都大于2，因此，量表的汇聚效度良好，分析结果如表4-3所示。

同时，所有变量相关系数在95%的置信区间为（0.372，0.64）、（0.072，0.344）、（0.209，0.477）、（0.202，0.470）、（0.570，0.766）、（0.066，0.326）、（0.010，0.286）、（0.231，0.491）、（0.058、0.310）、（0.143，0.395）、（0.122，0.384）、（0.233，0.497）、（0.068，0.152）、（0.351、0.571）、（0.065、0.371），都不包括1，且基本上都低于0.5，说明量表表示不同的概念，区分效度良好。

表4-3 信度与效度分析结果

变量名称	维度	测量题项	因子载荷	克朗巴哈系数
零售企业绿色认知	零售企业资源环境感知（A）	如果不控制，以后的环境污染形势会更严峻（A_1）	0.92	0.823
		如果不控制，地球上能源、矿产、森林等资源会迅速耗竭（A_2）	0.86	
		资源紧缺与环境污染已经对人类的生存构成了严重威胁（A_3）	0.62	
	零售企业资源环境知识（B）	我们商店员工知道什么是“环境认证标志”（B_1）	0.61	0.832
		我们商店员工知道什么是“节能标志”（B_2）	0.60	
		我们商店员工了解资源节约的相关知识或信息（B_3）	0.91	
		我们商店员工了解环境保护的相关知识或信息（B_4）	0.90	
	零售企业社会责任意识（C）	商店有义务节约资源和保护环境（C_1）	0.70	0.881
		我们商店愿意为节约资源和保护环境做出贡献（C_2）	0.78	
		每个商店应遵守国家有关节约、环保的法律法规（C_3）	0.85	
		我们商店积极执行国家有关节约、环保的政策（C_4）	0.79	
		我们商店愿意为国家节能环保法律法规和政策的完善尽我们的力量（C_5）	0.78	
零售企业绿色情感	零售企业资源环境情感（D）	我所在的商店一直非常关注日常经营中的资源浪费和环境污染问题（D_1）	0.65	0.827
		我所在的商店员工每次看到有人浪费资源或污染环境，就感到很气愤（D_2）	0.74	
		如果我们商店浪费了资源或污染了环境，大多数员工会感到很内疚（D_3）	0.84	
		如果我们商店做到了节约资源和保护环境，员工们会感到很愉快（D_4）	0.76	

续表

变量名称	维度	测量题项	因子载荷	克朗巴哈系数
零售企业绿色行为	零售企业资源节约行为（E）	我所在的商店节约用水（E_1）	0.84	0.749
		我所在的商店节约用电（E_2）	0.71	
	零售企业环境保护行为（F）	我所在的商店在建设和装修过程中采用环保型建筑材料（F_1）	0.68	0.711
		我所在的商店引导供应商重视环保、减少商品包装（F_2）	0.65	
		我所在的商店设置了油烟和污水排放系统（F_3）	0.59	
		我所在的商店对垃圾采取了环保处理措施（F_4）	0.55	

（三）同源方法偏差检验

本研究每份问卷所有部分都由同一人填答，因此可能存在同源方法偏差问题。为明确同源方法偏差的影响程度，我们对数据进行 Harman 单因素检验（Podsakoff，P. and Organ，D.，1986）。对问卷数据进行探索性因子分析，选择特征值大于 1 的抽取方法，共析出 6 个公因子，第一个公因子旋转前的方差贡献率为 24.9%，因此，没有出现单因素解释大部分方差的现象，因而不存在同源方法偏差问题影响研究结论的可能性。

（四）研究假设检验

结构方程模型（Structual Equation Modeling，SEM）是一种通用的基于协方差矩阵来分析变量之间关系的线性建模技术（郭志刚，1999）。它可以克服一般多元回归分析、路径分析和因子分析方法无法揭示的变量之间复杂关系的缺陷，并将上述方法进行了集成，既可以在分析中处理测量误差，又可以分析各个变量之间的结构关系（侯杰泰等，2004）。这一方法要求样本量最少大于 100，但大于 200 更好（侯杰泰等，2004），而本研究的有效样本总量达到 290 份。因此，本章利用 LISREL8.70 软件，运用结构方程模型检验研究假设。以零售企业资源环境感知、资源环境知识、社会责任意识作为外生潜变量，以零售企业资源环境情感、资源节约行为、环境保护行为作为内生潜变量进行全模型运算①。模型的拟合结果如表 4-4 所示。从初始模型的运算结果可以看出，除 GFI、NFI 略低于理想值外，其余的拟合指数均达到理想值，模型总体拟合指数良好。

表 4-4　初始模型的拟合指数

指标	绝对拟合度				简约拟合度		增值拟合度		
	X^2/df	GFI	SRMR	RMSEA	PNFI	PGFI	NFI	NNFI	CFI
评价标准	<3	>0.9	<0.08	<0.08	>0.5	>0.5	>0.9	>0.9	>0.9
模型结果	2.262	0.849	0.07	0.06	0.72	0.69	0.89	0.92	0.93
拟合情况	理想	较理想	理想	理想	理想	理想	较理想	理想	理想

全模型输出结果如表 4-5 所示：H_1、H_8、H_{10}、H_{11} 4 条分路径的临界值小于标准值 1.96，未达到显著水平，假设被拒绝，因此我们删除这些路径，对模型进行重新检验。修正模型各分路径的临界值均大于 1.96，接受各分假设。修正模型的具体路径如图 4-2 所示。

表 4-5　模型分路径的研究假设验证结果

作用路径	标准化估计值	临界值	结论
H_1：零售企业资源环境感知→零售企业资源环境情感	0.02	0.33	不支持
H_2：零售企业资源环境知识→零售企业资源环境情感	0.19	2.93	支持
H_3：零售企业社会责任意识→零售企业资源环境情感	0.44	5.44	支持
H_4：零售企业资源环境情感→零售企业资源节约行为	0.30	3.67	支持
H_5：零售企业资源环境情感→零售企业环境保护行为	0.64	6.57	支持
H_6：零售企业资源环境感知→零售企业资源节约行为	0.15	2.07	支持
H_7：零售企业资源环境感知→零售企业环境保护行为	0.21	3.09	支持
H_8：零售企业资源环境知识→零售企业资源节约行为	0.04	0.66	不支持
H_9：零售企业资源环境知识→零售企业环境保护行为	0.17	2.55	支持
H_{10}：零售企业社会责任意识→零售企业资源节约行为	0.02	0.68	不支持
H_{11}：零售企业社会责任意识→零售企业环境保护行为	0.05	0.05	不支持

① 数据分析时，我们分别以零售企业资源环境感知、零售企业资源环境知识、零售企业社会责任意识的均值作为测量零售企业绿色认知的 3 个指标数据；以零售企业资源环境情感的原始数据作为测量零售企业绿色情感的指标数据；分别以零售企业资源节约行为、零售企业环境保护行为的均值作为测量零售企业绿色行为的 2 个指标数据。

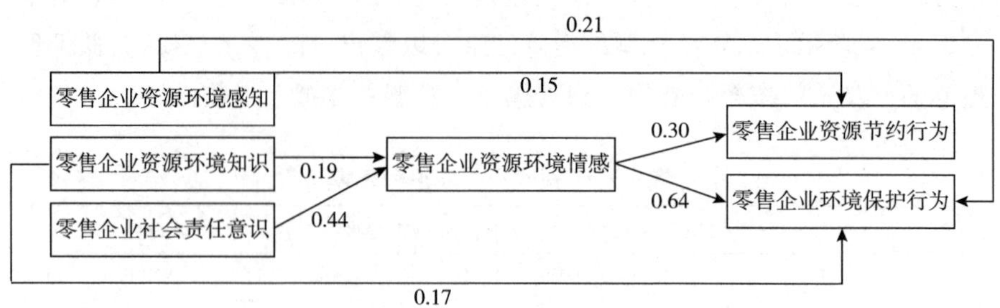

图 4－2　零售企业绿色行为内在驱动机理修正模型

本章提出的 11 条假设，有 7 条得到了验证。零售企业资源环境感知对零售企业资源节约和环境保护行为都具有直接的显著正向影响。零售企业资源环境知识对零售企业环境保护行为具有显著正向影响，而对节约行为的直接影响不显著。零售企业资源环境情感对零售企业资源节约行为与环境保护行为都具有显著的正向影响。零售企业资源环境情感在零售企业资源环境知识对零售企业环境保护行为、资源节约行为的影响路径中起部分中介作用，在零售企业社会责任意识对零售企业环境保护行为、资源节约行为的影响路径中起完全中介作用。

为了直观地了解各变量对零售企业绿色行为的影响程度，本章计算了各变量对零售企业资源节约行为与环境保护行为的直接效应、间接效应和总效应，结果如表 4－6 所示。从各变量对零售企业资源节约行为的影响效应看，零售企业资源环境情感对零售企业资源节约行为的总效应（0.34）最大，零售企业资源环境感知（0.16）与零售企业社会责任意识（0.14）对零售企业资源节约行为的影响次之，零售企业资源环境知识对零售企业资源节约行为的影响效应（0.06）最小。从各变量对零售企业环境保护行为的影响效应看，零售企业资源环境情感对零售企业环境保护行为的总效应（0.61）最大，零售企业资源环境知识（0.38）和零售企业社会责任意识（0.26）的影响次之，零售企业资源环境感知的影响最小（0.19）。可见，零售企业资源环境情感对于零售企业资源节约行为和环境保护行为的总效应最大，是影响零售企业绿色行为的关键变量。零售企业社会责任意识对零售企业绿色行为的总效应次之。

表 4-6　修正模型各潜变量之间的直接效应、间接效应和总效应

变量关系	直接效应	间接效应	总效应
零售企业资源环境感知→零售企业资源节约行为	0.16	—	0.16
零售企业资源环境感知→零售企业环境保护行为	0.19	—	0.19
零售企业资源环境知识→零售企业资源节约行为	—	0.06	0.06
零售企业资源环境知识→零售企业环境保护行为	0.16	0.12	0.38
零售企业社会责任意识→零售企业资源节约行为	—	0.14	0.14
零售企业社会责任意识→零售企业环境保护行为	—	0.26	0.26
零售企业资源环境情感→零售企业资源节约行为	0.34	—	0.34
零售企业资源环境情感→零售企业环境保护行为	0.61	—	0.61

第三节　服务业绿色行为内在驱动机理的多群组分析

方差分析能够检验因变量在控制自变量作用下的均值差异，而不能进行不同群体对不同变量之间关系的效应差异分析，多群组结构方程模型能弥补这一不足。因此，本节采用多群组结构方程模型方法来检验理论模型的路径在不同零售企业特征变量与地区变量群组中是否存在显著的差异，从而考察模型的普适性。

一　服务企业群组绿色行为水平的差异分析

首先利用 SPSS15.0 对本章研究的六个潜变量在不同特征变量的零售企业群组的均值水平差异进行 T 检验，结果如表 4-7 所示。

表 4-7　潜变量在不同群组均值水平差异的 T 检验结果

潜变量 \ 特征变量		业态		所有制性质		规模		行业地位	
		传统	新兴	公有制	非公有制	大型	中小微型	领先水平	非领先水平
零售企业资源节约行为	均值	6.15	6.10	6.15	6.11	6.23	6.10	6.15	6.11
	T 值	0.64		0.37		1.11		0.42	
	显著性	0.52		0.71		0.27		0.67	
零售企业环境保护行为	均值	5.37	5.57	5.63	5.35	5.91	5.35	5.61	5.36
	T 值	-1.58		2.21		3.64		1.95	
	显著性	0.12		0.03		0.00		0.05	

续表

潜变量 \ 特征变量		业态		所有制性质		规模		行业地位	
		传统	新兴	公有制	非公有制	大型	中小微型	领先水平	非领先水平
零售企业资源环境感知	均值	6.08	6.09	6.25	5.97	6.22	6.04	6.11	6.06
	T 值	-0.12		3.12		1.62		0.53	
	显著性	0.90		0.00		0.11		0.59	
零售企业资源环境情感	均值	5.37	5.31	5.44	5.27	5.63	5.27	5.35	5.34
	T 值	0.51		1.33		2.36		0.08	
	显著性	0.61		0.18		0.02		0.93	
零售企业资源环境知识	均值	4.48	4.89	4.98	4.46	5.40	4.50	5.13	4.35
	T 值	-2.26		2.84		4.05		4.36	
	显著性	0.02		0.00		0.00		0.00	
零售企业社会责任意识	均值	6.29	6.16	6.38	6.13	6.46	6.17	6.34	6.15
	T 值	1.48		2.94		2.71		2.19	
	显著性	0.14		0.00		0.01		0.03	

从表 4－7 可以看出，零售企业资源节约行为的均值水平在不同的零售企业群组不存在显著的差异。零售企业环境保护行为的均值水平在不同所有制、不同规模及不同行业地位的零售企业存在显著的差异，公有制零售企业环境保护行为均值水平显著高于非公有制零售企业，大型零售企业显著高于中小微型零售企业，处于行业领先水平的零售企业显著高于非领先水平的零售企业。零售企业资源环境感知的均值水平在不同所有制的零售企业群组中存在显著的差异，公有制零售企业明显要高于非公有制零售企业。零售企业资源环境情感的均值水平在不同规模的零售企业存在显著的差异，大规模零售企业显著高于中小微型零售企业。零售企业资源环境知识的均值水平在不同业态、所有制、规模、行业地位的零售企业群组都存在显著的差异，其中，新兴业态显著高于传统业态，公有制零售企业显著高于非公有制零售企业，大型零售企业显著高于中小微型零售企业，行业领先零售企业显著高于非领先零售企业。零售企业社会责任意识的均值水平在不同所有制、不同规模及不同行业地位的零售企业存在显著的差异，其中，公有制零售企业显著高于非公有制零售企业，大型零售企业显著高于中小微型零售企业，领先行业水平的零售企业显著高于非领先地位的零售企业。总体而言，零售企业绿色认知、绿色情感及绿色行为的水平

基本上是新兴业态高于传统业态、公有制企业高于非公有制企业、大型企业高于中小微型企业、行业领先企业高于非领先企业。

二 服务业绿色行为内在影响效应的企业差异分析

T 值检验只能分析不同群体对某个（或某类）变量的认知水平差异，而不能分析不同群体对不同变量之间关系的效应差异，多群组结构方程模型能弥补这一不足。因此，本节采用多群组结构方程模型方法来检验理论模型的路径在不同零售企业群组的差异性，从而考察模型的普适性。

本章根据零售企业特征变量，将总体样本分割为两组子样本，利用 AMOS18.0 进行多群组分析，以考察理论模型在不同零售企业群组中是否具有适配性。在进行多群组分析之前我们需要先进行参数设置，找出最适配的路径模型。通过对预设模型、测量系数相等模型、路径系数相等模型、协方差相等模型、方差相等模型等五个模型输出结果适配度进行对比分析，我们选择预设模型作为多群组分析模型。

为判断路径系数差异，须先进行卡方值差异检验。不同群组嵌套模型对比的卡方值差异检验结果如表 4－8 所示，在不同业态、所有制性质、规模与行业地位的零售企业群组中，p 值均小于 0.05，说明在 95% 的置信水平下，模型路径系数在不同群组中存在显著差异。

表 4－8 卡方值差异检验结果（假设预设模型为真）

	业态	所有制性质	规模	行业地位
$\Delta\chi^2$	34.92	36.654	58.136	37.009
Δdf	16	16	16	16
p 值	0.004	0.002	0.001	0.002
检验结果	拒绝	拒绝	拒绝	拒绝

但是，卡方值差异检验只能说明整体现象，如若具体考察每条假设路径的差异情况，则需要进一步利用“参数配对”的临界值比率。临界值比率是路径系数在两个零售企业群组中的临界比率。一般情况下，如果临界值比率绝对值大于 1.96，则认为在 0.05 的显著水平下该路径系数在零售企业群组中存在显著差异。多群组分析结果如表 4－9 所示。

表 4-9 基于零售企业特征变量的多群组分析结果

假设路径	业态			所有制性质		
	传统业态	新兴业态	临界值比率	非公有制	公有制	临界值比率
H_2	0.068	0.218***	1.791	0.019	0.196***	-2.313
H_3	0.372**	0.630***	1.542	0.568***	0.460***	0.631
H_4	0.345***	0.281**	-0.472	0.423**	0.247**	1.159
H_5	0.655***	0.602***	-0.302	0.642***	0.607***	0.189
H_6	0.207	0.290**	0.425	-0.150	0.367**	-2.712
H_7	0.185*	0.372**	0.93	0.037	0.333**	-1.617
H_9	0.151**	0.041	-1.162	0.045	0.157**	-1.208
假设路径	规模			行业地位		
	中小微型企业	大型企业	临界值比率	领先水平	非领先水平	临界值比率
H_2	0.121*	0.098	-0.199	0.287***	0.05	-2.426
H_3	0.463***	0.549***	0.494	0.553***	0.488***	0.39
H_4	0.224**	0.624***	2.258	0.249***	0.427***	1.269
H_5	0.524***	0.457***	1.715	0.607**	0.698***	0.509
H_6	0.219*	0.412	0.74	0.494**	0.040	-2.215
H_7	0.309**	0.179	-0.442	0.164	0.342**	0.875
H_9	0.098*	0.031	-0.36	0.071	0.096*	0.261

注：H_2 ~ H_9 与前文所述假设一致；* 表示 $p<0.05$，** 表示 $p<0.01$，*** 表示 $p<0.001$。

如表 4-9 所示，在不同业态的零售企业群组中，所有路径的临界值比率都小于 1.96，说明在 0.05 的显著水平下，假设路径系数在传统零售业态与新兴零售业态的群组之间无显著性差异。

在不同所有制性质的零售企业群组中，假设 H_2 与 H_6 的路径系数的临界值比率都大于 1.96，说明这两条假设路径在不同所有制性质的零售企业群组之间存在显著的差异。在假设路径 H_2（零售企业资源环境知识对零售企业资源环境情感有显著正向影响）中，公有制零售企业（$\beta=0.196$，$p<0.001$）显著，而非公有制零售企业不显著。在假设路径 H_6（零售企业资源环境感知对零售企业资源节约行为有显著正向影响）中，也是公有制零售企业（$\beta=0.367$，$p<0.001$）显著，非公有制零售企业不显著。这可能是因为，一方面，零售企业绿色认知的水平越高，其对绿色情感与绿色行为促进作用越明显。从 T 值检验的结果看，绿色认知三个维度的均值

水平——零售企业的资源环境感知水平、资源环境知识水平、社会责任意识都是公有制零售企业要明显高于非公有制零售企业，因此其对公有制零售企业绿色情感与资源节约行为的促进作用更显著。另一方面，公有制零售企业在很大程度上既要代表企业自身的形象，也要代表政府形象，因此这些零售企业具有较高的社会责任意识，践行绿色行为的意愿更高。

在不同规模的零售企业群组中，只有假设 H_4（零售企业资源环境情感对零售企业资源节约行为有显著正向影响）的路径系数的临界值比率大于 1.96，说明不同规模的零售企业在该路径存在显著性差异。具体而言，零售企业资源环境情感对零售企业资源节约行为的影响在两个群组中都显著，但大型零售企业群组（$\beta=0.624$，$p<0.001$）比中小微型零售企业群组（$\beta=0.224$，$p<0.05$）的影响更显著。

在不同行业地位的零售企业群组中，假设 H_2（零售企业资源环境知识对零售企业资源环境情感有显著正向影响）与假设 H_6（零售企业资源环境感知对零售企业资源节约行为有显著正向影响）的路径系数的临界值比率都大于 1.96，说明不同行业地位的零售企业群组在这两条路径中存在显著性差异。具体而言，零售企业资源环境知识对零售企业资源环境情感的影响在处于行业领先水平的零售企业群组中（$\beta=0.624$，$p<0.001$）显著，而在处于行业非领先水平的零售企业群组中不显著。零售企业资源环境感知对零售企业资源节约行为的影响也如此。这可能是因为，处于行业领先水平的零售企业如沃尔玛等，大多建立了现代化的企业管理制度，具有现代化的经营理念，将资源节约与环境保护作为一项企业的政策落实，包括对员工进行资源环境知识培训等，因此，对资源耗费和环境污染危害的认识、资源环境情感更深，更倾向于把资源节约作为提高企业效益的一条重要途径。

三　服务业绿色行为内在影响效应的地区差异分析

长沙与武汉是位于中部地区的两大重要城市，两地零售企业的发展环境既有共性也有差异。从两地的经济指标看，2011 年长沙的 GDP 为 5619.33 亿元，武汉的 GDP 为 6756.2 亿元，武汉市的经济总量明显高于长沙市。但是，长沙市的经济增速稍高于武汉，两地分别为 14.5% 和 12.5%。两地在 2011 年的社会消费品零售总额分别为 2125.91 亿元、2959.04 亿元。国际上通常将人口超过 1000 万人的城市称为超级都市，武汉人口已达到超级都市水平，是中部地区的特大城市。从相关政策看，两地都是全国资源节约型和环境友好型社会建设综合配套改革试验区。其中，武汉还是商务部“零售业节能行动”十个试点城市之一，长沙是八个节能减排国家示范城市之一。本章通过对零售企业绿色行为及影响机理的地区差异进行检验，不仅可以从一定程度上了解节能环保相关政策在两地的实施效果，而且还可以检验零售企业绿色认知、绿色情感对绿色行为影响的理论模型在不同地区的适配性（见表4－10）。

表4－10　武汉市与长沙市经济社会指标对比

项目	武汉	长沙
人口（2011年）	1002万人	709.07万人
地区生产总值及增长率（2011年）	6756.2亿元（12.5%）	5619.33亿元（14.5%）
社会消费品零售总额（2011年）	2959.04亿元	2125.91亿元
相关政策支持	“两型社会”建设综合配套改革试验区 商务部零售企业节能行动试点城市	“两型社会”建设综合配套改革试验区 节能减排国家示范城市

资料来源：武汉市、长沙市统计公报。

首先使用SPSS15.0对本文研究的各个变量在武汉与长沙市的均值水平差异进行T检验，分析结果整理如表4－11所示。

表4－11　地区差异水平的T检验结果

变量	地区	N	均值	标准差	T值	显著性
零售企业资源节约行为	1	180	6.15	0.78	0.58	0.57
	2	110	6.10	0.69		
零售企业环境保护行为	1	180	5.33	1.11	－2.91	0.01
	2	110	5.68	0.93		
零售企业资源环境感知	1	180	6.05	0.77	－0.95	0.35
	2	110	6.13	0.72		

续表

变量	地区	N	均值	标准差	T 值	显著性
零售企业资源环境情感	1	180	5.32	0.98	-0.32	0.75
	2	110	5.37	1.16		
零售企业资源环境知识	1	180	4.26	1.63	-6.27	0.00
	2	110	5.36	1.10		
零售企业社会责任意识	1	180	6.25	0.738	0.46	0.65
	2	110	6.21	0.70		

注：1 代表武汉市，2 代表长沙市。

如表 4-11 所示，当显著性水平为 0.05 时，T 值检验中，变量零售企业环境保护行为与变量零售企业资源环境知识水平在不同的地区中存在显著的差异。在零售企业环境保护行为变量中，长沙市的均值为 5.68，武汉市的均值为 5.33，长沙市显著大于武汉市。在零售企业资源环境知识变量中，长沙市的均值为 5.36，武汉市的均值为 4.26，长沙市显著大于武汉市。零售企业资源节约行为、零售企业资源环境情感、零售企业资源环境感知、零售企业社会责任意识四个变量的水平在长沙市、武汉市不存在显著的差异。

然而，T 值检验只能分析不同群体对某个（或某类）变量的认知水平差异，不能分析不同群体对不同变量之间关系的效应差异，而多群组结构方程模型能弥补这一不足。因此，本节采用多群组结构方程模型方法来检验理论模型的路径在不同地区是否存在显著的差异，从而考察模型的普适性。

通过对预设模型、测量系数相等模型、路径系数相等模型、协方差相等模型、方差相等模型等五个模型输出结果适配度的对比分析，我们仍然选择预设模型作为多群组分析模型。为判断路径系数差异，应先从整体上进行卡方值差异检验。结果显示：$\Delta\chi^2 = 19.745$，$\Delta df = 20$，p 值 $= 0.474 < 0.5$，说明在 95% 的显著水平下，模型路径系数在不同地区存在显著差异。但是，卡方值差异检验只能说明整体现象，如若考察每条假设路径的具体差异情况，则需要进一步利用“参数配对”的临界值比率。临界值比率是路径系数在两个地区群组中的临界比率。一般情况下，若临界值比率绝对值 >1.96，则认为在 0.05 的显著水平下该路径系数在地区群组中存在显著性差异。不同地区多群组分析结果如表 4-12 所示。

表 4－12 地区差异的多群组分析结果

假设路径	武汉		长沙		临界值比率
	β系数	p值	β系数	p值	
H_2 资源环境知识→资源环境情感	0.044	0.441	0.473	***	3.651
H_3 社会责任意识→资源环境情感	0.494	***	0.546	***	0.277
H_4 资源环境情感→资源节约行为	0.322	***	0.241	0.001	－0.733
H_5 资源环境情感→环境保护行为	0.687	***	0.474	***	1.725
H_6 资源环境感知→资源节约行为	0.276	0.076	0.277	0.170	0.004
H_7 资源环境感知→环境保护行为	0.403	0.015	0.157	0.394	－1.035
H_9 资源环境知识→环境保护行为	0.106	0.041	0.040	0.653	－0.632

注：*** 表示 $p<0.001$。

如表 4－12 所示，在修正模型的 7 条路径中，只有零售企业资源环境知识对零售企业资源环境情感影响路径系数的临界值比率（3.651）大于 1.96，即在 95% 的置信水平下该路径存在显著性差异。长沙市（$\beta=0.473$，$p<0.001$）比武汉市（$\beta=0.044$，$p=0.441$）更加显著。这可能是因为，知识对情感的促进成正比关系，零售企业资源环境的知识水平越高，其对资源节约、环境保护的意义和对资源浪费、环境污染的敏感性就越强，即对零售企业资源环境的情感就越深。而 T 检验的结果显示，长沙市零售企业资源环境知识水平显著高于武汉市，因此，长沙市零售企业资源环境知识对资源环境情感的影响要比武汉市显著。

第四节　服务业绿色行为内在驱动机理的结论与政策启示

一　服务业绿色行为内在驱动机理的基本结论

本章以“知情行”理论为基础，构建了零售企业绿色认知和绿色情感对绿色行为驱动机理的概念模型。通过对全国资源节约型和环境友好型社会建设综合配套改革试验区湖北省武汉市、湖南省长沙市的零售企业管理者进行问卷调查收集数据，运用相关分析、T 检验、结构方程全模型、多群组结构方程模型等数据分析方法，对所构建的概念模型进行了实证检验，并考察了这一概念模型在不同特征零售企业和不同地区零售企业的适配性。主要结论如下：

第一，零售企业绿色认知的不同维度对零售企业绿色行为的影响不同。零售企业资源环境感知对零售企业资源节约行为与环境保护行为都具有直接显著正向影响。零售企业资源环境知识对对零售企业资源节约行为的直接影响不显著，而对零售企业环境保护行为具有直接显著正向影响。零售企业社会责任意识通过零售企业资源环境情感间接影响零售企业资源节约与环境保护行为。

第二，零售企业绿色情感在零售企业资源环境知识对零售企业资源节约行为与环境保护行为影响的路径中起部分中介作用，在零售企业社会责任意识对零售企业资源节约行为与环境保护行为影响的路径中起完全中介作用。从各变量影响效应来看，零售企业绿色情感对于零售企业资源节约行为和环境保护行为的总效应最大，是影响零售企业绿色行为的关键变量。零售企业社会责任意识对于零售企业资源节约行为和环境保护行为的总效应次之，是影响零售企业绿色行为的重要变量。

第三，总体而言，目前零售企业对资源环境问题的感知深刻，社会责任意识强，节约资源做得好。零售企业资源环境情感、环境保护水平较高，但资源环境知识水平一般。从企业差异考察，零售企业资源环境感知在不同所有制的零售企业群组存在显著的差异，零售企业资源环境知识在不同业态、不同所有制、不同规模、不同行业地位的零售企业群组都存在显著的差异，零售企业社会责任意识在不同所有制、不同规模、不同行业地位的零售企业群组存在显著的差异，零售企业资源环境情感在不同规模的零售企业存在显著的差异，零售企业资源节约行为在不同的零售企业群组不存在显著的差异，零售企业环境保护行为在不同所有制、不同规模、不同行业地位的零售企业群组存在显著的差异。从地区差异考察，零售企业资源环境知识、零售企业环境保护行为在不同的地区中存在显著的差异，长沙市显著高于武汉市。零售企业资源环境感知、零售企业社会责任意识、零售企业资源环境情感、零售企业资源节约行为在不同地区则不存在显著的差异。

第四，零售企业绿色认知和绿色情感对绿色行为影响的企业差异比较分析结果显示：所有制性质、规模、行业地位这三个特征变量的不同零售企业群组之间，在一些假设路径中有显著性差异；零售企业业态群组之间，在不同假设路径中无显著性差异。具体而言，在零售企业资源环境知识对零售企业资源环境情感具有显著正向影响、零售企业资源环境感知对零售企业资源节约行为具有显著正向影响这两条路径中，都是公有制零售企业群组显著，非公有制零售企业群组不显著。零售企业资源环境情感对零售企业资源节约行为具有显著正向影响的路径中，大型零售企业群组比中小微型零售企业群组更显著。零售企业资源环境知识对零售企业资源环境情感具有显著正向影响、零售企业资源环境感知对零售企业资源节约行为具有显著正向影响这两条路径中，处于行业领先水平的零售企业群组显著，而处于行业非领先水平的零售企业群组不显著。

第五，零售企业绿色认知和绿色情感对绿色行为影响的地区差异比较分析结果显示：零售企业资源环境知识对零售企业资源环境情感具有显著正向影响这条路径系数在不同地区存在显著性差异，长沙市显著高于武汉市；其余假设路径均无显著性差异。

二　服务业绿色行为内在驱动机理的政策启示

（一）进一步提升零售企业绿色情感水平

零售企业绿色情感是影响零售企业绿色行为的关键变量，从调查的情况来看，目前零售企业的绿色情感水平较高但未达到高水平，有进一步提升空间。因而提升零售企业（尤其是非公有制零售企业、中小微型零售企业）的绿色情感是促进零售企业加强绿色行为的重要突破口。政府有关部门可以通过财政支持、绿色奖励、生态补偿等激励手段，以及社会营销等引导手段，让零售企业在践行绿色行为的过程中获得实实在在的利益，从而提高其绿色情感强度。

（二）多措并举持续深化零售企业对资源环境问题的感知

实证结论表明：零售企业对资源环境问题的感知直接显著影响零售企业的绿色行为。根据环境心理学理论，环境感知具有不精确性，这种不精确性受个体环境方面的教育及个体加工、处理环境信息过程中对信息的扭曲或过滤的影响。环境感知的空间层次性特征表明，个体的不同感官收集环境信息是有空间层次顺序的，某项感觉器官距离某一特定物理环境的空间距离越短，收集到丰富的、确切的环境信息的可能性越大。一方面，由于中国零售业门店人员的学历和知识结构普遍偏低，零售业节能环保专业人才，尤其是能够深入门店第一线的专业人才缺乏问题比较突出（商务部，2015）；另一方面，由于大多数零售企业没有或较少直接接触到自然资源的纳污体，如海洋生物、郊区垃圾场等，因此对资源环境状况感知不敏感、不准确。鉴于此，我们要通过各种形式提高零售业从业人员的学历和丰富其知识结构，对现有从业人员尤其是低学历从业人员加强环境宣传教育，通过优惠政策措施吸引节能环保专业大学生到零售业就业。同时，应综合利用新兴和传统媒体宣传，让零售企业了解日常看不到、听不到、闻不到、触不到、尝不到的资源消耗和环境污染问题，并构建零售企业造成的资源环境问题与零售企业的切身利益紧密结合的奖惩机制，持续提升零售企业对资源环境问题感知的敏感性、精确性，有效引导零售企业从长远战略利益出发主动践行绿色行为。

（三）不断促进零售企业增长资源环境知识

本章研究结论表明，零售企业积累的资源环境知识会直接正向显著影响其环境保护行为。有人研究发现，环境知识很大程度上决定环境行为，也决定了一项新的环境政策或技术被社会接受或支持的程度（洪大用、范叶超，2016）。而从实地调查结果来看，目前零售企业的资源环境知识水平偏低，其中传统业态零售企业、非公有制零售企业、中小微型零售企业、行业非领先水平零售企业的资源环境知识水平尤其偏低。鉴于此，我们既要不断通过各种教育、培训、宣传手段加大对所有零售企业资源环境知识的灌输、教育力度，更要重点加强对传统业态零售企业、非公有制零售企业、中小微型零售企业、行业非领先水平零售企业的资源环境教育，从而促进零售企业资源环境知识水平不断提高，进而提升零售企业的环保行为能力。

（四）用制度规范强化零售企业对资源节约、环境保护的责任意识

零售企业对资源节约、环境保护的责任意识会直接影响零售企业对资

源环境的情感，还会间接影响零售企业的资源节约行为和环境保护行为。由此，强化零售企业对资源节约、环境保护的责任意识可以更有效地引导零售企业实行绿色行为。零售企业在资源节约、环境保护方面的社会责任意识可以通过制度规范来强化。一方面，中央及地方政府有关部门要通过环境影响评估制度、垃圾分类奖惩制度、垃圾分类回收清运一体化等制度的建立、健全与严格执行，明确零售企业在资源节约、环境保护方面的责任、义务和作用，规范零售企业的绿色行为；另一方面，零售企业经营服务活动规章制度的建立要体现零售企业的社会责任理念，明确划分零售企业各部门各环节在资源节约、环境保护中的责权关系。

（五）共同而又有差别地对不同特征的零售企业采取绿色促进政策

根据上文实证结果，政府政策制定必须考虑零售企业的异质性，针对不同业态、不同所有制性质、不同规模、不同行业地位的零售企业，设计共同而又有差别的绿色促进政策，从而提高政策的有效性。例如，在加强对所有零售企业新设网点环境影响评价的同时，政府主管部门要综合运用多种手段提升非公有制零售企业的绿色认知水平，千方百计引导非公有制零售企业加入国家发展与改革委员会的“万家企业节能低碳行动”中；对中小微型零售企业更多地通过综合运用经济激励、教育、沟通等手段强化其绿色情感。

（六）根据不同区域的实际调整零售企业绿色促进政策

从地区差异的分析结果看，理论模型在不同地区的适配性较强，但长沙市的零售企业资源环境知识水平、环境保护行为及零售企业资源环境知识对零售企业资源环境情感的影响路径系数都显著高于武汉市。尽管两地都是“两型社会”建设综合配套改革试验区，但武汉是商务部“零售业节能行动”试点城市，长沙是节能减排国家示范城市，中央财政节能减排投入力度在长沙无疑要高于武汉。因而，武汉相对于长沙要从地方财政拿出更多的财力投入零售企业的节能减排，尤其要进一步重视和加强零售企业的资源环境知识宣传、教育和普及。

第五章　生产性服务业绿色发展绩效测评

本章是本书试图构建的DSR分析框架里"S"部分在生产性服务业中的表现。生产性服务业是指那些被用作其他产品或服务生产的中间投入的服务行业，主要包括金融、物流、研发设计、商务咨询、信息技术服务、节能环保服务、电子商务、人力资源服务、服务外包、营销服务等服务行业。鉴于物流业是融合运输业、仓储业、货代业和信息业等的复合型服务产业，以及物流业在生产性服务业中对资源环境影响的典型性，本章以物流业为例探讨生产性服务业绿色发展绩效测评指标体系构建及其应用，并运用云模型方法对物流企业绿色绩效进行测评，运用单因素分析法对不同群组绿色绩效差异进行分析。

第一节　生产性服务业绿色发展绩效测评研究现状

一　绿色与绿色度的概念和内涵

"绿色"至今没有一个统一而明确的定义。中国工程院院士吴中伟（1998）认为，绿色的含义可以概括为："节约资源、能源；不破坏环境，更有利于环境；可持续发展，即满足当代人的需求，又不危及后代人满足其需要的能力。"尹世杰（2010）认为，绿色象征着希望和活力，象征和谐和健美。万后芬（1996）认为，绿色象征着生命、健康和活力，它泛指保护地球生态环境的活动、行为、计划、思想和观念等。Elliott（2013）指出绿色就是可循环、健康、自然、无公害、可降解或有机等的代名词。Gershoff等人（2015）将绿色定义为"环境友好、可循环、节约能源"。"绿色"内涵的不断丰富，引起了世界各国学者的普遍关注，绿色概念不断被运用到很多领域，形成了许多绿色相关理论。绿色概念应用到企业管理领域，产生了绿色管理理论。绿色管理就是通过经济可行的产品、过程设计以及商业化，减少环境污染和节约资源能源，实现经济、社会和环境可持续发展的目标（Shu et al.，2016）。可见，对于企业绿色发展绩效的测评应该考虑企业经济活动的环境污染、资源能源节约及经济效益等方面。

绿色度概念是为了对产品绿色发展绩效进行定量测评而提出的。产品绿色度是指产品对人和自然友好的程度（Dangelico and Pontrandolfo，2010）。许多学者对绿色度的界定侧重于产品或企业对自然友好的程度而忽略了对人的友好程度。例如，产品绿色度测评（刘红旗、陈世兴，2010；陶建宏、王京芳、张蓉，2005；江世英、李随成，2015；柳键、周辉，2016）、工艺方案绿色度测评（郭卫、张弘，2003）、企业绿色度测评（张艳、贾海霞，2005）、企业绿色供应链的绿色度测评（吕立新等，2008）、饭店绿色度测评（朱磊、曹静，2009）等。也有一些学者对绿色度的界定既同样重视产品或企业对人和自然的友好程度，还对这一内涵进行了拓展，为绿色度的定量测评提供了更切合实际的理论依据与分析框架。早在1997年，刘光复、刘志峰就从产品质量、功能、寿命和经济性、能耗、资源利用率、生态环境影响，以及对使用者和操作者的安全性等方面评价产品的绿色度。向东等人（2001）认为绿色度是评价绿色产品技术先进性、环境协调性和经济合理性的综合指标，较早把经济合理性引入绿色度评价中。之后，麦茵华、缪立新、李春海（2007），武春友、陈兴红、匡海波（2014），以及郭金维、张永安、高祥、蒲绪强（2015）等学者沿用了这一内涵进行产品或企业绿色度评价。可见，越来越多的学者从资源、环境、经济、技术等方面对产品或企业的绿色发展绩效进行定量测评。

二　供应链绿色度测评

物流是供应链上十分重要的一个环节，它是连接生产和消费领域的关键所在。企业的供应链管理研究不可避免地要涉及企业的物流活动，那么企业供应链管理的绿色度测评同样也要涉及对企业物流活动的测评。在现有的文献中，研究者通常将物流作为供应链的一个部分进行统一的研究，所建立的指标体系通常会涉及物流活动，因此，这部分文献对于物流企业绿色度测评研究仍然具有很大的借鉴作用。

有的学者将绿色供应链中环境绩效定义为供应链绿色度，并从供应链流程的环境影响度、供应链的能源消耗度、资源的回收再利用率、环境声誉等四个方面构建了供应链绿色度测评指标体系，提出了多层次模糊综合测评法，并给出了一个算例进行说明（赵丽娟、罗兵，2003）。有的学者则从经济、社会、生态三个方面构建供应链的绿色度测评指标体系（徐团结、王硕、潘海青，2006）。还有学者从环境、资源、运营、技术、经济和社会六个方面构建企业供应链管理的绿色度测评指标体系并确定指标权重，运用模糊综合测评方法建立绿色度测评模型（唐凡、汪传雷、邱灿华，2009）。也有学者选取环境承载度、环境质量成本、循环利用度、企业绿色化水平构建供应链绿色度测评指标体系，通过调查问卷方式确定指标权重隶属度，采用层次分析法和多级模糊综合测评法相结合的方法对企业绿色供应链绿色度进行了实证测评（张瑞芳，2010）。这些研究尽管测评指标不同，但基本都涉及了资源利用、环境、经济和社会方面。

三　物流绿色发展绩效测评

现代物流业，在国民经济和社会发展中发挥着基础性和先导性作用（洪水坤，2011）。根据国务院印发的《物流业发展中长期规划（2014—2020 年）》提供的数据，2013 年全国物流业增加值达到 3.9 万亿元，占国内生产总值的比重由 2005 年的 6.6% 提高到 2013 年的 6.8%，占服务业增加值的比重达 14.8%。规划到 2020 年，物流业增加值占国内生产总值的比重达到 7.5% 左右。物流业迅速发展的同时也带来了一系列的资源、环境、安全问题，如大气污染、噪声污染、气候变化、交通拥堵、交通安全事故、包装废弃物和危险化学物品的储运等，这些问题不仅给自然资源和生态环境带来巨大压力，也对城市安全和人身安全构成很大威胁（薛伟，2004；Wolf and Seuring，2010）。如何正确地处理物流业经济、资源、环境和社会之间的关系从而实现物流业绿色发展，对完成“十三五”发展目标和实现整个社会绿色发展具有重大意义。

2009 年，我国政府出台的《物流业调整和振兴规划》指出：“鼓励企业加快发展产品与包装物回收物流和废弃物物流，促进资源节约与循环利用。鼓励和支持物流业节能减排，发展绿色物流。”学术界也进行了相关研究，最初学者们从定性层面呼吁物流企业在经营过程中采取绿色物流、逆向物流及其他绿化措施。随着研究的深入，不少学者开始从定量层面对制造企业内部物流系统、城市物流系统、物流园区系统和宏观社会物流系统的绿色度评价进行了研究。但这些研究的不足是忽略了对社会物流的主要承担者——物流企业的绿色度评价进行研究。而随着企业内部物流外包和商品流通速度的加快，近年来我国第三方物流企业承担的物流业务以每年16% ~25%的速度增长，物流企业在社会货物流通和国民经济中扮演的角色越来越重要；且物流企业作为物流业发展的市场主体和绿色物流的重要实践者，只有实现自身的绿色发展才能促进物流产业和整个社会的绿色发展。因此有必要评价物流企业绿色度以判断其绿色发展状况，进而有针对性地提供相关建议以促进物流企业绿色发展。

国外学术界对与物流绿色度密切相关的物流企业社会责任和环保绩效做了一些有意义的研究。Ciliberti 等人（2008）对物流社会责任具体实践活动进行分类，将 47 项不同的物流社会责任实践分为社会责任采购、绿色包装、绿色运输、绿色仓储和逆向物流五大类；Carter 和 Jennings（2002）根据物流管理过程，将物流社会责任分为环保、伦理、多样性、工作条件和人权、安全、慈善事业和社区参与六个方面。在环保绩效方面，Facanha 和 Horvath（2005）运用生命生周期法对物流外包的环保绩效进行评价，选取的评价指标涉及经济、环境和社会三个方面，具体包括经济绩效、能源利用率、全球变暖潜力和安全；Altuntas 和 Tuna（2013）结合绿色购买标准和已有的环保绩效指标开发了一个物流中心的绿色行业购买模型，该模型将环保绩效评价过程分为绿色服务和绿色供应商评价两个方面，绿色服务涉及的环保绩效指标包括有害废弃物管理、固体废弃物和废水管理、污染物排放、能源和原材料的输入情况、设备的使用情况和逆向物流管理活动，绿色供应商评价涉及的环保绩效指标包括环保记录的披露、二级供应商环保评价、ISO14000 认证情况、符合要求的一致情况、社区关系、财务影响、环保政策和项目的实施、提供环境信息的指标；Kim 和 Han（2011）从内部环保管理、环保采购和包装、环保过程设计三个维度来衡量环保物流实践活动。在环保措施方面，Kristin J. Lieb 和 Robert C. Lieb（2010）调查了北美、欧洲和亚太地区的 40 家大型物流企业，总结了物流企业为实现环保目标采取的一些措施，如进行绿色项目培训、实施无纸办公、节约能源和减少排放、采用环保包装、回收办公用品和包装材料、在仓库安装太阳能电池板、安装更节能的照明等。可见，在定性研究方面，国外学者通过对物流社会责任具体实践进行归纳和分类，构建了物流社会责任的基本框架，也总结了物流企业为实现环保效益而采取的一些措施；在定量研究方面，国外学者主要集中在物流环保绩效评价方面，对物流社会绩效评价以及对物流经济、社会和环保绩效综合评价的定量研究则较少。

相比国外而言，国内关于绿色度评价研究较丰富，具体到与物流相关的绿色度评价，研究对象主要有制造企业内部生产物流系统、物流园区系统、城市物流系统和整个宏观社会物流系统。如李辉、孙文军（2007）从环境、资源、经济和技术四个方面构建了制造企业生产物流系统的绿色度评价指标体系，并结合物元法、模糊综合层次分析法构建了评价的数学模型；周业旺（2012）在循环经济理论基础上，从环境性能、经济性能、资源和能源性能、物流过程性能和社会属性五个方面构建了物流园区绿色度评价指标体系，利用粗糙集确定了指标权重，并建立了物流园区绿色度灰色评价模型；金桢炜（2011）从经济、社会、生态环境和政策四个方面构建了城市物流系统绿色度评价指标体系，并运用模糊综合评价法对杭州市物流系统进行了实证评价；马金麟、陈龙（2012）将城市物流系统绿色度评价指标体系划分为集约资源、绿色运输、绿色仓储和逆向物流四个维度，并综合运用模糊综合评价法、数据包络分析法和层次分析法对多个城市物流系统的绿色度进行了实证研究；孙西敬、盖宇仙（2009）从环境、资源、经济和技术性能方面构建了社会物流系统绿色度评价指标体系，并采用层次分析法确定了指标权重；权璐、秦四平（2010）从经济、资源、能源和环境四个方面构建了社会物流系统绿色度评价体系，并整合德尔菲法、层次分析法、灰色关联法和模糊综合评价法的优势，将定性分析和定量分析结合起来对社会物流系统绿色度进行评价。从上述文献可见，国内学者进行的与物流相关的绿色度评价，既衡量物流系统内部活动对环境、资源的影响，又考虑其对社会、经济等方面的影响；在绿色度评价指标方面，因研究对象、研究视角的不同，至今在评价指标构建方面并没有达成共识，但通常以节约资源和保护环境为基准再结合自身研究特点从资源、环境、经济、社会等一个或多个方面构建评价指标体系；在评价方法上，大多运用的模糊综合评价法、数据包络分析法和灰色关联法，它们要么完全不考虑不确定性中的随机性和模糊性，要么仅考虑了不确定性中的某一方面，这些方法都会造成评价结果准确性不够、主观性强、信息失真等问题。

总之，目前物流绿色发展绩效研究还处于起步阶段，测评标准、测评内容、测评方法上都有待进一步深入探讨。

第二节　生产性服务业绿色发展绩效测评指标体系设计

一　生产性服务业绿色发展绩效测评指标体系设计的总体思路

生产性服务业绿色发展绩效测评指标设计以服务业发展规律、可持续发展理论、生态经济学理论、绿色发展理论、外部成本内在化理论、利益相关者理论为理论基础和指针；遵循定性分析与定量分析相结合、科学性、可操作性、可比性、系统性原则。以物流企业为例，生产性服务业绿色发展绩效测评指标体系构建的总体思路如下。

（一）理论准备

在准备进行指标体系构建之前，我们必须先清楚地认识测评对象和测评目的，熟悉、理解相关理论基础，深刻理解测评内容。具体到物流企业绿色发展绩效测评指标体系的构建，首先要清楚绿色发展的理论基础是什么？绿色发展绩效的内涵是什么？国内外关于绿色发展绩效测评指标体系的代表性观点有哪些？如何清楚地界定物流企业绿色发展绩效的测评内容？只有在厘清概念、确定理论基础之后，才能构建有效的物流企业绿色发展绩效测评指标体系。

（二）指标体系初建

在厘清概念、确定理论基础的前提下，对理论界和实践部门的专家进行深度访谈，深入了解各界对物流企业绿色发展的特征以及发展现状的看法。要对访谈获取的数据进行系统而科学的分析，去粗取精，去伪存真，由表及里。要从多角度、全方位选取指标，要选取能切实反映物流企业绿色发展本质特征的具有代表性的指标。要用定性定量相结合的方法选出具有典型代表性的主要指标。

（三）指标筛选

通常情况下，初建的指标体系中可能有重叠和冗余的指标，或者关联度很高的指标，因而需要对初选指标集进行筛选。一般做法是将初建的指标设计成调查问卷的形式，邀请相关领域的专家从指标体系的逻辑结构、指标的合理性和代表性、指标的表述等方面进行综合比较、衡量，然后合并重叠的、关联度高的指标，删除冗余指标，最终形成简明扼要、结构合理的指标体系。

（四）指标体系应用

把筛选后的指标体系，应用到物流企业绿色发展绩效的测评实践中，分析测评指标及其结果的合理性，修正测评指标体系。

二　生产性服务业绿色发展绩效测评指标体系构建

（一）生产性服务业绿色发展绩效测评指标的初建

从文献回顾和理论基础可以得出，物流企业绿色度测评指标可以从经济、资源、环境、社会等方面来构建。首先，物流企业作为经济组织，其本质特征是实现自身的经济效益，以求得生存与发展，且经济效益的实现也是实现资源、环境和社会效益的基础。其次，资源节约和环境效益是绿色度测评中的重要部分，学者们已达成共识，物流企业经营服务过程中的车辆运输、资源浪费、废气物排放等也势必会对资源和环境造成影响。最后，物流企业的经营活动离不开社会，其在实现经济效益的同时也要考虑企业给社会带来的长期影响。但是由于物流系统带来的社会效益是长期的、多方面的，因此与资源和环境效益相比，具体从哪个方面衡量社会效益学界还没有达成共识。学者们一般是结合各自研究对象的特点而构建社会效益指标（周业旺，2012；金祯伟，2011）。鉴于此，本书试图结合物流企业的特点，进一步提炼物流企业经营中影响社会效益的最大因素，并把此因素作为物流企业社会效益的具体表现，这样不仅能够体现物流企业的特色，而且可以更具体地反映其社会效益。物流企业最基本、最重要的职能是对货物、商品的储存和运输。然而随着物流业的不断发展，用于运输的车辆急剧增加，超载和超速造成的严重人身安全和货物损害事故经常发生，给企业和国家带来重大损失（魏际刚，2013）。如何加强物流企业的货物运输和货物储存安全（即储运安全）、保障人民生命财产安全及社会稳定成为各级政府和专家学者的关注热点（沈小燕、刘浩学，2008）。中央政府出台了一系列政策措施以加强物流储运安全，如《关于加强道路交通安全工作的意见》《危险化学品安全管理条例》等。国务院发展研究中心研究员、中国物流学会副会长魏际刚（2013）在《中国物流业中长期发展战略思路》中明确指出物流业应着眼于生态文明、环境友好、资源节约和安全等。美、英、日和澳大利亚等国也均在各国物流发展规划中把保障安全作为其发展目标之一，将安全问题作为物流评价指标的一个方面（裘炜毅，2004；姜旭，2010）。由此可见，储运安全能够体现物流企业的经营特点，且储运安全事故的发生会给社会造成严重的负面影响，可以作为衡量物流企业社会效益的具体体现。因此，本研究选取资源节约、环境友好、储运安全和经济绩效四个维度作为物流企业绿色度测评指标体系的四个一级指标。

为确定物流企业绿色度测评中资源节约、环境友好、储运安全和经济绩效四个一级指标中的具体指标，我们一方面阅读了大量学术研究成果，结合物流企业实际情况从文献中提炼出可以用来测评物流企业绿色度的潜在指标；另一方面查阅了与物流相关的各类国家、行业、地方标准和各类物流政策法规等，为所选取的部分指标提供参考来源，最终我们结合两者初步设计了物流企业绿色度测评指标。为了避免遗漏重要指标以及保证所设指标与物流企业实际情况相符合，本研究于 2012 年 5 月 15 日至 6 月 21 日，通过半结构式的专家访谈方式对从事物流研究的专家学者、从事物流行政管理的政府官员、从事物流行业管理的行业协会人员和从事物流企业管理的中高层管理者进行访谈，一共访谈了 12 位专家（3 位学术界、4 位政府部门、1 位行业协会、4 位企业界），访谈对象的具体信息如表 5－1 所示。之后我们借鉴扎根理论中的开放式编码对访谈结果进行了归纳和整理。最后从资源节约、环境友好、储运安全和经济绩效四个方面对物流企业绿色度测评指标进行汇总，初步构建的指标体系包括目标层、准则层（4 个一级指标）和指标层（34 个二级指标），如表 5－2 所示。

表 5－1 “物流企业绿色发展现状”访谈对象

单位：人

	访谈地点	访谈对象	访谈人数
学术界	湖南商学院	工商管理学院物流管理系副主任周敏博士及副教授邓胜前博士	2
		经济与贸易发展研究院教授唐红涛博士	1

续表

	访谈地点	访谈对象	访谈人数
政府部门	湖南省节能监察中心	节能监察中心主任刘永忠	1
	湖南省商务厅	综合调研处	1
	长沙市商务局	现代物流处研究员周先生	1
	湖南省标准化研究院	标准研究部副主任张斌	1
行业协会	湖南省物流与采购联合会	会长张龙发	1
企业界	长沙畅通物流有限公司	办公室秘书李小姐	1
	国药控股湖南有限公司	物流配送部经理刘剑宇	1
	湖南恩瑞物流配送有限公司	营运部总监周先生及副总监刘先生	2

表 5-2　物流企业绿色度测评初建指标

目标层	准则层（一级指标）	指标层（二级指标）
物流企业绿色度 A	资源节约指标 B_1	运输车辆燃料消耗量达标率 B_{10}
		仓库面积利用率 B_{11}
		仓库容积利用率 B_{12}
		单位建筑面积耗电量 B_{13}
		包装容器的再利用情况 B_{14}
		运输车辆空载率 B_{15}
		共同配送实施情况 B_{16}
		物流设备利用率 B_{17}
		固体废弃物回收利用率 B_{18}
		节能建筑材料使用情况 B_{19}
	环境保护指标 B_2	废气排放水平 B_{21}
		废弃物排放水平 B_{22}
		噪声污染水平 B_{23}
		环保包装材料使用率 B_{24}
		环保车辆的比例 B_{25}
		重大污染安全事故 B_{26}
		环境管理体系（ISO14000）认证情况 B_{27}
		老旧车辆提前报废情况 B_{28}

续表

<table>
<tr><th>目标层</th><th>准则层（一级指标）</th><th>指标层（二级指标）</th></tr>
<tr><td rowspan="16">物流企业绿色度 A</td><td rowspan="7">经济绩效指标 B_3</td><td>净资产收益率 B_{31}</td></tr>
<tr><td>营业增长率 B_{32}</td></tr>
<tr><td>节能环保总投入 B_{33}</td></tr>
<tr><td>单位用地面积产值 B_{34}</td></tr>
<tr><td>环境污染治理费用 B_{35}</td></tr>
<tr><td>运输成本占物流总成本比例 B_{36}</td></tr>
<tr><td>物流货损率 B_{37}</td></tr>
<tr><td rowspan="9">储运安全指标 B_4</td><td>运输安全事故 B_{41}</td></tr>
<tr><td>仓储安全事故 B_{42}</td></tr>
<tr><td>装卸搬运安全事故 B_{43}</td></tr>
<tr><td>运输车辆超载情况 B_{44}</td></tr>
<tr><td>运输车辆 GPS 安装比例 B_{45}</td></tr>
<tr><td>货物储存环境的适宜性 B_{46}</td></tr>
<tr><td>安全事故应急处理能力 B_{47}</td></tr>
<tr><td>物流安全管理制度制定与执行情况 B_{48}</td></tr>
<tr><td>物流工作人员专业技术水平 B_{49}</td></tr>
</table>

（二）生产性服务业绿色发展绩效测评指标的筛选

由于指标过多可能会存在重复交叉、数据处理困难、指标权重分散等问题，最终造成评价结果存在偏差。鉴于此，本研究需要对初建指标进行筛选优化。

国内外学者对指标筛选提出了各自的方法，常用的有：德尔菲法、聚类分析法、主成分分析法、区分度分析法、层次分析法和灰色关联度法。

目前，国内物流行业正处于起步到发展的过渡阶段，物流企业的发展重心仍主要放在经济方面，对资源环境的关注相对较少，因此物流企业绿色度测评指标的统计数据资料极少且不全面，难以找出统计规律，无法采用数理统计方法对指标进行定量分析。因此，本研究主要采用德尔菲法（专家咨询法）对指标体系进行筛选优化。德尔菲法由调查者拟定调查问卷，通过函件形式按既定程序向专家发放问卷，专家以匿名的方式进行交流，经过两轮征询和反馈，专家的意见将会逐步趋于收敛，最后获得具有很高准确率的集体判断结果（徐磊，2011）。这种方法的应用既需要组织者精心组织，也需要所选专家对调研领域具有较为全面而精深的知识（徐蔼婷，2006；张冬梅，2009）。本研究在应用这一方法时考虑了这两个条件。

具体过程如下：首先将初设的指标设计成李克特五级量表形式的问卷，然后于2012年6月25日至7月20日邀请到上面12位专家访谈组的11位专家（3位学术界、3位政府部门、1位行业协会和4位企业界）对指标的重要程度进行评分，通过对专家评分结果的处理与分析，将第一轮的统计结果再次反馈给上面的11位专家进行第二轮评分，对第二轮专家评分结果进行处理和分析后发现专家的意见基本达成一致。根据专家评分结果并对部分指标进行调整后，筛选出21个重要项目作为二级指标，最终确立的物流企业绿色度测评指标体系如表5－3所示。

表5－3 物流企业绿色度测评指标体系

目标层	准则层（一级指标）	指标层（二级指标）
物流企业绿色度 A	资源节约指标 B_1	运输车辆油耗定额管理 B_{11}
		仓库利用率 B_{12}
		包装容器再利用情况 B_{13}
		物流设备利用率 B_{14}
		固体废弃物回收利用率 B_{15}
	环境保护指标 B_2	运输车辆尾气排放水平 B_{21}
		废弃物排放水平 B_{22}
		噪声污染水平 B_{23}
		环保包装材料使用率 B_{24}
		重大污染安全事故 B_{25}
		环境管理体系（ISO14000）认证情况 B_{26}
	经济绩效指标 B_3	净资产收益率 B_{31}
		营业增长率 B_{32}
		总资产周转率 B_{33}
		单位用地面积产值 B_{34}
		单位销售额物流成本率 B_{35}
	储运安全指标 B_4	运输安全事故 B_{41}
		仓储安全事故 B_{42}
		物流货损率 B_{43}
		安全事故应急处理能力 B_{44}
		物流安全管理制度制定与执行情况 B_{45}

三　生产性服务业绿色发展绩效指标权重的确定

在多指标综合评价中，权重分配是否合理将直接影响评价结果的可靠性。目前权重确定的方法有很多，如专家评判法、层次分析法、模糊评价法、变异系数法和熵值法等，各种方法各有利弊。相比其他方法而言，层次分析法（AHP）是一种定性和定量相结合的、系统化、层次化的分析方法，比较适合于具有分层交错评价指标的目标系统，而且目标值又难于定量描述的决策问题。而本研究构建的物流企业绿色度测评指标体系是一个既包含定量指标又包含定性指标的复杂的多指标综合测评模型，并且是一个由目标层（物流企业绿色度）、准则层（物流企业绿色度测评一级指标）、指标层（物流企业绿色度测评二级指标）组成的递阶层次模型，具有明显的层次结构，其中的定性指标目标值难于定量描述，因此，本研究采用层次分析法来确定指标权重。

层次分析法确定权重的原理（姜启源、谢金星、叶俊，2011）如下：建立指标体系层次结构模型；按照1～9标度法对同一级指标进行两两比较，构造判断矩阵；计算判断矩阵的最大特征值λ_{max}及对应的特征向量，对所得的特征向量进行归一化处理得到该级指标的权重向量$W=(w_1, w_2, \cdots, w_n)$，其中$\sum_{i=1}^{n} w_i = 1, w_i > 0$，利用同样的方法可以得到各级指标的权重向量；为了判别得到的权重系数是否合理，还需要对判断矩阵进行一致性检验，当判断矩阵满足一致性检验时，才能说明得到的结果是合理的。根据一致性比率$CR=CI/RI$来判断矩阵的一致性，其中RI为平均随机一致性指标，RI的取值如表5－4所示，$CI=(\lambda_{max}-n)/(n-1)$，$n$为判断矩阵所包含的指标个数。当$CR=CI/RI \leq 0.1$时，即可认为判断矩阵满足一致性检验，否则就需要调整判断矩阵，并使之满足一致性检验。本研究为了了解二级指标相对于总目标的权重，还根据层次分析法中的层次总排序计算方法，计算了层次总排序，并进行了一致性检验。

表5－4　平均随机一致性指标取值

维数	3	4	5	6	7	8	9
RI	0.58	0.96	1.12	1.24	1.32	1.41	1.45

根据层次分析法的基本原理，我们设计了一个层次指标两两比较的问卷调查表，通过实地调研的方式，于2012年7月25日至8月25日之间分别向2位学术界学者、3位政府部门领导、3位企业高层管理人员以及2位行业协会成员，共10位专家学者（其中9位来自上面12位专家访谈组中的专家，另外增加了1位行业协会专家）发放了调查问卷，请他们根据指标两两比较的重要性程度进行评分。由于在进行调查之前，我们首先通过电话获得了各位专家的同意，并在调查时对权重评分问卷的注意事项进行了详细说明，故最终共收回10份问卷，有效回收率为100%。根据问卷调查数据我们利用层次分析法yaahp5.2软件，求解各矩阵的最大特征值和对应的特征向量，对所得的特征向量进行归一化处理后得到每位专家对各项指标的层次单排序权重，且对每位专家的判断矩阵进行了一致性检验，判断矩阵一致性比例均小于0.1，满足一致性检验。同时对层次总排序进行了一致性检验，判断矩阵一致性比例也均小于0.1，满足一致性检验。最后，通过层次分析法yaahp5.2软件中的群决策工具，采用各专家排序向量加权算术平均法，将通过一致性检验的10位专家的数据进行处理，得到物流企业绿色度评价指标的最终权重，结果如表5-5所示。

表5-5 物流企业绿色度测评指标权重

<table>
<tr><th>目标层</th><th>准则层
（一级指标）</th><th>指标层
（二级指标）</th><th>相对于准则层权重</th><th>相对于总目标权重</th><th>排序</th></tr>
<tr><td rowspan="11">物流企业绿色度A</td><td rowspan="5">资源节约B_1
0.2721</td><td>运输车辆油耗定额管理B_{11}</td><td>0.1989</td><td>0.0498</td><td>9</td></tr>
<tr><td>仓库利用率B_{12}</td><td>0.1678</td><td>0.0423</td><td>12</td></tr>
<tr><td>包装容器再利用情况B_{13}</td><td>0.1466</td><td>0.0388</td><td>14</td></tr>
<tr><td>物流设备利用率B_{14}</td><td>0.299</td><td>0.0624</td><td>7</td></tr>
<tr><td>固体废弃物回收利用率B_{15}</td><td>0.1877</td><td>0.0432</td><td>11</td></tr>
<tr><td rowspan="6">环境友好B_2
0.2592</td><td>运输车辆尾气排放水平B_{21}</td><td>0.1678</td><td>0.0455</td><td>10</td></tr>
<tr><td>废弃物排放水平B_{22}</td><td>0.1489</td><td>0.0396</td><td>13</td></tr>
<tr><td>噪声污染水平B_{23}</td><td>0.0793</td><td>0.0245</td><td>19</td></tr>
<tr><td>环保包装材料使用率B_{24}</td><td>0.1172</td><td>0.0354</td><td>15</td></tr>
<tr><td>重大污染安全事故B_{25}</td><td>0.3005</td><td>0.0781</td><td>3</td></tr>
<tr><td>环境管理体系（ISO14000）认证情况B_{26}</td><td>0.1863</td><td>0.0493</td><td>8</td></tr>
</table>

续表

目标层	准则层（一级指标）	指标层（二级指标）	相对于准则层权重	相对于总目标权重	排序
物流企业绿色度 A	经济绩效 B_3 0.1434	净资产收益率 B_{31}	0.4247	0.0663	6
		营业增长率 B_{32}	0.12	0.0192	20
		总资产周转率 B_{33}	0.097	0.0128	21
		单位用地面积产值 B_{34}	0.1547	0.0259	18
		单位销售额物流成本率 B_{35}	0.2036	0.0298	16
	储运安全 B_4 0.3253	运输安全事故 B_{41}	0.2585	0.0871	1
		仓储安全事故 B_{42}	0.1937	0.069	5
		物流货损率 B_{43}	0.0828	0.0277	17
		安全事故应急处理能力 B_{44}	0.245	0.0787	2
		物流安全管理制度制定与执行情况 B_{45}	0.22	0.0746	4

由表 5－5 得知四个一级指标中，储运安全的权重最大，为 0.3253；经济绩效的权重最小，为 0.1434；资源节约和环境友好的权重大体相当，分别为 0.2721 和 0.2592。从二级指标相对于一级指标的权重可见，在资源节约方面，物流设备利用率的权重最大；在环境友好方面，重大污染安全事故的权重最大；在经济绩效方面，净资产收益率的权重最大；在储运安全方面，运输安全事故的权重最大。从权重总排序来看，排名前五的二级指标除环境友好中的重大污染安全事故指标外，其他四个均属于储运安全中的二级指标。

第三节　生产性服务业绿色发展绩效云模型测评

物流企业绿色度这一概念具有模糊性和随机性；绿色度测评指标及其数据既有数值型的，也有语言型的，且具有一定的随机性和模糊性。专家对物流企业绿色度进行测评通常采用自然语言描述，同样具有一定的随机性和模糊性。这种随机性和模糊性又具有关联性。传统的绩效测评方法如综合层次分析法、模糊综合评价法、粗糙集法、相关分析法、物元分析法、灰色关联法等都没有考虑测评信息的随机性。云模型能很好地把信息的随机性和模糊性结合起来，能够反映物流企业绿色度评价的随机性与模糊性特征，因而本节将用云模型测评物流企业绿色度。

一　云模型理论

随机性和模糊性具有很强的关联性，是定性概念最基本的两种不确定性，在人类认知过程中尤为重要（Dubois and Prade，1991；Quattrone and Vitetta，2011）。以往大多数研究聚焦于从定量数据中提取定性概念（杨洁等，2017），1995 年李德毅院士提出定性概念与定量数据可以双向转换的认知模型——云模型。利用云模型，可以从语言值表达的定性信息中获得定量数据的范围和分布规律，也可以把精确数值有效转换为定性语言值，即定性概念，是实现定性和定量转换的有效工具（李德毅等，1995，2005，2012）。它不仅能反映定性概念自身的不确定性，而且能揭示客观事物随机性与模糊性的关联（Li，Liu and Gan，2009），从而能够克服对某一定性概念进行评价时缺乏客观性的缺点，实现对评价客体的有效评估（杨洁等，2017）。鉴于具有这种优势，目前云模型在涉及定性与定量的测评研究中得到了很好的应用，如在教学评估、主观信任评估、水资源可再生能力测评、军事武器能力评估等方面的应用（胡石元、姜昕、丁佳玲，2007；黄海生、王汝传，2008；贾琦、段青青、陈晓楠，2010；徐加强等，2012）。

（一）云模型的定义与数字特征

设定性概念 C 是定量论域 U 上的概念，如果定量数值 $x \in U$ 是定性概念 C 的一次随机实现，x 对 C 的确定度 $u(x) \in [0, 1]$ 是有稳定倾向的随机数，即 u：$U \rightarrow [0, 1]$，$\forall x \in U$，$x \rightarrow u(x)$，那么 x 在论域 U 上的分布称为云，记为 $C(x)$，每一个 x 称为一个云滴。

云模型用期望 Ex、熵 En 和超熵 He 三个数字特征来整体表征一个概念，记作 $C(Ex, En, He)$，反映定性概念的定量特征。期望 Ex 代表定性概念的基本确定性，反映了云滴在论域空间中分布的期望，是最能代表定性概念的点，或者说是这个概念量化的最典型样本。熵 En 是定性概念不确定性的度量，由概念的模糊性和随机性共同决定。一方面，En 是定性概念随机性的度量，反映了能够代表这个定性概念的云滴的离散程度；另一方面，En 又是定性概念亦此亦彼性的度量，反映了在论域空间可被概念接受的云滴取值范围。超熵 He 是熵的不确定性度量，即熵的熵，由熵的随机性和模糊性共同决定（王国胤等，2012）。此外，云模型通过正向云变换和逆向云变换实现定性概念及其定量表示之间的相互映射（杨洁等，2017）。

（二）云发生器

云发生器是将语言描述的定性概念转换为定量数值表示的算法和模型，包括正向云发生器、逆向云发生器、X 条件云发生器、Y 条件云发生器，其中正向云发生器和逆向云发生器是云模型中两个最重要、最关键的算法（李德毅、杜鹢，2005）。

1. 正向云发生器

正向云发生器（FCG）是从定性到定量的映射，它根据云的数字特征（Ex，En，He）产生云滴。具体算法（算法 1）为：

输入：数字特征（Ex，En，He），生成云滴的个数 n。

输出：n 个云滴 x_i 及其确定度 u_i（$i=1$，2，…，n）。

算法步骤：

（1）生成以 En 为期望值，He^2 为方差的正态随机数 $En_i^{'}=normrnd(En, He^2)$；

（2）生成以 Ex 为期望值，$En_i^{'2}$ 为方差的正态随机数 $x_i=normrnd(Ex, En_i^{'2})$；

（3）计算隶属度 $u_i=e^{-\frac{(x_i-Ex)^2}{2(En_i^{'})^2}}$；

（4）具有确定度 u_i 的 x_i 成为数域中的一个云滴；

（5）重复上述步骤，直到产生要求的 n 个云滴为止。

2. 逆向云发生器

逆向云发生器（BCG）是实现从定量值到定性概念的转换模型。将一定数量的精确数据转换为以数字特征（Ex，En，He）表示的定性概念。无须确定度信息的逆向云算法（算法 2）如下：

输入：样本点 x_i，其中 $i=1$，2，…，n。

输出：反映定性概念的数字特征（Ex，En，He）。

（1）根据 x_i 计算样本均值 $Ex=mean(x_i)$；

（2）计算熵 $En=\frac{\sqrt{\pi/2}}{n}\sum_{i=1}^{n}|x_i-Ex|$；

（3）计算超熵 $He=\sqrt{\left|\frac{(x_i-Ex)^2}{n-1}-En^2\right|}$。

二 物流企业绿色度云模型测评步骤

第一，构建物流企业绿色度测评指标体系，如表 5-3 所示。.

第二，确定指标的权重因子集，如表 5-5 所示。

第三，构建指标的评语集。指标测评集一般取奇数个云，评语总是“好、一般、差”之类的模糊概念，本研究中在论域［0，10］之间划分 5 个评语集为：$V=(v_1,v_2,v_3,v_4,v_5)$，其中 v_1（0，2］、v_2（2，4］、v_3（4，6］、v_4（6，8］、v_5（8，10］分别表示差、较差、一般、较好、好。指标对应的等级可以用云模型表示，其特征值为（Ex，En，He）。显然，最能代表指标 I_j 对应测评等级 C_l 这个定性概念的值是该等级区间的中间值，即：$Ex_{jl}=|z_{jl}^1-z_{jl}^2|/2$。其中 z_{jl}^1 和 z_{jl}^2 分别为指标 I_j 对应测评等级 C_l 的临界值。临界值作为一个等级到另一个等级的过渡，是一个模糊边界，同时隶属于上两个等级，并且对应两等级的隶属度相等，故有：$\exp[-(z_{jl}^1-z_{jl}^2)^2/(8(En_{jl})^2)]\approx 0.5$，则 $En_{jl}=|z_{jl}^1-z_{jl}^2|/2.355$。超熵 He_{jl} 则可根据评语本身的模糊程度来调整，即根据 En_{jl} 的大小，由经验和重复试验获得，该值越大，云层越厚，该值越小，云层越薄（董思思、董春游，2012），本研究中取 $He_{jl}=0.1$。测评等级对应的云参数如表 5-6 所示，对应的测评等级标准云图如图 5-1 所示。

表 5-6 测评等级数值分布及定性语言描述

等级范围	v_1（0，2］	v_2（2，4］	v_3（4，6］	v_4（6，8］	v_5（8，10］
测评等级	差	较差	一般	较好	好
Ex	1	3	5	7	9
En	0.849	0.849	0.849	0.849	0.849
He	0.1	0.1	0.1	0.1	0.1

第四，利用实际数据通过无须确定度的逆向云算法（算法 2）得到每个二级指标的云数字特征。

第五，利用二级指标的云数字特征并结合二级指标权重因子集，运用虚拟云综合云算法得到四个一级指标的实际云数字特征；进而利用四个一级指标的云数字特征结合一级指标权重因子集运用虚拟云综合云算法得到

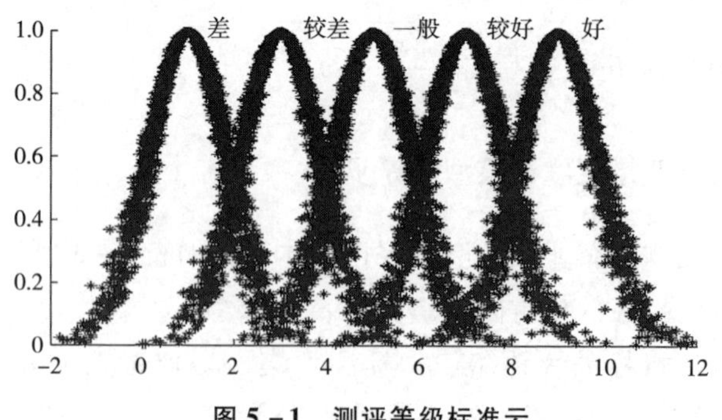

图 5－1　测评等级标准云

物流企业绿色度的综合测评云的云数字特征。虚拟云综合算法（算法 3）（张莹、代劲、安世全，2012）为：给定 n 个云 C_i（Ex_i，En_i，He_i），云 C（Ex，En，He）是由这些云合成得到的新云，则 $Ex = \sum_{i=1}^{n} Ex_i w_i / \sum_{i=1}^{n} w_i$；$En = \sum_{i=1}^{n} En_i w_i^2 / \sum_{i=1}^{n} w_i^2$；$He = \sum_{i=1}^{n} He_i w_i^2 / \sum_{i=1}^{n} w_i^2$。其中 w_i 为第 i 个云在合成算法中占的权重，$i=1, 2, \cdots, n$。

第六，进行相似性比较（李丹、董春游、刘忠艳，2010）。通过把第五步得到的四个一级指标和物流企业绿色度总目标的实际云和测评集中的各个测评等级标准云进行比较，得出测评结果。

云相似度算法（算法 4）。

输入：指标的每一个测评标准云的数字特征 C_1（Ex_1，En_1，He_1），虚拟综合云运算得到的指标实际云的数字特征 C_0（Ex_0，En_0，He_0），云滴数 n。

输出：云的相似度值。

算法步骤：

（1）在实际云 C_0 中生成以 En_0 为期望值，He_0 为均方差的一个正态随机数，即

$$En_0' = NORM\ (En_0,\ He_0);$$

（2）在实际云 C_0 中生成以 Ex_0 为期望值，En_0' 为均方差的一个正态随机数，即

$$x_i = NORM\ (Ex_0,\ En_0');$$

（3）在标准云 C_1 中生成以 En_1 为期望值，He_1 为均方差的一个正态

随机数，即

$$En_1^{'} = NORM\ (En_1,\ He_1);$$

（4）计算 $u_i^{'} = e\ [-(x_i - Ex_1)^2/2En_1^{'2}]$；

（5）重复上述步骤，直到产生 n 个 $u_i^{'}$，其中忽略落在区间 $[Ex_0 - 3En_0,\ Ex_0 + 3En_0]$ 之外的点，以减少误差；

（6）$SIM(1) = \frac{1}{n}\sum_{1}^{n} u_i$。

同理算出 N 个标准测评云所对应的 SIM（1），SIM（2），…，SIM（n），比较它们的值，其中最大的 SIM（i）所对应的云 C_i 就是与 C_0 最相似的云，该云所对应的测评等级就是这个指标的测评等级。如上就可以得到四个一级指标和物流企业绿色度的测评等级。

三 物流企业绿色度云模型测评应用

（一）数据收集

长沙是长株潭城市群“两型社会”改革试验区的中心城市和全国流通领域现代物流示范城市，衡量其物流企业绿色度对促进长株潭城市群物流业的绿色发展、实现“两型社会”建设目标，对指导中西部物流企业甚至全国物流企业绿色发展具有重大意义。通过对长沙市A级物流企业的实地调查发现，长沙市1A级和2A级物流企业数量很少（1A级0家，2A级3家），且2A级物流企业普遍规模较小、管理不规范、发展绿色物流意识不强，在经营过程中主要重视自身经济效益的实现，而不太重视社会效益和环境效益；而3A级及以上等级的物流企业规模较大、管理较规范，具有一定的绿色发展意识，一定程度上重视企业的社会效益和环境效益。为了保证数据的可靠性和样本代表性，我们在正式调查之前先请各类A级物流企业的中高层管理者阅读了物流企业绿色度测评指标体系内容，2A级物流企业的管理者表示指标体系中的大部分指标不在企业重视范围之内，而3A级及以上等级物流企业的管理者对指标体系有一定的认识。据此，为了保证评价的可靠性、客观性和准确性，本研究最终选取长沙市3A级及以上物流企业为研究对象，对其绿色度进行测评。

根据物流企业绿色度测评指标体系设计问卷后，我们于2012年8月实地调查了长沙市42家3A级及以上等级的物流企业（其中5A级6家、

4A 级 14 家、3A 级 22 家）中的 17 家[①]。在调查的 17 家物流企业中，5A 级物流企业有 4 家，4A 级物流企业有 5 家，3A 级物流企业有 8 家。考虑到物流企业绿色度指标体系包括多个方面，只有企业的中高层管理者才能全面地掌握这些信息，因此调查时邀请他们填写问卷，并以中高层管理者填写的问卷为该企业绿色发展状况的基本数据，将每家企业的数据作为一个样本。共发放问卷 17 份，回收有效问卷 17 份，有效回收率为 100%。这主要是由于，一方面，被调查对象为物流企业中高层领导，通常具有较高的学历、专业素质和责任感，很少存在难以理解问卷题项含义的现象，且都认真填写调查问卷；另一方面，填写问卷时，调查人员负责对难以理解的问卷题项含义进行解释，问卷填好后，对问卷进行检查，有漏答题项会及时提醒被调查对象填写。

（二）数据处理

所有算法均采用 Matlab7.0 软件实现。首先以问卷实际调查的数据为基础，利用逆向云算法（算法 2）得到物流企业绿色度测评指标体系中二级指标的云模型数字特征，如表 5－7 所示。

表 5－7 物流企业绿色度二级指标云模型数字特征

一级指标	二级指标	二级指标相对于一级指标的权重	云模型数字特征 C（Ex, En, He）
资源节约 B_1	运输车辆油耗定额管理 B_{11}	0.1989	(7.47, 2.48, 0.62)
	仓库利用率 B_{12}	0.1678	(7.12, 1.11, 0.71)
	包装容器再利用情况 B_{13}	0.1466	(5.00, 2.36, 0.27)
	物流设备利用率 B_{14}	0.299	(7.00, 0.88, 0.85)
	固体废弃物回收利用率 B_{15}	0.1877	(5.12, 3.09, 1.14)
环境友好 B_2	运输车辆尾气排放水平 B_{21}	0.1678	(6.18, 1.68, 0.55)
	废弃物排放水平 B_{22}	0.1489	(6.53, 1.65, 0.22)
	噪声污染水平 B_{23}	0.0793	(6.41, 1.67, 0.63)

① 17 家物流企业包括：5A 级 4 家（国药控股湖南有限公司、湘通物流有限公司、大汉物流有限公司、全洲医药物流有限公司）；4A 级 5 家（京阳物流有限公司、长沙联运物流有限公司、白沙物流有限公司、鸿胜物流有限公司、博瑞物流配送有限公司）；3A 级 8 家（洪鑫物流有限公司、海驿物流有限公司、巴运物流有限公司、科联物流有限公司、融城物通天下物流有限公司、力邦物流有限公司、畅达物流有限公司、嘉业物流有限公司）。

续表

一级指标	二级指标	二级指标相对于一级指标的权重	云模型数字特征 C（Ex, En, He）
环境友好 B_2	环保包装材料使用率 B_{24}	0.1172	(6.65, 1.70, 0.52)
	重大污染安全事故 B_{25}	0.3005	(8.29, 1.35, 0.37)
	环境管理体系（ISO14000）认证情况 B_{26}	0.1863	(3.71, 2.52, 0.38)
经济绩效 B_3	净资产收益率 B_{31}	0.4247	(6.29, 2.12, 0.71)
	营业增长率 B_{32}	0.12	(6.18, 1.86, 0.64)
	总资产周转率 B_{33}	0.097	(6.65, 1.70, 0.52)
	单位用地面积产值 B_{34}	0.1547	(6.18, 1.93, 0.57)
	单位销售额物流成本率 B_{35}	0.2036	(4.29, 2.60, 0.89)
储运安全 B_4	运输安全事故 B_{41}	0.2585	(7.35, 1.21, 0.38)
	仓储安全事故 B_{42}	0.1937	(7.82, 1.39, 0.63)
	物流货损率 B_{43}	0.0828	(7.24, 1.82, 0.35)
	安全事故应急处理能力 B_{44}	0.245	(7.47, 1.35, 0.26)
	物流安全管理制度制定与执行情况 B_{45}	0.22	(7.00, 2.36, 0.66)

然后利用虚拟云综合算法（算法3）结合二级指标层相对于一级指标层的权重因子集将各个二级指标的测评云合并得到相对应的资源节约、环境友好、经济绩效、储运安全四个一级指标测评云的数字特征值，如表5－8所示；再利用正向云发生器算法（算法1）生成四个一级指标的实际云图（云滴数 n 为1000），如图5－2所示；最后通过云相似度算法（算法4）得到四个一级指标的实际云与各个测评等级标准云的相似度，结果如表5－9所示。

表5－8　物流企业绿色度一级指标云模型数字特征

一级指标	相对于目标层的权重	云模型数字特征 C（Ex, En, He）
资源节约 B_1	0.2721	(6.47, 1.72, 0.78)
环境友好 B_2	0.2592	(6.48, 1.68, 0.40)
经济绩效 B_3	0.1434	(5.89, 2.14, 0.72)
储运安全 B_4	0.3253	(7.39, 1.55, 0.45)

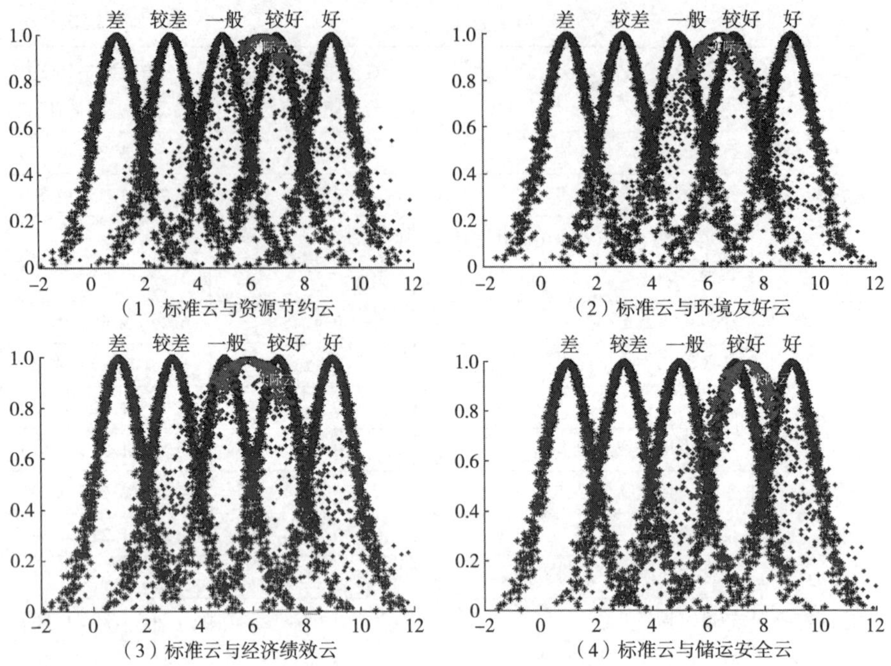

图 5-2 物流企业绿色度一级指标云与测评标准云

表 5-9 物流企业绿色度一级指标与测评标准云相似性比较结果

一级指标相似度值 测评集	差（1，0.849，0.1）	较差（3，0.849，0.1）	一般（5，0.849，0.1）	较好（7，0.849，0.1）	好（9，0.849，0.1）
资源节约 （6.47，1.72，0.78）	0.01	0.08	0.33	0.45	0.17
环境友好 （6.48，1.68，0.40）	0.01	0.08	0.33	0.47	0.18
经济绩效 （5.89，2.14，0.72）	0.04	0.16	0.35	0.33	0.13
储运安全 （7.39，1.55，0.45）	0.00	0.02	0.18	0.48	0.30

再利用虚拟云综合算法（算法 3）结合一级指标层相对于目标层的权重因子集将四个一级指标的测评云合并得到物流企业绿色度的综合测评云，得出物流企业绿色度综合测评云的数字特征值为 C（6.69，1.68，0.55）；同时利用正向云发生器算法（算法 1）生成物流企业绿色度综合

测评云的云图（云滴数量为1000）如图5-3所示；最后通过云相似度算法（算法4）得到物流企业绿色度实际云与各个测评等级标准云的相似度，结果如表5-10所示。

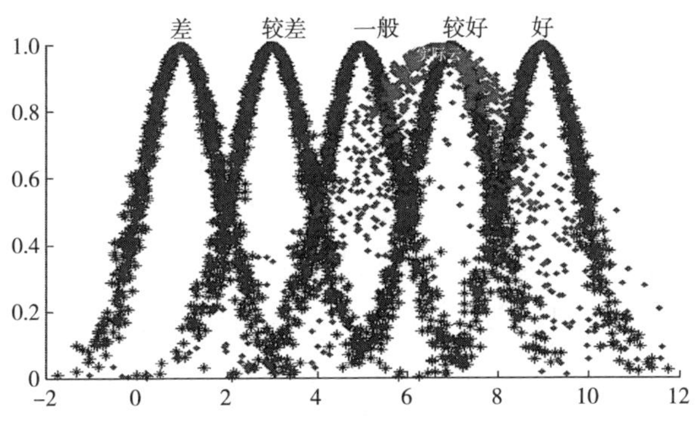

图5-3　物流企业绿色度综合云与测评标准云

表5-10　物流企业绿色度与测评标准云相似性比较结果

目标层相似度值测评集	差（1，0.849，0.1）	较差（3，0.849，0.1）	一般（5，0.849，0.1）	较好（7，0.849，0.1）	好（9，0.849，0.1）
物流企业绿色度（6.69，1.68，0.55）	0.01	0.06	0.30	0.47	0.19

（三）测评结果

1. 物流企业绿色度

湖南长沙3A级及以上等级物流企业绿色度综合测评云的数字特征值为C（6.69，1.68，0.55），可见长沙3A级及以上等级物流企业绿色度的平均得分为6.69，处于测评集区间（6，8］内；从表5-10得知，长沙3A级及以上等级的物流企业绿色度实际云与目标层相似度值测评集中的“较好”标准云相似度最高，达到0.47；从图5-3也可以看出物流企业绿色度综合测评云随机生成的云滴大部分处于“较好”区间内。综合以上三个方面的数据可以得出，湖南长沙3A级及以上等级的物流企业绿色度总体水平“较好”。但从相似度比较结果可以看出，物流企业绿色度综合测评实际云与目标层相似度值测评集中的“一般”评语的相似度也较大，为0.30；并且从图5-3也可以看出物流企业绿色度综合测评云随机生成的云滴落在“一般”区间内的数量也较多。所以准确地说，湖南长沙3A级及以上等级物流企业绿色度总体水平应该为“较好”略偏下更为贴切。

2. **资源节约水平**

由表5－8可知，资源节约一级指标的云数字特征值为C（6.47，1.72，0.78），可见长沙3A级及以上等级的物流企业在资源节约方面的平均得分为6.47，处于测评集区间（6，8］内；从表5－9可知，资源节约一级指标实际云与一级指标相似度值测评集中的“较好”标准云相似度最高，达到0.45；从图5－2中的资源节约云图也可以看出资源节约实际云随机生成的云滴大部分落于资源节约测评标准云的“较好”区间内。综合以上三个方面数据可知，长沙3A级及以上等级的物流企业在资源节约方面总体水平“较好”。但从相似度比较结果来看，资源节约实际云与一级指标相似度值测评集中的“一般”评语的相似度也较大，为0.33；并且从图5－2的资源节约云图也可以看出资源节约实际云随机生成的云滴落在资源节约测评标准云“一般”区间内的数量也较多。所以准确地说，长沙3A级及以上等级的物流企业在资源节约方面的总体水平应该为“较好”略偏下更为贴切。

从表5－7中资源节约一级指标中的二级指标云模型可知，长沙3A级及以上等级的物流企业在运输车辆油耗定额管理、仓库利用率和物流设备利用率方面的平均得分分别为7.47、7.12和7.00，均为“较好”水平。但在包装容器再利用情况和固体废物回收利用率两个方面的得分较低，分别只有5.00和5.12，均为“一般”水平；这两项的测评结果与在调研中观察到的实际情况也是相符合的。调研时发现现阶段大多数物流企业对包装容器再利用意识薄弱，认为包装容器回收利用成本太高、不划算；大多数物流企业没有意识到固体废弃物回收利用的价值，通常将其直接当垃圾处理。进而这两项的得分也直接降低了资源节约方面的总体得分。

3. **环境友好水平**

由表5－8可知，环境友好一级指标的云数字特征值为C（6.48，1.68，0.40），可见长沙3A级及以上等级的物流企业在环境友好方面的平均得分为6.48，处于测评集区间（6，8］内；从表5－9可知，环境友好一级指标实际云与一级指标相似度值测评集中的“较好”标准云相似度最高，达到0.47；从图5－2中的环境友好云图也可以看出环境友好实际云随机生成的云滴大部分处于环境友好测评标准云的“较好”区间内。综合以上三个方面数据可以得出，湖南长沙3A级及以上等级的物流企业在环境友好方面总体水平“较好”。但从相似度比较结果来看，环境友好实际云与一级指标相似度值测评集中的“一般”评语的相似度也较大，为0.33；并且从图5-2中的环境友好云图也可以看出环境友好实际云随机生成的云滴落在环境友好测评标准云“一般”区间内的数量也较多。所以准确地说，长沙3A级及以上等级的物流企业在环境友好方面的总体水平应该为“较好”略偏下更为贴切。

从表5-7中环境友好一级指标中的二级指标云模型可知，长沙3A级及以上等级的物流企业在控制重大污染安全事故方面的平均得分为8.29，在所有二级指标的得分中排名第一。这表明长沙3A级及以上等级的物流企业很重视控制重大污染安全事故的发生，原因可能在于重大污染安全事故的发生会直接给企业带来巨大的经济损失，关系到企业的生存，所以物流企业非常重视防控污染安全事故发生。但在环境管理体系认证情况方面的平均得分只有3.71，在所有二级指标的得分中排名最低。这一结果与实际调查情况相符合。在实际调查中发现，几乎所有样本企业均未通过ISO14001环境管理体系认证，有的企业甚至从未考虑过建立环境管理标准，这表明现阶段长沙3A级及以上等级的物流企业对ISO14001环境管理认证体系的认识还非常不够，大部分物流企业认为环境管理体系认证对于生产企业是必需的，而对物流企业这种服务行业的企业则显得不那么重要。运输车辆尾气排放水平、废弃物排放水平、噪声污染水平、环保包装材料使用率水平这四项二级指标的平均得分在6.0~6.7，均处于“较好”水平。

4. 经济绩效水平

由表5-8可知，经济绩效一级指标的云数字特征为C（5.89，2.14，0.72），可见长沙3A级及以上等级的物流企业在经济绩效方面的平均得分为5.89，处于测评集区间（4，6］内；从表5-9可知，经济绩效一级指标实际云与一级指标相似度值测评集中的“一般”标准云相似度最高，为0.35。从以上两个方面可知，长沙3A级及以上等级的物流企业在经济绩效方面的总体水平为“一般”。但从相似度比较结果来看，经济绩效实际云与一级指标相似度值测评集中的“较好”评语的相似度也达到0.33，与“一般”评语的相似度值0.35相差很小；且从图5-2中的经济绩效云图也只能看出经济绩效实际云随机生成的云滴绝大部分落在“一般”和

“较好”两个区间内，并不能直观判断云滴在“一般”区间内多还是在“较好”区间内多。综上准确地说，湖南长沙3A级及以上等级的物流企业在经济绩效方面的总体水平在“一般”与“较好”等级之间更为贴切。

从表5－7经济绩效一级指标中的二级指标云模型可知，长沙3A级及以上等级的物流企业在单位销售额物流成本率方面的平均得分只有4.29，在所有二级指标得分排名中倒数第二。从企业自评中也可知这一结果：大部分物流企业运输成本占物流总成本的比例达到55%以上，有的企业甚至超过60%。这一结果与《中国物流年鉴2011》统计的结果基本一致。经济绩效一级指标中的其他二级指标，净资产收益率、营业增长率、总资产周转率、单位用地面积产值的平均得分在6.10～6.70，均处于“较好”水平。但单位销售额物流成本率的平均得分过低直接影响了经济绩效总体水平，致使经济绩效一级指标的总体水平在“一般”与“较好”等级之间。

5. 储运安全水平

由表5－8可知，储运安全一级指标的云数字特征为C（7.39，1.55，0.45），可见长沙3A级及以上等级的物流企业在储运安全方面的平均得分为7.39，处于测评集区间（6，8］内；从表5－9可知，储运安全一级指标实际云与一级指标相似度值测评集中的“较好”标准云相似度最高，为0.48；从图5－2的储运安全云图也可以看出储运安全实际云随机生成的大部分云滴处于储运安全测评标准云的“较好”区间内。综合以上三个方面的数据可以得出，长沙3A级及以上等级的物流企业在储运安全方面总体水平“较好”。但从相似度比较结果来看，储运安全实际云与一级指标相似度值测评集中的“好”评语的相似度也较大，为0.30；并且从图5－2中的储运安全云图也可以看出储运安全实际云随机生成的云滴落在“好”区间内的数量也较多。所以准确地说，长沙3A级及以上等级的物流企业在储运安全方面的总体水平应该为“较好”略偏上更为贴切。

从表5－7中储运安全一级指标中的二级指标云模型可知，储运安全中的各个二级指标的平均得分都在7.0～8.0，都处于“较好”等级。同时储运安全中的5个二级指标的得分在所有21个二级指标的得分排名中均处于靠前位置，这也使储运安全的得分为四个一级指标中最高。这一结果表明大部分物流企业都意识到了储运安全事故的发生不仅会增加企业的成本，而且会危害人身安全和生态环境，给企业和社会带来损失。因此企业内部都制定了一些与安全相关的规章制度，并采取了相关措施以保障储运安全，如运输车辆都安装了 GPS、制定了仓库安全管理的相关规定等。同时由于测评结果是通过企业自评的数据得到的，即使物流企业发生储运安全事故，但大多企业都忌讳将自身的隐患或发生的事故情况让外界知道，不愿透露细节和相关数据，致使测评结果偏高。

（四）管理建议

1. 政府部门应该充分发挥对物流企业提升绿色度的引导、监管和扶持作用

（1）政府应将物流企业绿色度评价作为 A 级物流企业评估的一个重要部分。政府部门应站在促进行业绿色发展的高度，将物流企业绿色度评价指标纳入 A 级物流企业评估体系中；牵头组织科研机构、物流行业协会、相关政府部门、环保公益组织不断完善物流企业绿色度评价体系，并确定绿色度评价指标在 A 级物流企业评估中所占权重。

（2）加强储运安全监管力度。完善物流企业运输安全准则、仓储安全准则和物流货损赔偿准则等相关安全管理标准以督促物流企业提高储运安全水平；政府相关职能部门应定期检查物流企业对相关规定的执行情况（例如，定期和不定期检查物流企业车辆是否超载、危险化学物品是否按规定装运等），对于达不到相关标准的物流企业进行处罚。

（3）加快物流绿色标准体系建设，引导物流企业走节能环保绿色之路。进一步完善物流行业绿色标准建设，如包装、仓储、运输和装卸等环节的绿色标准建设；为物流企业提供环保节能的资金和技术支持，引导其走绿色发展之路；鼓励企业使用清洁能源以降低燃油消耗量；引导物流企业使用环保型运输车辆以降低能源消耗、废气排放和噪声污染等。

（4）加强物流公共基础设施建设以降低物流成本，提升经济绩效。进一步合理规划物流产业园区，充分发挥产业园区的集群效应；继续扩大交通基础设施建设的投资规模和完善综合交通运输网络以降低物流运输成本；建立公共物流信息服务平台以帮助物流企业提高物流设备利用率；适当降低物流企业物流运输专用车辆的过桥过路费用，减轻物流企业成本压力等。

2. 物流企业要把绿色发展理念贯穿于日常经营管理全过程

（1）增强绿色发展意识，明确绿色发展目标。一方面，物流企业高层管理者要把握国际物流绿色发展的趋势与惯例，了解国家关于物流行业绿色发展的相关政策法规，增强绿色发展意识，并结合企业自身情况制定绿色发展战略；同时对员工进行绿色发展相关知识的教育与培训，提高员工的绿色发展意识。另一方面，物流企业需要站在实现社会可持续发展的高度，在制定企业经济目标的同时，制定资源节约、环境友好和储运安全方面的详细目标，并设立绿色管理部门或配备专门人员定期考核目标的完成情况。

（2）始终把储运安全管理放在第一位。开展安全宣传教育使企业管理者以及全体员工心中时刻保持“安全责任重于泰山”的意识；制定并落实避免安全事故发生的规章制度。如运输车辆安装 GPS 导航仪、长途运输时配备多名司机、定时检测与维修运输车辆、使用专门运输器具运输危险物品以保障运输安全；对易燃易爆、化学品等危险物品进行隔离仓储以保障仓储安全；对物品搬卸制定操作流程并使用搬卸机械以降低货物的破损率等。

（3）节约资源，提高包装容器再利用率和固体废弃物回收利用率。用可回收的塑料包装代替纸包装，确定包装基础尺寸以使包装模数化、包装大型化和集装化以减少小单位包装，对特殊货物的一次包装物进行回收后改为其他用途，提高固体废弃物回收利用价值。

（4）严格按照 ISO14000 环境管理体系标准管理企业。提高环境管理意识，采取针对性较强的措施减少乃至消除物流活动对环境的负面影响。如对于特殊危害货物的运输制定相关规定，淘汰性能差、油耗大、尾气排放水平不达标的运输车辆，选择绿色包装等。重视 ISO14000 环境管理体系标准认证的申请，并在企业日常管理中严格执行标准。

（5）降低物流成本，提升经济绩效。可以考虑从以下几个方面着手：加强企业内部信息化建设和提高企业内部管理水平以降低内部运营成本，引进先进物流设备和优秀物流人才以提高运营效率，优化运输路线和合理规划配送中心以降低运输成本等。

第四节　生产性服务业绿色发展绩效群体差异分析

本节运用 SPSS15.0 对不同所有制性质物流企业、不同等级物流企业以及不同年龄物流企业的绿色度得分均值以及一级指标的得分均值进行比较分析，并用柱状图直观地表现出来。

一 不同所有制性质的物流企业绿色度差异

从物流企业所有制性质角度考察，整个湖南省物流市场基本被国有或国有控股企业以及民营或民营控股企业占有，外资或外资控股企业以及其他性质的企业极少，长沙物流市场亦是如此，因此本研究调查的物流企业均属于这两种性质的企业。从图 5－4 可以看出，国有及国有控股企业除了在资源节约指标的得分方面稍微低于民营及民营控股企业之外，其余三个一级指标以及绿色度总得分均高于民营及民营控股企业得分。这说明在物流企业绿色化发展方面，国有及国有控股企业做得更好。导致这样结果的可能原因有：第一，我国现代意义上的物流企业历史比较短，大部分民营物流企业是在近十年才组建的，实力相对较弱，谋求生存和一定的发展是其主要目标，其没有足够的财力、物力、精力投入企业的绿色发展，而国有物流企业以国有资本为后盾，规模大，有足够的财力、物力、人力兼顾企业的经济效益和生态效益；第二，自 2006 年中国国民经济与社会发展“十一五”规划将“大力发展现代物流业”列入“拓展生产性服务业”的重要举措以来，国家加大了对物流业的政策支持力度，而且“十一五”规划将“建设资源节约型、环境友好型社会”作为国家战略单独成篇进行部署，将其提到了前所未有的高度，从而对物流企业的绿色发展提出了更高的要求，国有物流企业义不容辞在绿色发展方面起表率作用。

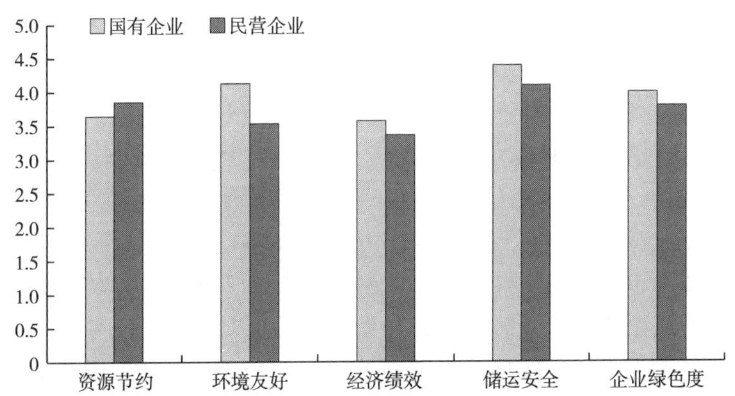

图 5－4 不同所有制性质的物流企业绿色度差异

从一级指标及物流企业绿色度的得分来看，国有及国有控股企业的环境友好指标、储运安全指标以及企业绿色度得分最高，均在 4 分以上，达到了“较好”的水平，资源节约指标得分其次，经济效益指标得分最低，这指明了国有及国有控股企业今后努力的方向：节约资源、提高效益。对于民营及民营控股企业而言，除了储运安全指标达到了“较好”的水平外，其余指标得分均在 3～4 分，经济效益得分最低。这表明，经济效益低是目前物流企业遇到的最大问题，这也是目前我国物流企业分散、弱小，未形成规模效应，物流配套设施差，物流成本高等导致的。物流企业的绿色发展是建立在经济发展的基础之上的，只有努力提高经济效益，才能为物流企业的绿色发展创造条件。

二　不同企业等级的物流企业绿色度差异

从图 5－5 可以看出，5A 级物流企业与 4A 级物流企业在企业绿色度以及除经济绩效以外其他三个一级指标的得分均高于 3A 级物流企业，其中 5A 级物流企业绿色度及各一级指标得分均在 4 分及以上，表现尤为突出。这表明 3A 级物流企业与 4A 级、5A 级物流企业绿色发展之间存在明显的差距。根据中华人民共和国国家标准《物流企业分类与评估指标(GB/T19680－2013)》，无论是运输型、仓储型还是综合服务型的物流企业，级别达到 4A 级及以上的企业年物流营业收入至少在 1.2 亿元以上，资产总额至少在 1 亿元以上。这从一个侧面可以证明 4A 级、5A 级物流企业可以将更多的财力投入企业的资源利用率提高和环境保护上。我们在对物流企业的实地调查过程中发现，4A 级、5A 级物流企业比 3A 级及以下等级物流企业制度更健全，管理更规范，员工素质更高，且 4A 级、5A 级物流企业一般分布在长沙市金霞物流园、中南物流园等大型物流园区，这些物流园区基础配套设施较完善，政府支持项目较多，对进驻企业的经营管理能力、声誉、环保等各方面要求都比较高，这无疑有利于促进企业的绿色发展；而 3A 级物流企业一般分散在小型物流园区，这些园区基础设施较差，绿色意识薄弱，对进驻企业的要求较低。

值得注意的是，4A 级物流企业经济绩效指标的平均得分为 3.1 分，比 3A 级物流企业 3.3 分的平均得分低。这可能是因为目前物流行业经济效益普遍偏低，而 4A 级物流企业在资源节约、环境保护以及储运安全方面的投入更多，造成企业的成本上升，从而降低了企业的经济绩效。

三　不同企业年龄的物流企业绿色度差异

如图 5－6 所示，企业年龄在 10 年及以上的物流企业在资源节约、环

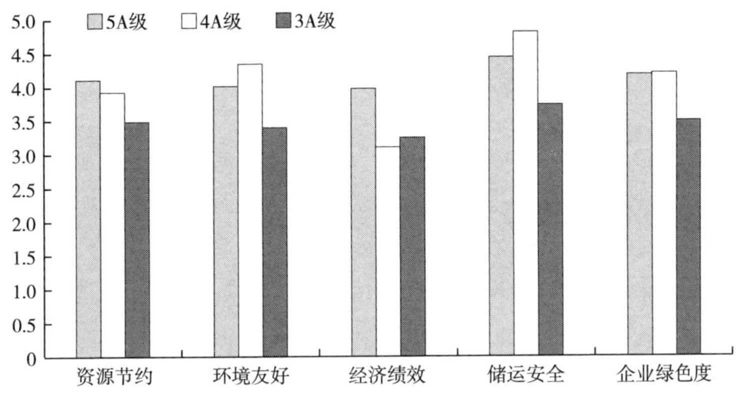

图 5-5 不同企业等级的物流企业绿色度差异

境友好、经济绩效、储运安全和绿色度等方面得分相对于企业年龄在10年以下的物流企业略占优势，但不存在显著差异。这可能是由不同年龄的物流企业各自所具备的优势相互抵消所导致的结果。年龄大的物流企业积累了更多的物流发展经验，且能够充分意识到环境效益、经济效益和社会效益协调发展对物流企业长远发展的重要意义，因而可能会比年轻的物流企业更重视采取措施充分利用资源、保护环境、加强储运安全等。但年轻的物流企业管理理念较先进，物流设备、物流技术更先进，客观上会对物流企业节约资源、保护环境、提高经济绩效以及保障相关利益者的人身、财产安全产生积极效果。

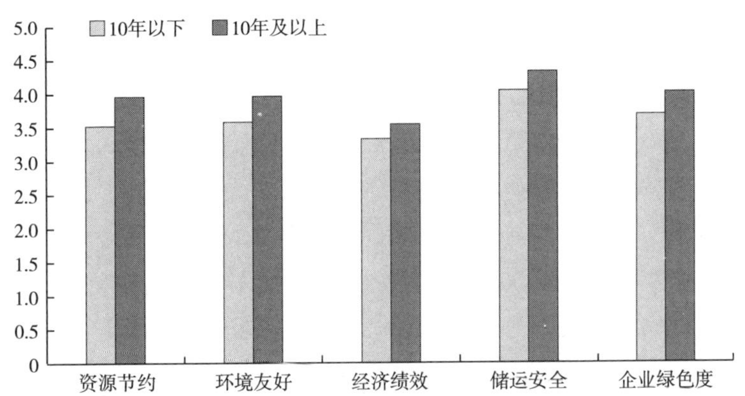

图 5-6 不同企业年龄的物流企业绿色度差异

不容忽视的是，按照不同企业年龄计算的绿色度及各一级指标的得分值基本都在4分以下，这一方面表明物流企业绿色度总体水平偏低，另一方面反映了绿色度发展水平并不会随着企业年龄的增长而提高，也不会因为企业年龄较低而表现偏低，提高绿色度水平几乎不受企业年龄的限制。

四　管理启示

根据从上述三个视角进行的物流企业绿色度群体差异分析结果，我们得出以下几点建议：一是所有物流企业绿色度有待进一步提升；二是物流企业要进一步改善经营管理，降低费用，提升经济绩效；三是要重点提升民营和民营控股物流企业、3A 级及 3A 级以下物流企业绿色度。

第六章　生活性服务业绿色发展绩效测评

本章是本书试图构建的 DSR 分析框架里“S”部分在生活性服务业中的表现。生活性服务业是指直接面向人们提供物质和精神生活产品及服务以解决购买者生活中各种需求的服务业。一般包括文化创意、教育服务、医疗保健、零售餐饮、住宿、旅游、休闲娱乐、家庭服务、美容美发、沐浴、洗染、家电维修、人像摄影等行业。鉴于零售业是城市的基础产业，是国民经济的重要行业，是一个国家和地区经济社会发展的晴雨表，对上游的生产领域尤其是下游的消费领域起着其他行业无可比拟的引导、示范作用，而且各种生活服务业本质上就是零售业（只不过是按经营商品为主还是经营服务为主划分为商品零售业、服务零售业两种类型而已），因而本章以零售业为例探讨生活性服务业绿色发展绩效测评指标体系设计及其应用，并运用云模型方法对零售企业绿色绩效进行测评，运用快速聚类法按绿色绩效对零售企业归类且分析影响绿色绩效的深层原因。

第一节　生活性服务业绿色发展绩效测评研究现状

零售业连接着生产和消费两大国民经济部门，其经营活动不仅直接对资源环境造成严重的负担，而且通过供应链间接对资源环境产生影响（Styles et al.，2012）。零售企业一年 365 天营业，每天营业时间在 12 小时以上，客流量大，与办公楼、医院、学校等建筑相比单位面积耗能最高（曾德珩，2010）。据中国连锁经营协会统计，全国五类零售业态（家电卖场、便利店、超市、大型超市和百货店）全年耗电量超过 300 多亿千瓦时（邓华，2011），数额惊人。并且，根据碳耗用量的计算公式①可知，耗电量与碳排放量是紧密相关的（张鉴民，2004），即零售企业的碳排放量巨大，而大量的碳排放量势必会对生态环境造成严重危害。由此可见，零售业是资源消耗和环境污染的重要主体。

---

① 二氧化碳排放量 = 耗电度数 × 0.785。

目前，发达国家的一些零售企业已经意识到其经营活动对资源环境有较大的负面影响，正着手在业态、经营模式、商品结构上采取资源节约与环境友好措施。例如，沃尔玛和特易购等连锁超市正在推行一种节能降耗、环境友好的绿色零售业态。特易购为促进绿色产品的销售而实行绿色积分奖励措施。发展中国家零售企业的绿色发展虽然远远落后于发达国家零售企业，但已经起步并处于逐步发展的态势之下（Lukić，2012）。Lai k. H. 等人（2010）通过对 2001～2009 年发表在商业报刊上的文献进行搜集和整理后发现，绿色经营实践已经体现在零售企业的采购、商品包装、能源使用等多个经营环节中。

然而，长期以来学术界较少关注零售企业的绿色发展，仅有的少量文献主要集中于零售企业绿色经营存在的问题及其对零售企业的影响，基本未涉足零售企业绿色绩效测评这一方向[①]。这种状况既使零售企业绿色发展缺乏科学的理论指导，也使零售企业绿色发展绩效缺乏基本的测评工具，进而无法定量衡量零售企业绿色发展的状况。而定量识别零售企业绿色发展的状况，有利于准确把握零售企业绿色发展的重点和薄弱环节，进而采取针对性较强的措施，有效塑造零售企业的绿色竞争优势。为此，本章将以绿色发展相关理论为基础，以零售企业绿色发展的相关法规政策为指导，结合零售企业特征及其绿色特性，构建较为全面的零售企业绿色绩效测评指标体系并确定各个指标的权重。同时，以长沙市大型零售企业为例，使用能将自然语言中的不确定性准确表达的云模型对零售企业绿色绩效进行测评，以期为零售企业乃至生活服务业绿色绩效测评理论的发展添砖加瓦。

一 零售企业绿色发展绩效测评相关文献回顾

第五章对产品或企业及物流绿色发展绩效测评相关文献进行了梳理，本节将重点梳理与零售企业绿色发展绩效相关的文献。在国外，绿色仅指环境绩效（Lukić，2012），对零售企业环境绩效评估指标的探讨散见于一些关于零售企业可持续发展评估的文献中。主要观点有四：一是认为零售企业环境绩效包括能源消费和排放、原材料的使用、水资源的消耗、浪

① 这是截止到 2012 年 8 月的情况。2013 年笔者的研究成果发表在 1 份 CSSCI 期刊上，2014 年 3 月首都经贸大学周佳、祝合良在《中国流通经济》发表研究成果，他们从经济、社会、环境三个方面构建了北京零售企业可持续发展指标。

费、包装容积、循环利用、转基因食品以及化学物质的使用等方面（Peter Jones, et al., 2005, 2007）；二是认为零售企业环境绩效最合适的指标是耗水量、能源消耗、类别的选择和管理、产品和包装回收（Ismail Erol et al., 2009）；三是认为零售企业环境绩效的指标划分为节能、可循环材料、排放和浪费（Kolk A., Hong P., Dolen W. V., 2010）；四是认为零售企业环境绩效主要包括ISO14001认证、有机产品销售（Lukić, 2012）。由此可见，国外不同学者对零售企业环境绩效涉及的指标尽管繁简不一，但都仅涉及了零售企业的资源与环境效益，这与我们所要研究的零售企业绿色发展绩效测评存在一定的差异。

国内学术界关于零售企业绿色发展绩效测评的文献屈指可数，经查询中国知网截至目前共4篇，其中笔者2篇（2013，2014），其余2篇的主要观点如下：赵久红（2013）通过对以往文献的梳理，提出零售企业绿色经营绩效指标由经济绩效、环境绩效、社会绩效3个一级指标，财务、员工、能耗、物流、技术创新、外部环境改善、顾客、社会形象8个二级指标，绿色商品销售收入贡献率、绿色经营成本费用利润率、企业可持续增长率、企业员工满意度、企业员工环保意识、企业绿色经营文化强度、电能总利用率、水利用率、每万元收入的能耗、缺货补足效率、物流过程中能源消耗、退货利用率、绿色商品投资回报率、环境技术创新对企业竞争力的影响、绿色管理回报率、环境质量改善程度、环境生态改善程度、环境价值链的整体提升程度、顾客满意率、绿色商品市场占有率、顾客绿色消费率、居民健康程度、居民满意度、企业绿色经营商誉完整度等24个三级指标构成。同时，她运用模糊综合评价法，对沃尔玛绿色经营绩效进行了实证分析。周佳、祝合良（2014）借鉴国外已有研究成果及北京市商委《节约型零售企业评价规范》确定北京市零售企业可持续发展指标由经济指标、社会指标、环境指标3个一级指标，费用率、门店数量、门店经营面积、单位面积销售额、人均销售额、工资总额、净资产收益率、销售净利润率、员工培训和发展、工会关系、职业健康和安全、提供就业、客户投诉、消费者健康和安全、自有品牌、社区与公共活动参与支持、水耗、电耗、再生能源使用、浪费最小化、产品包装回收、气候变暖、噪音污染、有效的土地使用等24个二级指标构成。同时，他们运用层次分析法，对北京市零售企业可持续发展状况进行了评价。这两项研究成果对研究零售企业绿色发展绩效测评有启迪作用，但是两者实质上是衡量零售企业可持续发展绩效的，与绿色发展绩效还是有差异的，且评价指标产生的理论依据与实践依据不足。自2012年开始由刘东华、张维迎等人主持的中国绿公司百强测评，在包括零售企业在内的企业界是比较权威和具有较大影响力的，其测评指标体系由经济指标、社会指标、环境指标、创新指标、透明度指标构成。所有上述研究成果，所用评价方法基本上都只考虑了评价对象、评价主体、评价结果的模糊性，而没有同时考虑评价对象、主体、结果的随机性与模糊性。

综上可知，关于零售企业绿色绩效测评的内容均包含资源与环境效益，且大多数研究也已经将经济效益、社会效益纳入其中。因此，本书认为零售企业绿色度测评宜从资源、环境、社会、经济四个方面进行全面考量。由于零售业是一国一地经济社会的窗口行业，又是连接生产和消费的纽带，因而其绿色发展状况对整个社会的绿色发展状况影响重大。并且，零售企业绿色发展水平的提升，能够改善企业形象、吸引更多的顾客，进而增强零售企业的竞争力（Eunju Ko et al.，2012；Nina Hampl and Moritz Loock，2012）。由此可见，对零售企业绿色发展绩效进行测评，从而明确零售企业绿色发展状况，无论对整个国民经济和社会绿色发展还是对零售企业本身而言都具有非常重要的指导意义。

二 云模型在相关测评中的应用

如第五章所述，云模型不仅能够很好地实现自然语言中定性概念与其定量表示之间的相互转换，而且能用更多的数字特征从多个方面来表示一个定性概念，同时该方法也易于实现。这些优势使得云模型被迅速应用于对事物的测评中，如云模型理论在教学评估、主观信任评估、水资源可再生能力测评、农用地生态环境测评、军事武器能力评估、网络舆情预警等级评估等多个领域都得到很好的应用（胡石元等，2007；黄海生、王汝传，2008；贾琦等，2010；贺三维等，2011；徐加强等，2012；周耀明等，2012）。然而，到目前为止，尚无学者将云模型应用到绿色度测评的研究中。此外，现有基于云模型进行测评的研究，最终结果大都仅仅确定了测评对象所属等级，而很少有研究结合云模型数字特征的含义和测评结果对测评对象进行更为深入的分析。如贾琦等人（2010）利用云模型对黄河流域水资源可再生能力进行测评，其结果仅给出黄河流域整体和各个区域的水资源可再生能力所属等级；周耀明等人（2012）将云模型引入网络舆情预警方法中，其最终的评测结果也仅确定当前网络舆情所属的预警等级。

三 相关研究的简要评价

通过上述文献回顾可知，学者们关于零售企业绿色绩效评价的研究已经有了少量成果，对后续研究有一定启发。但已有成果数量太少，从测评指标来看，不同学者提出的测量项目繁简不一，侧重点不同；从测评方法来看，没有使用能够兼顾模糊性与随机性的方法。而模糊性与随机性是不确定性最基本的两个方面，忽视任何一个方面都会造成定性概念与定量表示之间转换的不准确（李德毅、杜鹃，2005）。绿色度测评具有不确定性，需要一种能够兼顾不确定性的两个方面，准确实现定性与定量之间转换的测评方法，云模型即是这种方法。本章将用到正态云模型（若无特别指出，均指一维正态云模型）的两个非常重要的特性。其中，一个重要的特性是正态云模型的分布特点，即正态云中落在区间［$Ex - x_i$，$Ex + x_j$］（其中 $x_i < x_j$）上的云滴对定性概念的贡献 A（$A = \left\{ \begin{matrix} E_x + x_j \\ E_x + x_i \end{matrix} \right. \frac{1}{\sqrt{2\pi}En} e^{\frac{-(x-E_x)}{2En^2}} dx$），据此可以得出正态云中任意数值区间上的云滴对其所表示的定性概念的贡献率。另一个重要的特性是正态云的雾化特性，雾化状态的云表示的是一个模糊的概念，出现雾化状态的主要原因是对概念内涵的认识不清晰。在正态云模型中，当 $En > 3He$ 时，云滴的凝聚性较好，此时的云图呈现泛高斯分布；当 $En < 3He$ 时，云滴的凝聚性较差，此时的云图呈现雾化状态。$En = 3He$ 称为云的雾化点。由于云发生器是指云模型实现定性与定量转换的算法，本章将运用正向云发生器和逆向云发生器进行研究。此外，为了弥补以往利用云模型进行测评的研究对测评结果所包含的信息挖掘不够深入的不足，本章在测评结果中会结合云模型的三个数字特征的含义和测评结果对零售企业的绿色绩效状况进行深入分析。

第二节 生活性服务业绿色发展绩效测评指标体系设计

一 绿色发展绩效测评指标体系设计思路与维度构建

（一）绿色发展绩效测评指标体系设计思路

零售企业绿色发展绩效测评指标体系设计，要以零售服务业发展规律、可持续发展理论、生态经济学理论、绿色发展理论、利益相关者理论等为理论基础和指针，要准确把握零售企业绿色经营特征，从影响零售企业绿色发展的相关因素出发来考量。零售企业绿色发展指标体系设计必须遵循系统性、可操作性、全面性和代表性原则，按照一定的流程和方法进行。具体设计思路如下：首先，在阅读大量相关文献的基础上，运用逻辑推演法构建零售企业绿色发展绩效测评指标体系的维度，然后采用文献研究法和专家访谈法相结合的方法初步设计零售企业绿色发展绩效测评指标，最后运用问卷调查方法收集数据对初步设计的测评指标进行筛选及确定。在此基础上，最终确定了零售企业绿色发展绩效测评指标体系。绿色发展绩效测评指标体系设计思路具体如图 6－1 所示。

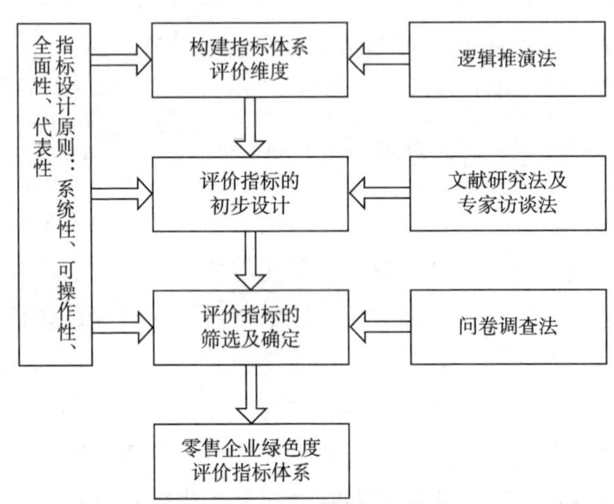

图 6－1 零售企业绿色发展绩效测评指标体系设计思路

（二）绿色发展绩效测评指标体系维度构建

从第五章及本章的文献综述可知，关于企业绿色度或绿色经营管理绩效评价、零售企业绿色绩效评价的内容均包含资源与环境效益，且越来越多的研究已经将经济效益、社会效益纳入其中，即越来越多的企业绿色发展绩效评价的内容已经从资源、环境、社会和经济四个方面的效益进行全面考量。此外，由刘东华、张维迎等人主持的中国绿公司百强评价，自 2012 年开始其使用的绿公司百强评价指标体系也包含了资源环境、社会以及经济等方面。衡量零售企业绿色发展绩效亦离不开这四个维度，理由如下。首先，零售企业作为经济组织，最根本的特征就是营利性。零售企业必须通过销售商品或提供服务赚取利润，为自身的生存与发展奠定财力基础，进而才有能力实现其他目标。同时，众所周知，绿色象征生命、成长、生机。任何经济组织，若经济绩效差，收不抵支，是不可能有生命、成长、生机的，也就是没有绿色。因而，经济绩效是衡量零售企业绿色度的重要指标。其次，零售企业作为社会组织，其经营活动及其结果也应向有益于社会的方向发展。再次，已有研究普遍认为绿色度最重要的衡量指标是资源节约状况与环境效友好状况。零售企业的经营活动既会对资源和环境造成直接影响，也会通过生产环节和消费环节对资源和环境造成间接影响，而零售企业资源与环境效益的具体表现即是资源节约和环境友好状况。据此推理，测评零售企业绿色度应涉及零售企业的资源、环境、社会和经济绩效四个方面。

由于零售企业经济效益、资源效益、环境效益的内容相对单调且基本稳定，本章将沿用前人在研究中对这三个方面效益的具体名称。而企业社会效益包含的内容丰富多样，至今尚无统一的看法认为应从哪些方面测量企业社会效益。在涉及企业社会效益的已有研究中，有的从企业经营对文化和道德的影响等方面反映企业的社会效益（张艳、贾海霞，2005），有的则从改善环境的自主投入、安全生产方面反映企业的社会效益（郝吉、霍小龙，2007），而更多的是从社会公众、消费者、员工等方面考察企业的社会绩效，而且一些新的研究成果越来越重视健康与安全方面的内容（Geoff Moore，2001；Pietro De Giovanni，2012）。当然，不同类型的企业其侧重的社会效益具体项目是不同的。Foster 等人（2000）指出，企业与消费者的接触程度越高，企业行为（包括环境行为）与消费者的私人权益之间的关系就越紧密。零售企业经营活动直接面向广大消费者，相对于供应链中的其他类别企业而言，其接触消费者的直接程度最高，所以在零售企业中针对消费者方面的社会效益则显得最为重要。并且，中国消费经济学创始人尹世杰（2012）认为消费安全是消费者最基本和最重要的需求，关系着千家万户的根本利益。尹世杰（2012）还认为，消费安全对改善民生、社会文明建设、经济与社会的协调以及和谐社会的发展均具有十分重大的作用。据此推理，消费安全是零售企业社会效益中尤为重要且具有零售行业特色的内容。因此，我们选取消费安全这一指标表征零售企业的社会效益。

二 绿色发展绩效测评指标体系构建

（一）测评指标的初设

确定了零售企业绿色发展绩效测评指标体系的维度以后，就可以进行指标的初步设计。从本章第一节的文献回顾可以看出，目前国内外关于零售企业绿色度测评的研究较少，研究成果主要集中在零售企业环境绩效测评或是零售企业绿色发展的定性研究上，不过，国家商务部专门针对零售企业的节能环保行动发布了许多相关的文件和行业标准，用来引导和规范零售企业的绿色发展。上述学术界的研究文献和政府文件、行业标准对零售企业绿色发展绩效指标体系的初步设计具有很高的借鉴价值。此外，我们还将通过对学术界和实践部门的专家进行访谈的方式获取真实和有价值的一手资料，以期从零售企业绿色实践的角度找到证据支持，为零售企业绿色发展绩效指标体系的初步设计进一步提供参考依据。

综上所述，我们将通过三种途径进行零售企业绿色发展绩效测评指标的搜集和构建。一是通过搜集零售企业环境绩效测评、零售企业绿色经营绩效测评等文献中能为本章所借鉴的相关指标；二是通过对政府商务主管部门和行业协会发布的有关文件、标准、规范进行搜集、整理、分析，挑选出有价值的信息，将这些信息转化成零售企业绿色绩效测评指标；三是通过对零售行业的专家学者进行深度访谈，记录、梳理、归纳访谈资料，提炼可以用来测评零售企业绿色发展绩效的指标。

1. 文献研究法

收集国内外零售企业环境绩效测评与零售企业绿色经营绩效测评的相关文献，以及各级政府商务主管部门应对全球气候变化、国家绿色化战略的新形势及促进绿色消费、保护消费者消费安全而发布的一系列文件。通过对搜集来的这些相关文件进行整理、分类，筛选出一些对零售企业绿色发展绩效测评指标体系初步设计有用的文件（见表 6－1）。继而对这些文件内容进一步分析、归纳、提炼，萃取部分指标，添加到我们初步设计的零售企业绿色发展绩效指标体系当中。

表 6-1 零售业相关政策法规文件

发布日期	文件名称	文件内容
2012 年	《商务部关于“十二五”期间开展零售业节能环保示范工作的通知》	该政策从节能组织管理、节能技术改造、节能宣传与培训、建筑节能等方面明确了节能环保示范企业的认定细则，旨在通过培育示范企业推进整个行业的节能降耗
2012 年	《上海市商品包装物减量若干规定（草案）》	该草案第六条规定了销售者在减少商品包装方面应履行的义务，第七条规定了企业包装物减量化措施，旨在通过限制商品包装来降低消费成本、减少包装废弃物产生、合理利用资源和保护环境
2011 年	《宁波市环保模范（绿色）商场标准》	该标准从组织管理、绿色商品、环保措施、环保宣传等方面对商场进行考核，旨在构建环保模范（绿色）零售企业
2011 年	《“两型”门店建设标准》	该标准从资源节约、环境友好以及运营管理三个方面构建了“两型”门店建设标准指标体系
2011 年	《“两型”企业建设标准（试行）》	该标准从资源节约、环境友好、企业绩效以及创新能力四个方面构建了“两型”企业建设标准指标体系
2011 年	《商务部关于“十二五”期间流通服务业节能减排工作的指导意见》	该政策明确了商贸流通企业开展节能降耗的重点领域，包括：节能技术改造、节水节气节煤、商业建筑节能、抑制过度包装、废旧商品回收、建设高效物流体系等
2011 年	《商场、超市单位综合能耗、综合电耗定额及计算方法》	该标准规定了商场、超市单位综合能耗、综合电耗的定额及计算方法，旨在对商场、超市经营过程中的能源消耗量进行计算与测评
2011 年	《2011 年中国零售业节能环保绿皮书》	该绿皮书总结了中国零售企业节能环保情况，内容包括能耗水平、节能环保关键点、绿色供应链的建设和管理、节能设备技术应用、节能改造实施的难点、相关法规标准的学习和实施情况等
2010 年	《深圳市第三产业能耗指引（零售、住宿和餐饮业）》	该指引提出了单位营业面积能耗、单位营业收入能耗和能耗成本占比三类指标五级能耗标准体系，对引导第三产业开展节能降耗具有促进作用
2010 年	《2010 年中国零售业节能环保绿皮书》	该绿皮书总结了我国零售业节能环保工作发展的现状，分析了节能环保实施过程中存在的困难和问题，强调了零售业对国家节能减排及发展低碳经济的作用和贡献

续表

发布日期	文件名称	文件内容
2009 年	《超市节能规范》	该规范从节电、节水、节气（油）、节材、建筑节能等方面对零售企业进行规范，主要涉及超市节能的管理要求，涉及少量节能的技术要求
2009 年	《2009 年中国连锁零售业环保节能状况绿皮书》	该绿皮书对零售业能耗构成特点进行了分析，汇总和梳理了近年来零售企业环保节能措施及取得的效果，探讨了行业中节能降耗面临的主要困难和挑战以及零售业节能的发展方向等
2008 年	《太原市绿色商业零售企业规范》	该规范提出了绿色商业零售企业的概念，从管理、商品、服务、资源节约、环保等方面对企业进行规范，旨在推进商业零售企业的绿色转型
2007 年	《商务部关于开展“零售业节能行动”的通知》	该通知从节能、节水、节约耗材、节地、废弃物回收利用、抑制过度包装等方面分别规范了节约型百货店、节约型大型超市、节约型专业店的创建标准，旨在推进零售行业的节能降耗
2006 年	《北京市大型商场超市购物环境规范（试行）》	该规范要求商超企业要基于便捷、舒适、美观、卫生、安全的基本原则，结合商品结构、经营方式和消费群体的不同情况来改善购物环境
2006 年	《超市食品安全操作规范（试行）》	该规范说明了企业在食品采购、运输、储藏和销售等各环节中应避免的可能危害消费者健康的因素，旨在增强消费者购物信心，提升整个行业的食品安全管理水平
2000 年	《中华人民共和国产品质量法》（2000 年修正本）	该法律规定了销售者的产品质量责任和义务，包括：建立健全内部产品质量管理制度，严格实施岗位质量规范、质量责任以及相应的考核办法
1993 年	《中华人民共和国消费者权益保护法》	该法律第七条规定了消费者在购买、使用商品和接受服务时享有人身、财产安全不受损害的权利

2. **专家访谈法**

（1）访谈专家的确定。本研究综合以下因素选择访谈专家：①所选专家需对零售企业的实际情况有一定研究，对零售企业经营的相关情况比较了解；②所选专家需对零售企业绿色经营有理论研究，有能力对零售企业在节能环保、保护消费者安全、提高经济绩效等绿色发展方面的情况进行比较深层次的分析和探讨；③所选专家愿意接受访谈。基于以上因素的考量，同时为了多方位获取有价值的零售企业绿色发展绩效信息，我们采取异质性抽样选择四类访谈对象，分别是来自政府部门、行业协会、企业界和学术界的零售业行政管理者、节能环保领域行政管理者、零售行业管理者、零售企业管理者和零售理论研究工作者。基于时间、成本以及调查可能性的考量，我们采取目的性抽样，选取了 13 位专家进行访谈，被访专家的基本情况如表6－2所示。

表 6－2　被访专家的基本情况

姓名	单位名称	职务/职称	分布类别
刘永忠	湖南省节能监察中心	主任	政府部门
张亿	长沙市商务局（综合调研和宣传处）	科员	政府部门
蔡碧良	长沙市商务局（行业指导处）	科员	政府部门
陆纪汉	长沙市商业经济学会	会长	行业协会
孔杨林	湖南省连锁经营协会	秘书长	行业协会
许勇波	湖南友谊阿波罗商业股份有限公司	业务部部长	企业界
卓××	平和堂实业有限公司	环保节能科科长	企业界
李杨	人人乐连锁商业集团股份有限公司	营运中心主管	企业界
莫宇淋	苏宁电器有限公司	采销主管	企业界
聂元昆	云南财经大学商学院	教授、博士	学术界
李陈华	湖南商学院经济与贸易发展研究院	教授、博士	学术界
李颖灏	浙江工商大学工商管理学院	副教授、博士	学术界
李定珍	湖南商学院研究生院	教授、博士	学术界

（2）访谈设计。访谈时间为 2012 年 5 月 1 日至 6 月 30 日。访谈地点，湖南省内专家为受访者所在单位办公室，湖南省外专家通过电话预约，约定在受访者方便的场合通过 QQ 访谈。访谈方式为半结构化访谈方式。半结构化访谈被认为是质性研究通常采用的访谈方式（孙晓娥，2012）。半结构化访谈一般由研究人员事先拟定一个粗线条的访谈提纲，再由访谈员根据访谈时的实际情况及时调整访谈的具体问题。

本研究根据研究目的与内容，设计了半结构化的粗线条访谈提纲（见表6－3），通过访谈员和受访者一对一的面对面交流或一对一的 QQ 交流的形式进行。在与每个受访者开始访谈前，访谈员都要提前通过电话联系受访者，预先约定对每位专家进行访谈的具体时间和地点。同时，通过传真或电子邮件的方式将访谈提纲发送给专家，以便专家提前做好准备。正式访谈时，访谈员首先与被访专家进行研究目的的沟通，并且承诺访谈所获取的所有信息仅供学术研究之用，会严格保密，然后由一名访谈员对被访专家进行启发式提问，被访专家针对所提问题提出自己的见解和看法。在征得受访者同意的前提下，由记录员对被访专家的口头叙述进行录音或快速记录，每次访谈时间控制在60~90分钟。每次访谈后24小时内对访谈信息进行整理，并送或发给受访者审查核实。

表6-3 零售企业绿色经营现状访谈提纲

序号	访谈问题
1	您觉得零售企业在节约资源与能源方面应重点抓哪些工作？具体从哪些环节着手？
2	您觉得零售企业在保护环境方面应重点抓哪些工作？具体从哪些环节着手？
3	您觉得零售企业在保障消费者消费安全方面应重点抓哪些工作？具体从哪些环节着手？
4	您对测评零售企业经营的绿色化程度还有哪些看法？

（3）访谈资料的整理与归纳。所有访谈完成后，我们对访谈所形成的大量文本性资料进行了系统整理和分析。其中，开放式编码是形成理论的关键环节。下面以本研究访谈人员对长沙市商业经济学会陆纪汉会长访谈生成的部分文本资料的分析和编码为例来说明具体操作过程（见表6-4）。

表6-4 被访专家访谈资料编码范例说明

被访专家编号：05　　日期：2012-06-01　　文本编号：D-05
Q：您觉得零售企业在节约资源与能源方面应重点抓哪些工作？具体从哪些环节着手？
M：依照过去的做法，商务部每年都要在企业开展节能环保的宣传教育活动，重点从以下几个方面开展工作：限塑令的执行、营业场所及办公区域节能灯具的使用、销售节能产品等。提到限塑令的执行情况，目前执行得最好的是超市，其他业态执行情况欠佳【限塑令执行】。此外，对于节能灯具的使用，企业可以采取两种方式进行，第一种就是在新开门店装修过程中使用节能灯具【节能灯具使用】，另一种方式就是对既有门店进行改造【节能改造】……
Q：除了上述您所提到的几个方面以外，在节约资源与能源方面，您觉得还有哪些工作是企业必须重视的？

续表

M：我觉得资源的循环利用也非常重要，比如说，复印打印的时候我们可以采取双面用纸，用完后的废纸还可以进行回收；水性笔用完了我们可以只替换笔芯，笔筒可以循环利用【办公用品循环使用】……此外，对于大量的商品包装物，可以外包给再生资源公司进行回收，这也是一笔可观的收益【包装物回收利用】……
Q：您觉得零售企业在保障消费者消费安全方面应重点抓哪些工作？具体从哪些环节着手？
M：企业在保障消费者消费安全方面应重点保障消费者的人身安全和财产安全，首先就是要提高人员的素质和应急能力。具体可以通过警示牌提示、加强保安巡逻、通过广播进行温馨提示，也可以通过营业员的口头提示【安全提示】。此外，消防安全问题也非常重要。企业在装修过程中要考虑消防设施的设计，并且由消防部门进行考核验收；消防设施要定期检修维护，废旧设施要及时更换；还要组织员工进行消防培训，提高应急处理能力，对于消防设施的使用、火源的控制、人员的疏散等员工要熟知；最后要保持必要的消防通道，同时也要注重室外停车场的消防安全【消防安全措施】……
Q：您对零售企业实行绿色化经营还有哪些看法？
M：首先，企业要有节能环保意识，在装修改造过程中要注重节能，如空调、通风系统、废气排放系统等【能耗系统的节能改造】，经营场所要舒适、温馨【环境舒适】，商品的布局要合理【商品布局】；其次，要方便顾客，在商场设置休闲场所及残疾人无障碍通道等【提供便利】；再次，要注重商品的节能环保【节能环保商品】，逐步淘汰耗能产品，减少包装【包装减量】，还要确保商品安全卫生。商品采购要记录台账，采购时要索证（许可证、厂家、生产保质期等）；最后，企业要及时关注商品质量的警示新闻，对于问题商品要及时下柜处理【商品质量保障】……

表 6－4 中的文字是对一位受访专家访谈资料进行编码的内容，表中对话以 Q 代表访谈员发言提问，M 代表被访男性专家发言，【】内的文字代表开放式编码。表 6－4 第一行的说明文字分别为被访专家的编号、访谈日期和文本编号等信息，其中 05 表示的是本研究访谈的第五位专家，D 代表文稿，D－05 表示的是对第五位被访专家访谈资料的记录文稿。

通过对所获取的 13 位被访专家全部访谈资料的系统整理和分析，我们初步提取了与零售企业绿色度测评相关性最强的 31 个项目，如表 6－5 所示。需要说明的是，访谈资料中提及的以下几方面内容被剔除在外：①过于具体的，不具有普遍意义的项目，如某些专家所提的感应式电梯、LED 灯具等；②过于宏观的，不便于理解的项目，如某些专家所提的绿色管理控制、绿色绩效测评等。

表 6－5　初步提取的零售企业绿色度测评项目

资源节约项目	环境友好项目	消费安全项目
节能设备投入	商场购物环境	检验商品采购资质
控制商场温度	节能环保培训	消防演练
包装废弃物处置	使用环保建筑材料	顾客投诉率
实施限塑令	采购环保商品	消费安全提示
处理破损商品	销售绿色商品	商品虚假宣传
减少商品包装	销售节能环保商品	消费者满意度
回收废旧商品	组织环保活动	商品进场检测
减少一次性办公用品	商品布局	
循环利用办公用品	绿色商品认证	
单位营业面积能耗	室内空气质量	
改造能效设施	使用环保制冷剂	
处理废旧家电		
使用清洁能源		

3. 测评指标的初设

本研究首先对运用专家访谈法提取的零售企业绿色度测评项目进行整理并予以指标化，然后整合运用文献研究法确定的部分指标，从资源节约、环境友好、消费安全三个方面初步选取 33 个指标。经济绩效指标则是在参考国务院国有资产委员会《企业绩效测评标准值 2012》的基础上，结合零售企业的实际情况，选取最能够全面反映零售企业经济绩效的 6 个指标。具体情况如表 6－6 所示。

表 6－6　零售企业绿色度测评初设指标

目标	一级指标	二级指标
零售企业绿色度 A	资源节约 B_1	单位建筑面积能耗 B_{11}、单位营业面积电耗 B_{12}、单位营业面积水耗 B_{13}、耗能设备能源利用率 B_{14}、办公用品循环利用情况 B_{15}、商场温度控制情况 B_{16}、包装废弃物回收利用情况 B_{17}、节能技改资金投入 B_{18}、清洁能源使用率 B_{19}、废旧商品回收利用情况 B_{110}
	环境友好 B_2	绿色采购比例 B_{21}、共同配送实施情况 B_{22}、绿色商品销售比例 B_{23}、室内空气质量监控 B_{24}、环境管理体系认证 B_{25}、营业场所绿化情况 B_{26}、环保建筑材料使用情况 B_{27}、商场购物环境舒适度 B_{28}、环保制冷剂使用情况 B_{29}、商品包装物减量程度 B_{210}、限塑令执行情况 B_{211}

续表

目标	一级指标	二级指标
零售企业绿色度 A	消费安全 B_3	商品质量安全保障 B_{31}、商品质量抽检合格率 B_{32}、商品虚假宣传情况 B_{33}、重大商品质量事故 B_{34}、顾客投诉处理满意率 B_{35}、重大价格欺诈事故 B_{36}、顾客人身安全保障 B_{37}、重大人员伤亡事故 B_{38}、重大火灾事故 B_{39}、顾客财产安全保障 B_{310}、消费者财产安全事故 B_{311}、应急突发事件预案演练情况 B_{312}
	经济绩效 B_4	净资产收益率 B_{41}、总资产报酬率 B_{42}、总资产周转率 B_{43}、流动资产周转率 B_{44}、销售增长率 B_{45}、销售利润增长率 B_{46}

（二）测评指标的筛选

从表 6-6 可以看出，共有 39 个初设指标。而初设指标太多，就会存在如下不足：一是测评工作量很大，不便于进行数据处理；二是指标权重会很分散，零售企业不容易抓住测评重点；三是指标之间的重复信息较多，容易造成测评结果偏差较大，因此我们需要按照比较科学的方法筛选初设指标。

众所周知，指标筛选的方法有定性和定量两大类。定性方法是通过专家访谈和问卷调查的形式，找出一部分代表性强的指标。定量方法是从数据出发，利用数理统计的方法选取一部分具有代表性的指标。定性方法和定量方法各有其优缺点，为了保证研究操作的方便性，我们运用问卷调查法对零售企业绿色度测评初设指标进行筛选。

具体步骤是：先将初设的零售企业绿色度测评指标设计成问卷调查表，调查问卷采用李克特五级量表的形式，其中，1 表示非常不重要，2 表示不重要，3 表示不确定，4 表示重要，5 表示非常重要；然后通过现场拜访或邮件形式请上述半结构化访谈受访的 13 位专家对指标的重要程度进行评分（指标筛选问卷的格式见附录十）。

本次调查时间为 2012 年 5 月 1 日至 6 月 30 日，问卷调查的方式主要采用实地调查，个别专家采用电子邮件的方式。共发放问卷 13 份，收回 13 份，有效回收率为 100%。

问卷回收后，我们利用 EXCEL 软件对问卷进行整理，计算了零售企业绿色度测评各指标重要程度评分的最小值、最大值、均值和标准差。平均值表示专家对指标重要性的平均看法，标准差表示各位专家对该指标重要性看法的差异程度。鉴于大部分指标的最小值均在3以上，不利于指标筛选，因此我们删除了平均值在4以下的指标。数据显示，平均值在4以上的指标，标准差均小于1，说明专家们对这些指标的认可度较高。另外，在问卷调查表的补充栏，很多专家提出要增加一些指标，如环保活动组织经费、绿色宣传教育支出等，但由于这些指标取值较为困难，故没有采纳。最终得到的零售企业绿色度测评指标筛选问卷调查结果如表6-7所示。

表6-7 零售企业绿色度测评指标筛选问卷调查结果

一级指标	二级指标	最小值	最大值	均值	标准差
资源节约	单位营业面积耗电量	4	5	4.73	0.57
	单位营业面积耗水量	3	5	4.21	0.86
	节能技改资金投入	3	5	4.35	0.85
	商场温度控制	4	5	4.48	0.83
	包装废弃物回收利用	4	5	4.78	0.85
	办公用品循环利用	3	5	4.36	0.89
环境友好	绿色商品销售比例	3	5	4.28	0.95
	室内空气质量监控	3	5	4.12	0.95
	环境管理体系认证	4	5	4.47	0.82
	商场购物环境舒适度	3	5	4.09	0.98
	商品包装物减量程度	4	5	4.52	0.96
	限塑令执行情况	4	5	4.65	0.71
消费安全	商品质量安全保障	4	5	4.51	0.92
	商品质量抽检合格率	3	5	4.15	0.94
	顾客投诉处理满意率	3	5	4.19	0.88
	顾客人身安全保障	4	5	4.86	0.33
	顾客财产安全保障	4	5	4.50	0.87
经济绩效	净资产收益率	4	5	4.46	0.74
	流动资产周转率	3	5	4.28	0.92
	销售利润增长率	4	5	4.85	0.61

我们采用问卷调查方式对零售企业绿色度测评初设指标进行筛选后，得到由4个一级指标和20个二级指标构成的零售企业绿色度测评指标体系，其中，定量指标有9个，定性指标有11个。为便于后续计算和分析，我们需要对指标进行重新编号，并将指标的单位和性质也列示于表中，具

体如表 6－8 所示。此时的指标基本能够做到不重不漏，可以保证指标既全面、准确地反映零售企业绿色度的内涵和特征，又避免了重复和交叉。

表 6－8 零售企业绿色度测评指标体系

一级指标	编号	二级指标	指标单位	指标性质
资源节约	B_{11}	单位营业面积耗电量	千瓦时/平方米	定量
	B_{12}	单位营业面积耗水量	吨/平方米	定量
	B_{13}	节能技改资金投入	万元	定量
	B_{14}	商场温度控制	—	定性
	B_{15}	包装废弃物回收利用	—	定性
	B_{16}	办公用品循环利用	—	定性
环境友好	B_{21}	绿色商品销售比例	%	定量
	B_{22}	室内空气质量监控	—	定性
	B_{23}	环境管理体系认证	—	定性
	B_{24}	商场购物环境舒适度	—	定性
	B_{25}	商品包装物减量程度	—	定性
	B_{26}	限塑令执行情况	—	定性
消费安全	B_{31}	商品质量安全保障	—	定性
	B_{32}	商品质量抽检合格率	%	定量
	B_{33}	顾客投诉处理满意率	%	定量
	B_{34}	顾客人身安全保障	—	定性
	B_{35}	顾客财产安全保障	—	定性
经济绩效	B_{41}	净资产收益率	%	定量
	B_{42}	流动资产周转率	%	定量
	B_{43}	销售利润增长率	%	定量

（三）测评指标的说明

9 个定量测评指标有公认的计算方法和表征意义。在此仅对 11 个定性测评指标予以简要说明。

1. 商场温度控制

商场温度控制指标主要是考察零售企业是否严格按照国家标准对商场温度进行控制，即夏季空调温度设定不低于 26℃，冬季空调温度设定不高于 20℃。该指标反映了零售企业是否将空调温度控制列入了日常经营管理的规章制度中，并是否落实到具体的责任人和责任部门。这是考察零售企业节约资源的重要指标。

2. 包装废弃物回收利用

包装废弃物回收利用指标主要是考察零售企业是否将包装废弃物返回配送中心再利用、返回供应商再循环，而不只是简单地作为废品出售。对包装废弃物进行回收利用，一方面可以降低企业的运营成本，另一方面也将降低社会资源的消耗。

3. 办公用品循环利用

办公用品循环利用指标是考察零售企业办公耗材使用状况的重要指标。办公用品的循环利用主要体现在复印打印时双面用纸、设立纸张回收箱回收废旧用纸、重复使用公文袋、避免使用一次性办公用品等。

4. 室内空气质量监控

室内空气质量监控指标主要是考察零售企业是否安装了专门的通风系统设施设备，对营业场所内的空气质量进行实时监控，以保持营业场所内空气清新。该指标反映了零售企业是否将空气质量监控列入了日常经营管理的规章制度中，并是否落实到具体的责任人和责任部门。这是考察零售企业改善内部经营环境的重要指标。

5. 环境管理体系认证

环境管理体系认证指标主要是考察零售企业是否通过了 ISO14000 国家环境管理体系认证或者近几年是否有意向通过该认证。一般情况下，通过环境管理体系认证的零售企业具有较高的环境管理水平。

6. 商场购物环境舒适度

商场购物环境舒适度指标主要是考察零售企业在改善消费者购物环境方面所采取的一系列措施，如商品的合理布局、营业场所的整洁卫生、商场的绿化美化情况等。这一指标是考察零售企业改善内部经营环境的另一个重要指标。

7. 商品包装物减量程度

商品包装物减量程度指标主要考察零售企业在抑制商品过度包装、引导生产企业实行“绿色包装”，销售“适度包装商品”，以减少包装物污染环境的情况。所谓的过度包装是指包装的耗材过多、分量过重、体积过大、成本过高、装潢过于华丽、说词过于溢美等。商品包装物减量程度这一指标是考察零售企业减少经营活动对外部环境负面影响的重要指标。

8. **限塑令执行情况**

限塑令执行情况指标主要考察零售企业对国家绿色法规的执行情况及是否真正将环境保护贯穿于日常经营活动之中。“限塑令”的颁布要求零售企业实行塑料购物袋有偿使用制度，一律不得免费提供塑料购物袋。商品零售场所必须对塑料购物袋明码标价，并在商品价外收取塑料购物袋价款，不得无偿提供或将塑料购物袋价款隐含在商品总价内合并收取。零售企业严格执行“限塑令”将有效降低“白色污染”和保护生态环境。

9. **商品质量安全保障**

商品质量安全保障指标主要考察零售企业对经营的商品在各个环节的质量保障制度及其执行情况。这一指标要求零售企业在各个经营环节要对所经营的商品质量严格把关，以有效保障商品质量安全。具体而言，在采购环节，零售企业要严格执行索证索票制度；在验收环节，零售企业要制定并执行商品验收流程和标准；在存储环节，零售企业要建立完善的商品仓储管理信息系统；在销售环节，零售企业要严格执行商品安全销售管理流程。

10. **顾客人身安全保障**

顾客人身安全保障指标主要考察零售企业制定的对店堂内顾客人身安全的保障措施及其执行情况。这一指标要求零售企业切实重视顾客购物时的人身安全，要在营业场所的合理位置（如电梯口、通道口等）设置导向标志、警示标志以及告知性标志，要定期维护公共设施与消防设施，要定期进行消防应急预案演练等。

11. **顾客财产安全保障**

顾客财产安全保障指标主要考察零售企业对店堂内顾客财产安全的保障措施及其有效性。这一指标要求零售企业在保障顾客人身安全的同时也要重视保障顾客的财产安全，如在顾客购物时，可以采取营业员口头提醒、安保人员巡查、监控设施实时监控等措施来保障顾客的财产安全。

三 绿色发展绩效测评指标权重的确定

在多指标综合评价中，权重赋值是否合理将直接影响评价结果的科学合理性。如前所述，目前测评指标权重确定的常用方法主要有专家评判法、层次分析法、模糊评价法、变异系数法和熵值法等，各种方法各有利弊。相比其他方法而言，层次分析法（AHP）是一种定性和定量相结合的、系统化、层次化的分析方法，比较适合于具有分层交错评价指标的目标系统，而且目标值又难于定量描述的决策问题。而本研究构建的零售企业绿色度测评指标体系是一个既包含定量指标又包含定性指标的复杂的多指标综合测评模型，并且是一个由目标层（零售企业绿色度）、准则层（零售企业绿色度测评一级指标）、指标层（零售企业绿色度测评二级指标）组成的递阶层次模型，具有明显的层次结构，其中的定性指标目标值难于定量描述，而层次分析法是定量与定性相结合的权重确定方法，可以使各因素权重的赋值更加科学合理。因此，本研究采用层次分析法来确定指标权重。

层次分析法确定权重的原理（姜启源、谢金星、叶俊，2011）如下：建立指标体系层次结构模型；按照 1～9 标度法对同一级指标进行两两比较，构造判断矩阵；计算判断矩阵的最大特征值 λ_{max} 及对应的特征向量，对所得的特征向量进行归一化处理得到该级指标的权重向量 $W=(w_1, w_2, \cdots, w_n)$，其中 $\sum_{i=1}^{n} w_i = 1, w_i > 0$，利用同样的方法可以得到各级指标的权重向量；为了判别得到的权重系数是否合理，还需要对判断矩阵进行一致性检验，当判断矩阵满足一致性检验时，才能说明得到的结果是合理的。根据一致性比率 $CR=CI/RI$ 来判断矩阵的一致性，其中 RI 为平均随机一致性指标，RI 的取值如表 6－9 所示，$CI=(\lambda_{max}-n)/(n-1)$，$n$ 为判断矩阵所包含的指标个数。当 $CR=CI/RI\leqslant 0.1$ 时，即可认为判断矩阵满足一致性检验，否则就需要调整判断矩阵，并使之满足一致性检验。本研究为了了解二级指标相对于总目标的权重，还根据层次分析法中的层次总排序计算方法，计算了层次总排序，并进行了一致性检验。

表 6－9　1～9 阶平均随机一致性指标取值

阶数	1	2	3	4	5	6	7	8	9
RI	0	0	0.52	0.89	1.12	1.26	1.36	1.41	1.46

根据层次分析法的基本原理，我们设计了各层次指标两两比较的调查问卷。2012 年 6 月中旬，我们通过实地调查和电子邮件的方式向 15 位零售专家（13 位专家选择同指标筛选问卷一样，另外增加了 2 位企业界专家）发放调查问卷，请他们按照 1～9 的标识，通过指标之间的两两比较对指标的重要程度进行评分。问卷共收回 15 份，其中实地调查问卷为 11 份，电子邮件问卷为 4 份，全部为有效问卷，有效回收率为 100%。构建的零售企业绿色度测评的层次结构模型如图 6－2 所示：目标层为零售企业绿色度，准则

层为资源节约、环境友好、消费安全和经济绩效，指标层为零售企业绿色度测评指标体系中的二级指标。层次结构模型建立之后，我们构造了指标之间的两两判断矩阵，然后运用层次分析法软件 yaahp6.0，求解各矩阵的最大特征根和对应的特征向量，进行归一化处理，并进行一致性检验。

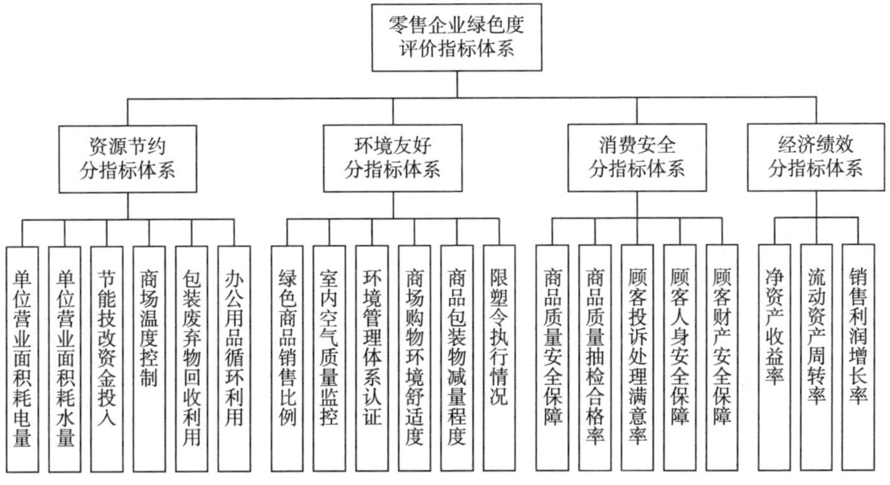

图 6-2　零售企业绿色度层次结构模型

我们对 15 位零售专家的数据结果进行了一致性检验，只有 1 位专家的数据结果未通过一致性检验，其余 14 位专家的数据结果都符合整个模型的一致性要求。限于篇幅我们不一一列示数据结果。

我们使用 yaahp6.0 软件中的群决策工具，采用各专家排序向量加权算术平均法，将 14 位通过一致性检验的专家数据进行集结，得到最终结果，如表 6-10 所示。

表 6-10　零售企业绿色度测评指标的最终权重

目标层	准则层	指标层	层次单排序权重	层次总排序权重
零售企业绿色度 A	资源节约 B_1 0.2037	B_{11} 单位营业面积耗电量	0.1865	0.0380
		B_{12} 单位营业面积耗水量	0.0825	0.0168
		B_{13} 节能技改资金投入	0.2405	0.0490
		B_{14} 商场温度控制	0.2131	0.0434
		B_{15} 包装废弃物回收利用	0.1404	0.0286
		B_{16} 办公用品循环利用	0.1370	0.0279

续表

目标层	准则层	指标层	层次单排序权重	层次总排序权重
零售企业绿色度 A	环境友好 B_2 0.2234	B_{21} 绿色商品销售比例	0.1294	0.0289
		B_{22} 室内空气质量监控	0.0828	0.0185
		B_{23} 环境管理体系认证	0.2713	0.0606
		B_{24} 商场购物环境舒适度	0.1361	0.0304
		B_{25} 商品包装物减量程度	0.1907	0.0426
		B_{26} 限塑令执行情况	0.1898	0.0424
	消费安全 B_3 0.4563	B_{31} 商品质量安全保障	0.2189	0.0999
		B_{32} 商品质量抽检合格率	0.1692	0.0772
		B_{33} 顾客投诉处理满意率	0.0888	0.0405
		B_{34} 顾客人身安全保障	0.3331	0.1520
		B_{35} 顾客财产安全保障	0.1900	0.0867
	经济绩效 B_4 0.1165	B_{41} 净资产收益率	0.3545	0.0413
		B_{42} 流动资产周转率	0.3785	0.0441
		B_{43} 销售利润增长率	0.2670	0.0311

根据表 6－10 中零售企业绿色度测评指标的权重结果，从零售企业绿色度测评指标体系中的 4 个一级指标的权重来看，消费安全的权重最大，高达 0.4563；经济绩效的权重最小，为 0.1165；资源节约和环境友好的权重大体相当，分别为 0.2037 和 0.2234。从二级指标相对于一级指标的权重来看，资源节约指标中节能技改资金投入是权重最大的因素；环境友好指标中环境管理体系认证的权重最大；消费安全指标中顾客人身安全保障的权重最大；经济绩效指标中流动资产周转率的权重最大。

第三节　生活性服务业绿色发展绩效云模型测评

一　问卷设计、数据收集与数据处理

（一）问卷设计

零售企业绿色度测评调查问卷是根据最终形成的测评指标体系（见表 6－8）而设计，针对测评指标体系中的每一个二级指标设计一个相应的问

题。零售企业绿色度的测评指标分为两大类，定性指标和定量指标，其中定性指标有 11 个，定量指标有 9 个。定性指标题项的设计，如商场温度控制情况、包装废弃物回收利用情况等，根据企业具体的实施情况划分为五个等级，分别是：差、较差、一般、较好、好。鉴于指标体系中的某些定量指标涉及的信息过于敏感，如经济绩效指标，可能无法从企业直接获得具体的数值，考虑到数据的可获得性和数据分析的可操作性，本研究在参考国家发布的有关零售企业相关政策和文件的基础上，对定量指标题项的设计统一采取划分为五段的形式。具体做法是：以净资产收益率这一指标题项的设计为例，本研究参考了国家国有资产管理委员会制定的《企业绩效测评标准值 2012》中的大型零售企业绩效测评行业标准值，该标准值共分为五级：优秀值、良好值、平均值、较低值、较差值，分别对应的具体数值是：21.1%、17.3%、11.5%、7.1%、2.3%，因此本研究将净资产收益率的测评值划分为五个区间，分别是：[2.3%，7.1%)、[7.1%，11.5%)、[11.5%，17.3%)、[17.3%，21.1%)、[21.1%，100%]。其他定量指标题项的设计采取同样的方法，对于某些定量指标涉及的数据我们还先进行了计算（如单位营业面积耗电量），再进行合理的分段，最终确定了零售企业绿色度测评调查问卷。

（二）数据收集

问卷设计好以后，我们开始进行数据收集。由于云模型对样本量的要求不高①，且相对于中小型零售企业来说，大型零售企业的绿色经营状况对整个零售行业绿色发展的影响更为明显，而长沙是全国资源节约型和环境友好型社会建设综合配套改革试验区、节能减排国家示范城市，因此，考虑到数据的可获得性和企业的代表性、典型性，本研究选择长沙地区大型零售企业作为研究对象。样本企业的选择要考虑以下因素：(1) 从业态上要涵盖百货商店、大型综合超市、购物中心、专业商店等主要的零售业

---

① 一般云模型所需样本量 n 只需满足 $n \geqslant \frac{S^2 t_\alpha^2 \ (n-1)}{\Delta^2}$ 即可，其中 Δ 是 Ex 能够允许的最大误差，根据研究状况而定，S 是指样本方差，α 是指显著性水平。为使 Ex 始终处于云图中对定性概念贡献最大的骨干区域，则需要保证 Ex 的误差小于等于 $0.67S$，即将 Δ 赋值为 $0.67S$，此处取显著性水平 $\alpha = 0.05$，那么在 n 为无穷大的极端情况下，$t_{0.05} \ (n-1) \approx 1.96$，由此计算可得 $n \geqslant 8.86$。因此，在显著性水平为 0.05 的情况下，本研究所获得的 12 个数据样本可以满足云模型的样本要求。

态；(2) 从企业性质上要涵盖内资企业、外资企业和中外合资企业这三种类型；(3) 从企业是否上市来看要涵盖上市零售企业和非上市零售企业；(4) 从地理位置上要涵盖长沙的市中心黄金商圈、商业步行街、市级副商业中心、区域商业中心等各种经营位置；(5) 从营业面积上来看，要在10000平方米以上；(6) 从经济效益上要涵盖盈利型、持平型和亏损型企业。

在问卷调查时，每一家企业作为一个样本发放一份调查问卷，调查对象均为企业的中高层管理人员，因为他们对企业的实际情况均有全面的了解。问卷调查方式主要采用实地调查为主，必要时辅以电子邮件调查。调查时间为2012年8月。本次调查共发放问卷16份，回收13份，其中有效问卷为12份，平均有效问卷回收率为75%。这12家零售企业[①]的基本情况如表6－11所示。

表6－11 12家大型零售企业的基本情况

单位：个，%

	基本情况	企业数目	所占比例
企业业态	百货公司	5	41.7
	大型综合超市	4	33.3
	购物中心	1	8.3
	专业商店	2	16.7
企业性质	内资企业	9	75.0
	外资企业	2	16.7
	中外合资企业	1	8.3
企业是否上市	上市企业	7	58.3
	非上市企业	5	41.7
企业成立年限	10年及以内	4	33.3
	10年以上	8	66.7

（三）数据处理

各个指标的量纲不同，且存在正向与逆向指标、定性与定量指标之

① 这12家大型零售企业是：沃尔玛、王府井、平和堂、友谊阿波罗、国美、步步高、百联、苏宁、万达、通程、人人乐、家润多。

分，导致所收集的原始数据不利于数据的整合与分析。为此，本研究首先将指标的选项分别用 10 分制五段数值区间［0，2］、（2，4］、（4，6］、（6，8］、（8，10］表示，分值越高表示零售企业在该指标上的表现越好。之后，根据云模型原理对原始数据进行进一步处理。由云模型数字特征的含义可知，期望 Ex 是最能代表定性概念的值，故根据公式 $Ex=(c_{min}+c_{max})/2$（其中 c_{min} 与 c_{max} 分别表示数值区间的下限与上限）（贾琦，2010）进一步对原始数据进行处理，用计算而得的 Ex 值表示各个零售企业在每个指标上的表现。据此，我们完成原始样本数据的一致性转换。

此外，与调查问卷相一致，本章将零售企业的绿色度以及各级指标的整体得分划分为五个等级，并用 10 分制数值区间表示。其中“差”＝［0，2］、“较差”＝（2，4］、“一般”＝（4，6］、“较好”＝（6，8］、“好”＝（8，10］[①]，之后根据计算所得的零售企业绿色度云与各级指标云来确定长沙市零售企业绿色度的具体情况。

二　云模型测评结果与分析

本节根据处理后的样本数据，利用逆向云发生器、正向云发生器及云的合成算法对长沙市大型零售企业的绿色度进行测评。在测评过程中所涉及的云的相关算法，均使用 MATLAB 软件编程实现（刘桂花等，2007）。

（一）零售企业绿色度二级指标云

零售企业绿色度二级指标云是指根据本章所构建的零售企业绿色度测评指标体系中的二级指标在各个零售企业的表现，利用云模型进行运算后而得到的云。本研究所收集到的样本数据即是每个二级指标在各个大型零售企业的表现。根据处理后的样本数据，我们利用 MATLAB 分别编程运行逆向云发生器和正向云发生器即可得到每个二级指标云，其数字特征如

---

① 若用云的形式表示各个等级，则需要根据公式 $\begin{cases} Ex=(c_{max}+c_{min})/2 \\ En=(c_{max}-c_{min})/2.355 \\ He=k \end{cases}$ 对各个等级云进行估计，其中 k 值是根据相关经验与实际情况而定。然而由于零售企业绿色度评价的研究缺乏，现今对于零售企业绿色度情况尚不了解，故无法根据现有经验或零售企业绿色发展的实际状况确定 He 的值 k。并且，本次研究的重点是对零售企业绿色发展状况进行全面分析，而非单纯确定其所属等级，因此是否使用云的形式表示各个等级对本研究的影响不大。鉴于此，本研究在划分评价等级时，采用一般的区间划分方式。

表6－12所示。限于篇幅，此处略去由正向云发生器所生成的二级指标云的云图。

表 6－12 零售企业绿色度测评二级指标云的数字特征

二级指标	*Ex*	*En*	*He*
B_{11}单位营业面积耗电量	7.00	2.09	0.85
B_{12}单位营业面积耗水量	7.50	1.57	0.42
B_{13}节能技改资金投入	2.67	1.74	0.49
B_{14}商场温度控制	7.67	1.67	0.61
B_{15}包装废弃物回收利用	6.50	1.25	0.16
B_{16}办公用品循环利用	7.50	1.25	0.16
B_{21}绿色商品销售比例	3.33	1.81	0.49
B_{22}室内空气质量监控	6.33	1.11	0.52
B_{23}环境管理体系认证	6.00	3.76	2.08
B_{24}商场购物环境舒适度	7.00	0.84	0.87
B_{25}商品包装物减量程度	6.50	1.88	0.73
B_{26}限塑令执行情况	7.83	1.46	0.59
B_{31}商品质量安全保障	7.17	0.38	0.43
B_{32}商品质量抽检合格率	8.00	1.46	0.56
B_{33}顾客投诉处理满意率	7.33	1.39	0.35
B_{34}顾客人身安全保障	7.83	1.22	0.65
B_{35}顾客财产安全保障	6.83	0.77	0.69
B_{41}净资产收益率	4.67	1.81	0.98
B_{42}流动资产周转率	4.33	2.51	0.47
B_{43}销售利润增长率	5.50	2.82	0.38

由二级指标云的数字特征可知，除节能技改资金投入指标与绿色商品销售比例指标以外，长沙市大型零售企业在各个二级指标上的整体得分均处于一般及以上等级区间。节能技改资金投入指标的整体得分为2.67，属于较差等级。这主要是因为节能技改的资金投入所带来的收益往往是间接的且在前期需要投入大量的资金，故各个零售企业很少进行节能技改资金投入。绿色商品销售比例指标的整体得分为3.33，亦处于较差等级。由Mark R. Gleim 等人（2013）的研究可知，这主要是由绿色商品较高的价格以及消费者对绿色商品相关知识缺乏了解所致。

（二）零售企业绿色度一级指标云

零售企业绿色度一级指标云是由二级指标云合成而来，具体包括资源节约指标云、环境友好指标云、消费安全指标云及经济绩效指标云。由表6-12所示的二级指标云的数字特征，结合表6-10中的二级指标的层次单排序权重，我们利用云合并算法进行合成，分别得到零售企业绿色度的四个一级指标云的数字特征（见表6-13）。为了更为直观地说明各个一级指标的状况，本章利用MATLAB编程运行正向云发生器，分别生成相应的包含1000个云滴的一级指标云，所生成的各个一级指标云的云图，如图6-3所示。

表6-13 零售企业绿色度一级指标云的数字特征

一级指标	*Ex*	*En*	*He*
B_1 资源节约指标	6.139	1.680	0.515
B_2 环境友好指标	6.263	2.398	1.215
B_3 消费安全指标	7.481	1.011	0.590
B_4 经济绩效指标	4.763	2.315	0.640

我们将零售企业四个一级指标云对比发现，消费安全指标整体得分最高，为7.481，其次是环境友好和资源节约指标，分别为6.263和6.139，而整体得分最低的是经济绩效指标，仅为4.763。并且，从各个一级指标的平均水平来看，长沙市大型零售企业在消费安全、环境友好和资源节约三个方面的整体得分均落在（6，8］区间内，处于较好等级，在经济绩效方面的整体得分属于区间（4，6］，仅处于一般等级。此外，由图6-3可见，四个一级指标云的分布形状各不相同，说明长沙市大型零售企业在这四方面的具体表现各有特点。

从资源节约指标云来看，根据正态云模型的分布特点可知，处于一般等级与较好等级上的云滴对资源节约这一定性概念的贡献率分别为36.6%和39.7%，基本相当，且共为76.3%，这说明尽管零售企业的资源节约平均状况处于较好等级，但实际上大多数零售企业的资源节约状况处于一般与较好等级之间。由云的雾化特性可知，资源节约指标云没有发生雾化状态，这表明零售企业在资源节约方面取得了较好的成绩，每个零售企业对资源节约的内涵拥有清晰的认识且能够清楚地了解各自企业的资源节约

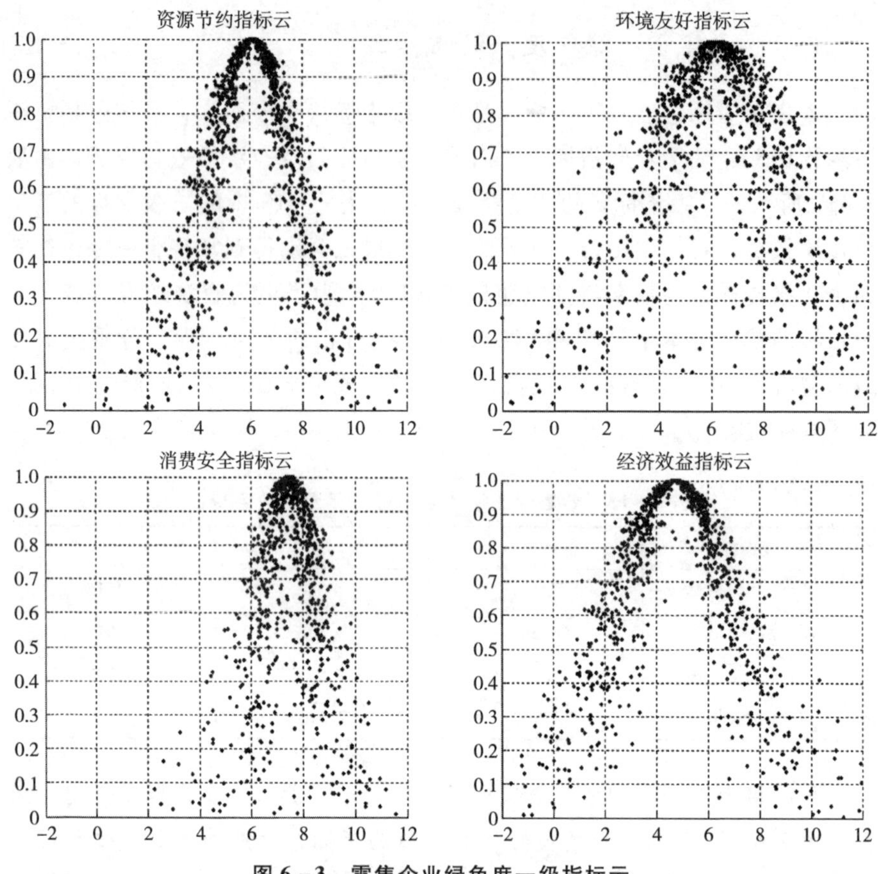

图 6－3　零售企业绿色度一级指标云

状况。这可能是由于资源的使用直接关乎企业的经济效益，因此各个零售企业对其较为关注，能够主动了解本企业的资源使用状况并积极采取一些资源节约措施。

从环境友好指标云来看，零售企业的环境友好状况整体上属于较好等级，但其熵值大，即云图分布跨度大，表示各个企业间的环境友好得分分布的离散程度高。由正态云模型的分布特点可知，近 20% 的零售企业的环境友好得分没有达到一般等级。这可能是由于零售企业的环境管理刚刚起步，相关方面还不够完善，因此有一部分企业由于自觉性不高或缺乏相应的指导而在环境友好方面表现不佳。根据正态云的雾化特性可知，环境友好指标云出现了雾化状态，表明各个零售企业对环境友好的内涵缺乏清晰的认识与了解。究其原因，一方面正如陈朝权所指出的，可能是因为零售企业对其环境影响重视度不够，普遍缺乏专门的环保管理机构或人员（陈朝权，2009)，无法获得本企业有关环保方面详细准确的资料，因此难以准确得知企业具体的环保情况；另一方面，即使有些企业拥有相应的管理部门或负责人员，但由于对该方面相关知识缺乏全面准确的了解，故可能会忽略或错误地理解一些重要的指标，从而造成对企业环境友好内涵的整体认识不够清晰。

从消费安全指标云来看，在零售企业绿色度一级指标云中，消费安全指标云的期望 Ex 值最大且熵 En 最小，其云图分布最为集中。根据正态云模型的分布特点可见，区间（6，8］内的云滴对消费安全的贡献达到62.3%，（8，10］区间上的云滴对消费安全的贡献也高达29.9%，即90%以上的零售企业在消费安全方面的得分处于较好及其以上等级。然而，由云的雾化特征可知，消费安全指标云的云图也呈现雾化状态，其原因与环境友好指标云雾化的原因相似，一方面可能是由于零售企业中缺乏专门负责消费安全管理的相关部门或管理人员；另一方面可能是因为企业内部对消费安全方面的知识缺乏全面清楚的了解。

从经济绩效指标云来看，与其他一级指标相比，经济绩效指标的整体表现不佳，平均得分处于一般等级，且1/3以上的零售企业在经济绩效方面仍处于较差及其以下等级。由此可见，零售企业经济绩效不容乐观。此外，经济绩效指标云的分布跨度广，熵值高达2.315，说明各个企业经济绩效得分分布的离散程度较大。这种状况可能是由零售企业之间经营管理能力和竞争能力的差异情况所致。此外，零售企业绿色度中的经济绩效指标云的云图呈现泛高斯分布，说明各个零售企业对本企业的经济绩效有很清晰的了解，这与现实状况是相符的。因为任何企业在市场中求得生存与发展就必须要营利，这就使得各个企业对其经济绩效非常关注，且企业的财会部门能够获得反映企业经济绩效方面的详细信息。

（三）零售企业绿色度云

利用一级指标云的数字特征按照表6-10所示的各个一级指标在零售企业绿色度测评中所占的权重进行合成，所生成的云即是零售企业绿色度云，该云代表零售企业绿色度的整体情况。经运算，最终得到的零售企业绿色度云的数字特征为 $Ex=6.619$，$En=1.377$，$He=0.682$，其云图（云滴数为1000）如图6-4所示。

由零售企业绿色度云的数字特征可见，期望 Ex 值为6.619，属于区间

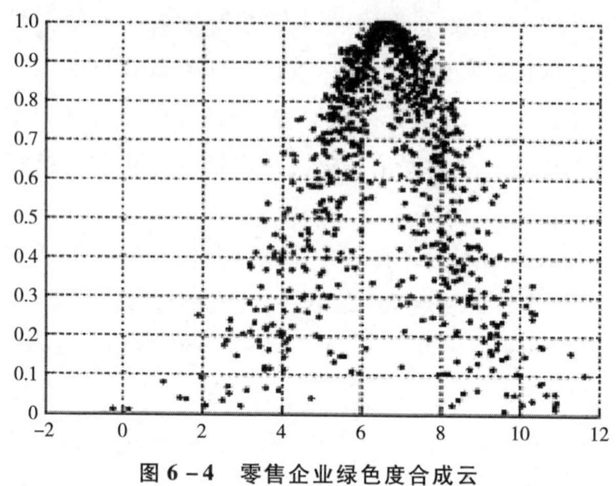

图 6－4 零售企业绿色度合成云

(6，8]。根据正态云模型的分布特点可知，半数以上的零售企业绿色度处于较好等级，且超过 2/3 的零售企业的绿色度在较好及其以上等级。这表明零售企业绿色发展整体来说取得了较为可观的成效，仅有少数零售企业的绿色发展状况不佳。总的来看，这主要归功于消费者消费意识的增强、零售企业社会责任意识的提升及一些针对零售企业节能环保和消费者权益保护等的法律法规的颁布与实施，使得零售企业已经在经营管理过程中注意到绿色发展问题。此外，图 6－4 所示的零售企业绿色度云发生了雾化状态，即 $En < 3He$，说明各个零售企业对其绿色度的认识欠缺，由一级指标云和云的合并算法原理可知，这可能主要是由零售企业在环境友好与消费安全方面的认识不足所致。

三 云模型测评基本结论

从云模型测评结果来看，本研究所调查、测评的长沙市大型零售企业，其绿色度整体得分处于较好等级。可见目前长沙市大型零售企业的绿色发展已经取得比较好的成效，但仍有近 1/3 的零售企业绿色度处于一般等级。从一级指标的得分来看，长沙市大型零售企业在资源节约、环境友好和消费安全三项指标的整体得分均达到较好等级，而经济绩效的得分相对较低，仅处于一般等级。并且，不同企业在经济绩效、环境友好方面的得分分布的离散程度较大。此外，整体而言零售企业对绿色度相关方面的认识与了解还不够清晰，特别是在环境友好与消费安全两个方面的认识存在明显的不确定性。从各个二级指标的得分来看，除节能技改资金投入和绿色商品销售比例两项指标的整体得分处于较差等级以外，其他指标的整体得分均为一般及其以上等级，即从二级指标来看长沙市大型零售企业在节能技改资金投入和绿色商品销售比例方面表现较差。

四　管理建议

根据上述研究结论，为零售企业有效提升其绿色度提出以下几条建议。

第一，始终重视保障消费安全。由于消费安全关系到零售企业的生死存亡，是零售企业绿色度评价中贡献最大的因素，因此零售企业在绿色发展过程中要始终坚持保障和改善消费安全。具体可以通过在商品采购过程中严格把关、定期对商场中的产品进行抽检与更换、加强商场安全设施的构建与维护、在商场合理设置安全警示和提示标识、设立帮助顾客解决安全问题的服务平台等方式改善企业在消费安全方面的表现。此外，零售企业应当将这些保障消费安全的行为和要求理念化、制度化，以保证零售企业在消费安全方面拥有长期较好的表现。

第二，努力提升经济绩效水平。企业的经济状况关乎企业的生存与发展，是企业实现其他效益的基础。然而，在零售企业绿色度评价指标体系的四个维度中，经济绩效的整体得分最低，仅处于一般等级，且1/3以上的零售企业在经济绩效方面仍处于较差及差等级。因此，为了保障绿色发展，零售企业应当通过开发自有品牌、创新服务、开展合理促销活动、改善管理、发挥规模经济效益等多种方式来增加销售收入、降低经营成本、加快资金周转，进而提升企业的经济效益。

第三，加强绿色发展相关知识的学习。对零售企业绿色发展相关方面知识了解不清晰会导致企业难以采取有针对性的绿色经营管理措施，进而无法有效提升本企业的绿色竞争力。因此，零售企业应当通过专家培训、企业讲座、企业内部刊物、大会小会宣传等方式加强企业内部绿色发展相关知识的学习，使零售企业全体员工能够全面清楚地了解其绿色发展相关方面的内涵。

第四，设立绿色管理专门机构。为了准确识别本企业的绿色发展状况、促进零售企业绿色度的有效提升，零售企业应当在企业内部设立绿色管理专门机构，以负责本企业绿色发展战略的制定与实施、绿色经营管理相关信息的获取以及根据零售企业绿色度评价指标体系与方法对本企业绿色度进行自评自纠等工作。

第五，增加节能技改资金投入。一方面，零售企业应当用长远的眼光看待节能技改资金的投入，将其看作是一种战略性投资，认识到节能技改资金投入未来巨大的收益回报，从而增加企业在照明、制冷、温控等方面的节能技改资金投入。另一方面，零售企业应积极争取各级政府的节能减排、低碳环保相关项目的试点落户，从而获得税收、信贷政策优惠或直接的财政投入，从而充实企业的节能技改资金。

第六，提升绿色商品销售比例。尽管绿色商品的高价格和人们对绿色商品缺乏了解等限制了绿色商品的销售量，但零售企业仍然可以通过对消费者进行绿色商品知识和绿色商品价值的宣传与教育、绿色商品陈列方式创新、心理定价、口碑推荐、引导绿色商品供应商降低成本等方式在一定程度上克服绿色商品销售的障碍，刺激消费者对绿色商品的购买，进而提升零售企业的绿色商品销售比例。

第四节 生活性服务业绿色发展绩效聚类分析

一 聚类分析的基本原理

从图 6－4 可以看出，长沙地区的大型零售企业绿色度存在差异。为了更好地对长沙地区大型零售企业绿色度进行比较分析，我们先运用聚类分析对各企业进行类别划分。聚类分析（Cluster Analysis），是研究“物以类聚”的一种多元统计分析方法。聚类分析的基本思想就是根据一组指标，对研究对象进行分类，使得同一类内部对象具有较高的同质性，而不同类对象间具有较高的异质性。

本研究采用快速聚类（K－Means Cluster）的方法对数据进行聚类分析。快速聚类的基本原理是：首先按照希望分类的类数 K，根据某种原则选择 K 个具有代表性的样本数据作为初始类中心点；然后按照距离这 K 个类中心距离最近原则，把其余样本数据分配到各类中心所在的类中，形成第一次迭代的 K 个分类；计算每类中各变量的均值作为新的类中心点，使用新的类中心点重新聚类，各样本重新聚类成新的分类，按照这种方法依次迭代下去，直到指定的迭代次数或中止迭代的判断要求时，迭代停止，聚类结束。

二 快速聚类分析过程

首先根据表 6－10 确定的二级指标层次总排序权重以及经过定性定

量、正向逆向处理之后的样本企业数据计算 12 家零售企业在各二级指标上的实际得分（见表 6－14），然后将 12 家企业在 20 个指标上的实际得分以及绿色度总得分输入 SPSS18.0 软件中进行聚类运算。

（一）初始类中心

在快速聚类分析中，初始聚类中心是由系统选择 K 个具有代表性的企业进行聚类，本研究将 12 家零售企业划分为四类，由此，系统产生出初始聚类的中心（见表 6－15）。对照表 6－14 聚类分析的原始数据可知，初始类中心点分别选择以下企业：沃尔玛、万达、友阿、人人乐。可以看出，初始类中心点基本包括了 12 家零售企业中低绿色度至高绿色度的各个层次，具有一定的代表性。

（二）迭代判断

在快速聚类中，一般使用的聚类方法为迭代方法，它是在初始类中心点的基础上不断迭代和更换中心位置，从而将样本数据分配到最近的类别中去。表 6－16 给出了四个类中心点每次迭代时的变化。从表 6－16 中可知，第一次迭代后，四个类的中心点分别变化了 0.000、0.309、0.440、0.218，第三个中心点变化最大；第二次迭代后，四个类中心点变化均小于指定的停止准则（0.01），达到聚类结果的要求，聚类分析结束。这种迭代的结束是一种自然结束，意味着新确定的类中心是比较合理和准确的。

表 6－14　12 家零售企业在 B_{11} ~ B_{43} 指标上的实际得分

单位：分

序号	企业	B_{11}	B_{12}	B_{13}	B_{14}	B_{15}	B_{16}	B_{21}	B_{22}	B_{23}	B_{24}
1	沃尔玛	0.3420	0.1512	0.2450	0.3906	0.2574	0.1953	0.1445	0.1295	0.5454	0.1520
2	国美	0.2660	0.1512	0.0490	0.3038	0.2002	0.1953	0.2023	0.1295	0.1818	0.2128
3	王府井	0.3420	0.1512	0.1470	0.3906	0.2002	0.2511	0.0867	0.1295	0.5454	0.2736
4	人人乐	0.1900	0.1176	0.1470	0.2170	0.2002	0.1953	0.0867	0.0925	0.1818	0.2128
5	平和堂	0.3420	0.1176	0.1470	0.3906	0.2002	0.2511	0.0867	0.1295	0.5454	0.2128
6	步步高	0.2660	0.1512	0.0490	0.3906	0.2002	0.1395	0.0867	0.0925	0.1818	0.1520
7	家润多	0.1900	0.0840	0.0490	0.3038	0.1430	0.1953	0.0289	0.1295	0.1818	0.2128
8	友阿	0.1900	0.1176	0.2450	0.3038	0.1430	0.1953	0.0867	0.0925	0.1818	0.2736

续表

序号	企业	B_{11}	B_{12}	B_{13}	B_{14}	B_{15}	B_{16}	B_{21}	B_{22}	B_{23}	B_{24}
9	百联	0.1900	0.0840	0.1470	0.3038	0.1430	0.1953	0.0289	0.1295	0.1818	0.2128
10	苏宁	0.3420	0.1176	0.2450	0.2170	0.2002	0.1953	0.1445	0.0925	0.5454	0.2128
11	万达	0.3420	0.1512	0.0490	0.3906	0.2002	0.2511	0.0289	0.1295	0.5454	0.2128
12	通程	0.1900	0.1176	0.0490	0.3906	0.1430	0.1395	0.1445	0.1295	0.5454	0.2128
序号	企业	B_{25}	B_{26}	B_{31}	B_{32}	B_{33}	B_{34}	B_{35}	B_{41}	B_{42}	B_{43}
1	沃尔玛	0.3834	0.3816	0.6993	0.6948	0.3645	1.368	0.6069	0.2891	0.3969	0.2177
2	国美	0.2982	0.3816	0.6993	0.6948	0.2025	1.064	0.4335	0.2065	0.2205	0.0311
3	王府井	0.3834	0.3816	0.6993	0.5404	0.3645	1.368	0.6069	0.1239	0.2205	0.1555
4	人人乐	0.2130	0.2968	0.6993	0.3860	0.2835	1.064	0.6069	0.2891	0.0441	0.0311
5	平和堂	0.2982	0.3816	0.6993	0.5404	0.2835	1.368	0.6069	0.2065	0.3087	0.2177
6	步步高	0.2130	0.2968	0.6993	0.6948	0.3645	1.064	0.6069	0.2065	0.2205	0.2799
7	家润多	0.2130	0.2968	0.6993	0.6948	0.2835	1.064	0.6069	0.1239	0.1323	0.0933
8	友阿	0.2982	0.3816	0.8991	0.6948	0.3645	1.368	0.7803	0.2065	0.0441	0.1555
9	百联	0.2130	0.2120	0.6993	0.6948	0.2835	1.064	0.6069	0.1239	0.3087	0.2799
10	苏宁	0.2130	0.2968	0.6993	0.6948	0.2835	1.064	0.6069	0.3717	0.1323	0.1555
11	万达	0.2130	0.3816	0.6993	0.5404	0.2835	1.064	0.4335	0.2065	0.1323	0.1555
12	通程	0.3834	0.2968	0.6993	0.5404	0.2025	1.368	0.6069	0.2065	0.1323	0.2799

表 6-15 快速聚类分析的初始类中心数据

指标	类			
	1	2	3	4
单位营业面积耗电量	0.3420	0.3420	0.1900	0.1900
单位营业面积耗水量	0.1512	0.1512	0.1176	0.1176
节能技改资金投入	0.2450	0.0490	0.2450	0.1470
商场温度控制	0.3906	0.3906	0.3038	0.2170
包装废弃物回收利用	0.2574	0.2002	0.1430	0.2002
办公用品循环利用	0.1953	0.2511	0.1953	0.1953
绿色商品销售比例	0.1445	0.0289	0.0867	0.0867
室内空气质量监控	0.1295	0.1295	0.0925	0.0925
环境管理体系认证	0.5454	0.5454	0.1818	0.1818

续表

指标	类			
	1	2	3	4
商场购物环境舒适度	0.1520	0.2128	0.2736	0.2128
商品包装减量化程度	0.3834	0.2130	0.2982	0.2130
限塑令执行情况	0.3816	0.3816	0.3816	0.2968
商品质量安全保障	0.6993	0.6993	0.8991	0.6993
商品质量抽检合格率	0.6948	0.5404	0.6948	0.3860
顾客投诉处理满意率	0.3645	0.2835	0.3645	0.2835
顾客人身安全保障	1.3680	1.0640	1.3680	1.0640
顾客财产安全保障	0.6069	0.4335	0.7803	0.6069
净资产收益率	0.2891	0.2065	0.2065	0.2891
流动资产周转率	0.3969	0.1323	0.0441	0.0441
销售利润增长率	0.2177	0.1555	0.1555	0.0311
绿色度总分	7.9551	6.4103	7.0219	5.5547

表 6－16　快速聚类分析的迭代记录

迭代	类中心的变化			
	1	2	3	4
1	0.000	0.309	0.440	0.218
2	0.000	0.000	0.000	0.000

（三）快速聚类结果输出

表 6－17 显示的是聚类的类成员列表。在类成员列表中，第 3 列给出了每家企业所属的类别，第 4 列显示的是每家企业和所属类中心的距离。表 6－17 给出了最终快速聚类的分析结果。从中可以看出：第Ⅰ类仅有沃尔玛一家企业；第Ⅱ类包括国美、步步高、百联、苏宁、万达、通程六家企业；第Ⅲ类由王府井、平和堂和友阿三家企业组成；第Ⅳ类由人人乐和家润多两家企业组成。

三　聚类结果讨论

针对不同类别的零售企业在绿色度以及各一级指标排名情况的差异，在此我们对各类别零售企业进行对比分析，以期找出影响零售企业绿色度的深层次原因。

表 6-17 快速聚类分析结果

序号	企业名称	类别	距离
1	沃尔玛	1	0.000
2	国美	2	0.448
3	王府井	3	0.234
4	人人乐	4	0.218
5	平和堂	3	0.247
6	步步高	2	0.281
7	家润多	4	0.218
8	友阿	3	0.440
9	百联	2	0.460
10	苏宁	2	0.522
11	万达	2	0.309
12	通程	2	0.528

（一）第Ⅰ类零售企业绿色度讨论

沃尔玛在长沙、全国、全球都是零售行业的龙头老大，其在零售企业绿色度测评中独占鳌头，它的绿色度总分及在各一级指标上的得分基本上都处于领先地位。其中，在资源节约和经济绩效两个一级指标上的得分位于12家企业首位，在环境友好和消费安全两个一级指标上的排名均位于第二。

沃尔玛在绿色度以及各一级指标的排名情况说明了沃尔玛在绿色环保方面是行业的领先者，这一结论与企业实际情况也是基本相符的。早在20世纪90年代沃尔玛就在零售行业率先开展了绿色行动。在资源节约和环境友好方面，沃尔玛致力于建设低能耗超市。低能耗超市在照明、加热、冷却、冷藏等方面可以有效地节约能源以及减少温室气体排放，其特殊的设计还可以降低购物区域的温度，在节约能源的同时为消费者营造舒适的购物环境。此外，沃尔玛还注重引导供应商采取环保行为，最受关注的举措就是要求供应商减少商品包装，它把商品包装是否合格作为选择供应商的标准，这一举措帮助沃尔玛节约了产品的运输成本，提高了包装材料的回收量，同时，减少了树木的砍伐和包装废弃物导致的二氧化碳排放，实现了经济效益和社会效益的双赢。

沃尔玛的绿色行动为其积累了较强的绿色核心竞争力，并且帮助其实现了环境可持续发展的商业模式，其成功经验值得本土企业借鉴。

（二）第Ⅱ类零售企业绿色度讨论

国美、步步高、百联、苏宁、万达、通程六家企业属于第Ⅱ类企业。这六家企业绿色度的总体测评结果较为接近，绿色度总分均介于一般与较好之间。但是具体到各个一级指标上，六家企业除了在资源节约方面的排名较为相近以外，在环境友好、消费安全和经济绩效三个指标上排名差距较大，这说明六家企业的绿色发展水平存在差异。

第Ⅱ类企业在各项一级指标的排名上大多居于中等位置，个别企业在少数指标上排名靠后。相比第Ⅱ类中的其他企业，苏宁和通程的消费安全排名和经济绩效排名呈现较多的相似性，两家企业在二级指标上的测评值也较为接近或相同，如在商品质量安全保障、顾客人身安全保障和流动资产周转率三个指标上两家企业的测评值相同，这可能跟两家企业所属的零售业态和所处的地理位置有一定关系。苏宁电器是中国家电行业的第一品牌，而通程集团旗下的通程电器是湖南本土家电市场的第一品牌，且两家企业的旗舰店均位于繁华的五一商圈，两店相距不过数百米，互为强烈的竞争对手。尽管两家企业在消费安全和经济绩效上的排名相近，但是两家企业在资源节约和环境友好方面的表现却存在较大的差异。在资源节约方面，苏宁排名第五，而通程排名第九，说明苏宁在节约资源方面较具竞争优势，尤其是在单位营业面积耗电量、节能技改资金投入、包装废弃物回收利用和办公用品循环利用这几个方面要比通程更胜一筹。这一测评结果也与企业实际情况相符。近几年，苏宁在自身不断发展壮大的同时，也越来越重视节能环保，建立了第一个适用于零售型企业的环境责任模型，并且建立了绿色门店标准，在商店招牌、灯光、空调、电梯、展台等都设置了严格的节能标准。同时，苏宁电器还在总部办公区域大力推进绿色办公，组织节能降耗知识的宣传，减少出差，鼓励员工走楼梯、推行无纸化办公等。但是，在环境友好方面，通程更具竞争优势，通程排名第三，苏宁排名第六，在室内空气质量监控和商品包装物减量这两个方面，通程都要优于苏宁。

相比苏宁和通程，同样身为电器专业商店的国美却不敌这两家企业，除了在资源节约排名上，国美排在通程前面以外，在其他各一级指标的排名上，国美都居于苏宁和通程之后，其绿色度总分排名也是第Ⅱ类企业的倒数第二名，竞争劣势非常明显。如何更好地向前两家企业看齐，充分利用自身的品牌优势带动绿色发展，是值得国美深入思考的问题。

万达是12家企业中唯一的一家以购物中心为零售业态的企业。在资源节约和环境友好方面的排名上，万达都比较靠前。基于购物中心“统一管理，分散经营”这一特殊的管理模式，万达的绿色发展有其特殊性。相比其他零售业态的企业，万达更注重建筑节能，尤其是空调系统和照明系统的节能降耗工作。此外，万达的管理节能也取得了较大的成效，除了大力倡导无纸化办公以外，万达积极推行合同能源管理，这不仅节约了资源也提高了能源使用效率。万达的成功经验充分说明购物中心在节能环保的道路上具有较大的发展潜力。不过，值得警醒的是，万达在消费安全排名为12家企业的最后一名，这可能也与其“分散经营”的管理模式有关。由于各店铺是独立经营，在商品采购时没有进行统一的供应商资质审核，因此难以有效地保障商品的质量。此外，购物中心也难以协调各方力量进行突发事件的应急演练，而突发事件的引起可能会对消费者的人身安全和财产安全造成威胁。因此，如何保障消费者的消费安全是购物中心面临的共同问题。

步步高作为湖南省连锁零售的龙头企业，取得了较好的经济绩效，在消费安全方面，步步高也位于第Ⅱ类企业的领先地位。但是，步步高在资源节约和环境友好这两个指标上的排名存在较大的差异，步步高的资源节约排名为第六，而环境友好排名为第十一。出现这种情况的原因可能是，企业可以通过节约资源降低成本费用，因此，相比保护环境而言，节约资源更符合企业的切身利益。

值得关注的是，百联的经济绩效排名第三，绿色度总分排名却为第十，在资源节约和环境友好方面，其排名为第Ⅱ类企业的最后一名。显然，百联东方的绿色度测评结果说明了企业的经济绩效高并不意味着绿色度就高。在资源节约方面，企业的节能技改资金投入不足，这在一定程度上制约了企业的绿色发展；此外，企业的单位营业面积耗电量和耗水量也比较高，这些原因导致了企业在资源节约方面的得分很低。在环境友好方面，企业绿色商品销售比例明显偏低，这可能和百联东方的主营商品是服装、鞋帽、珠宝首饰和化妆品等商品有关；此外，企业在环境管理体系认证这一指标上的得分也比较低，说明企业的环境管理意识不强，这些原因导致了企业在环境友好方面的得分最低。百联东方要想改变自身绿色发展的现状，首先就要提高企业的绿色环保意识，要充分认识到节约资源和保护环境的重要性，在追求自身经济效益发展的同时也要兼顾生态效益的发展。具体来说，企业可以增加在节能环保方面的资金投入；针对耗电量和耗水量较高的情况，企业可以重点加强空调、照明等方面的资金投入。针对环境管理意识不强的情况，企业可以加强员工节能环保方面的培训，同时，还可以在员工的工作职责范围中加入节能环保的关键指标，对于完成目标的员工进行相应的奖励。

（三）第Ⅲ类零售企业绿色度讨论

第Ⅲ类零售企业包括王府井、平和堂和友阿三家企业。从绿色度总分来看，三家企业的得分仅次于沃尔玛，领先其他 8 家企业。

第Ⅲ类零售企业在各一级指标上的得分存在较大的差异。平和堂在资源节约、环境友好、消费安全和经济绩效 4 个一级指标上的得分均比较靠前，这与企业具有较强的环境管理意识密不可分。平和堂是长沙地区唯一一家设立专门的节能环保部门的零售企业，它致力于培养员工的环保节能意识和消费者的绿色消费意识。除了定期对员工开展相关的教育培训，组织员工考察研修、吸收先进的节能环保技术及管理模式以外，平和堂还会每个月在长沙市各小学进行环保义务教学工作，引导小学生从小树立环境意识。在资源节约、环境友好、消费安全方面，平和堂也采取了一系列的有效措施。如为了降低耗电量，平和堂每年会拨出一部分款项用于照明设施和电梯设施的能效改造。此外，平和堂配有专门的工作人员对商场温度情况进行监控，并每两小时进行一次温度测试，将测试结果张贴在经理办公室，以便及时根据实际情况进行温度控制；在采购商品时平和堂优先采购环保商品，并每月根据销售业绩制定绿色采购目标；对新进员工发放环保节能手册并组织员工定期进行义务环保活动；定期地对员工进行消防知识的培训以及不定期地进行消防演练等。

王府井的绿色度总分与平和堂相差无几，而王府井在资源节约、环境友好和消费安全方面的得分均高于平和堂，但在经济绩效方面稍显逊色，平和堂排名第二，王府井仅排名第七。较差的经济绩效是造成王府井与平和堂之间绿色度差距不大的最主要原因。因此，王府井若要提升企业绿色度水平，在保持自身在节约资源、保护环境和保障消费者安全方面优势的同时，还需要提高企业的经济绩效。首先，王府井要找出影响企业营利能力的主要原因，以便根据企业自身和市场的实际情况开展有针对性的工作。若商品成交率不高，就要做好服务质量的提升、销售技巧的改进等方面的工作；若顾客进店率不高，则需要从店铺形象、商品陈列、产品促销等方面进行分析和调整。其次，王府井要提高企业的流动资产周转率，以实现资源的有效利用和流动资产的节约。最后，王府井还可以通过提高管理水平，充分发挥规模经济效应，以提高销售利润增长率。

值得注意的是，尽管友阿集团在资源节约、环境友好以及经济绩效的排名并不理想，但是排名第一的消费安全为友阿集团赢得了较高的绿色度排名。为了有效地保障消费者的权益，友阿集团 1995 年在全国首创了“赔钱公司”，专门负责售后服务理赔。每年友阿集团还会请 20 名光顾过“赔钱公司”的消费者暗访友阿的各个门店，对门店的环境卫生、服务态度、产品质量等情况进行监管。为了加强与消费者的沟通，倡导科学消费，友阿集团在 1998 年成立了“顾客学校”，每月定期开课向顾客讲解商品知识，让顾客辨识商品，增进健康科学消费和维权意识。友阿集团一直致力于商品质量和诚信服务，一系列的举措为企业赢得了一批稳定的顾客群，同时，也对行业发展起到了积极的促进作用。不过，友阿集团在节约资源和保护环境方面还有很大的提升空间。在资源节约方面，企业应重视节约用电以及包装废弃物的回收利用。在保护环境方面，企业应加强环境管理意识和增加绿色商品的销售比例。

（四）第Ⅳ类零售企业绿色度讨论

第Ⅳ类企业由人人乐和家润多两家企业组成。这两家企业的绿色度总分、各一级指标的得分，均较为靠后，几乎占据了所有排名倒数第一和第二的名次。总的来说，这两家企业需要改进的领域都非常多。以绿色度总分排名最后的人人乐为例，人人乐在资源节约指标上的排名为第十，在环境友好指标上的排名为第九，在消费安全指标上的排名为第十一，在经济绩效指标上的排名为第十二。总体来看，人人乐在绿色度以及各一级指标上的排名都不容乐观。在经济绩效上，企业在净资产收益率、流动资产周转率以及销售利润增长率三个二级指标上均处于行业的较差水平，这直接导致了企业的经济绩效排名为最后一名。人人乐在资源节约、环境友好及消费安全这三方面的排名也较为落后，原因可能是较差的经济效益导致企业无力承担用于环保节能的巨大开支。针对人人乐目前发展的现状，其要想提高自身的绿色发展水平可以从保障消费者消费安全这方面入手。例如，企业必须提供质量合格的商品，确保消费者在使用过程中不会对人身、财产造成损害。同时，对于出售的商品出现了质量问题，要及时采取补救措施。此外，企业还要如实提供商品或服务信息，尊重消费者的知情权等。

第七章　服务业绿色发展的战略反应

本章是本书试图构建的DSR分析框架里的“R”部分。服务业绿色发展不仅是政府、公众、市场等对环境和消费安全问题日益关注所形成的外部压力的客观要求，而且是服务业企业追求经济与非经济利益所形成的内在驱动力的客观要求，也是服务业发展规律使然。特别在中国国民经济和社会发展“十二五”规划、“十三五”规划定位为绿色发展，中国共产党第十八次全国代表大会提出建设美丽中国的战略部署的时代背景下，积极制定与实施服务业绿色发展战略，用培育和创造优美的生态环境、保障公众健康安全的绿色发展思想指导和引领中国服务业发展，具有十分重大的战略意义和深远的历史意义。本章将服务业绿色发展的一般趋势与中国服务业绿色发展的现实状况相结合，探讨服务业绿色发展的战略定位、战略思路、战略目标与任务、战略重点、战略步骤、战略路径和战略措施。

第一节　服务业绿色发展的战略定位与战略思路和任务

一　服务业绿色发展的指导思想与原则

（一）服务业绿色发展的指导思想

以习近平新时代中国特色社会主义思想为指导，顺应经济全球化和绿色化趋势，牢固树立“创新、协调、绿色、开放、共享”发展理念，紧紧围绕统筹推进“五位一体”（即经济建设、政治建设、文化建设、社会建设、生态文明建设）总体布局和协调推进“新五化”（即新型工业化、城镇化、信息化、农业现代化、绿色化）国家战略，创新体制机制，转变发展模式；坚持绿色创新与绿色控制统一，坚持城乡协调统一，坚持政府、市场、企业有机结合，坚持重点区域、重点领域率先突破与全国、全产业全面铺开相结合；着力推进服务业节约能源资源、保护生态环境、有益公众健康安全，促进服务业低碳绿色竞争力提升；扩大服务领域对外开放，着力推动服务业绿色化的国际合作，提升服务业的国际绿色竞争力；充分发挥服务业对工业、农业、消费的引导、促进作用，以服务业的绿色发展促进工业、农业的绿色发展，以服务业的绿色发展促进全社会绿色消费模式的形成。

（二）服务业绿色发展的原则

1. 坚持“三重底线”

从人类当前和未来的根本利益出发，将绿色发展理念贯穿到服务业各行各业、各经营环节、全体从业人员。坚持“经济绩效、环境绩效、社会绩效”三重底线平衡，正确处理服务业经济发展与服务业资源节约、服务业环境保护、有益公众健康安全的关系；坚持节约、环保、健康安全优先的原则，防止重复建设和无序竞争，加快服务业发展方式的转变，缓解经济社会发展的资源约束和环境压力，确保有益人民群众生活美好、身心健康、生命财产安全。加快建设布局合理、功能完善、生态友好的现代服务业功能集聚区，发挥集聚辐射功能，扩大发展规模，提高发展质量，增加发展效益，以最小的资源环境代价谋求服务业最大限度的发展，实现服务业绿色崛起。

2. 坚持体制机制创新

基于中国国情，政府部门尤其是服务业主管部门，要按照资源节约、环境友好、健康安全的要求，优化体制机制，引导形成节约能源资源和保护生态环境的思想观念、服务业产业结构、服务业空间布局、服务业经营方式、服务企业消费模式，实现服务业的创新发展。

3. 传统服务业绿色化改造与发展新兴绿色服务业并举

服务业绿色发展，既要重视新兴绿色服务业的发展，也要重视传统服务业的绿色化改造提升，要把二者放在同等重要的地位。中国服务业目前仍以传统服务业为主，传统服务业的餐饮业、住宿业、洗染业、交通运输业等行业对资源环境的影响较为严重，要下大力气对它进行绿色化、现代化改造。一些新兴的服务业如快递业、足浴休闲业的废弃包装、废气、废水对环境污染严重，要多方联动促其绿色升级。节能环保服务业、信息服务业是新兴的绿色服务业，有广阔发展前景，要大力发展。

4. 以城带乡推动农村服务业绿色发展

服务业向城市集聚或依托城市发展是一般规律，我们需遵循客观规律，强化城市的服务业绿色发展。同时，坚持以城带乡，根据区域经济发展的阶段性和区域性差异，结合各县（市、区）自身经济发展水平和绿色建设程度，因地制宜，统一规划，有重点、有特色、按步骤推进城乡服务业协调有序地绿色发展。重点推动绿色资源要素向农村配置，推动农村电子商务与物流的绿色协同发展，大力推进城市节能环保服务业向农村延伸，加快农村废旧物资回收利用体系构建，实现服务业的城乡合理布局，引导、扶持农村服务业绿色发展。

5. 服务业绿色发展与工农业绿色发展有机结合

从国民经济考察，服务业、工业、农业是国民经济的有机组成部分，共同构成国民经济整体。从源头考察，工业、农业为服务业绿色发展提供物质保障，服务业为工业、农业绿色发展提供科技、智力支持，为绿色工业产品、绿色农业产品提供市场渠道。从循环经济理论考察，服务业绿色发展与工业、农业绿色发展通过循环经济相互连接、相互促进。从供应链考察，服务业既与上游工农业生产部门，又与下游消费者相互联系、相互作用。因而，要通过宏观管理，全面协调地推动服务业绿色发展与工业、农业绿色发展相互促进、相辅相成、相得益彰。

6. 政府主导、企业主体、市场驱动结合

合理界定市场与政府的职责，坚持“政府主导、企业主体、市场驱动”的原则，坚持政府主导力、企业主体力、市场基础力三力合一原则。加快政府职能转变，通过规划引导、政策推动、法规规范，创造良好的绿色发展环境；调动服务业企业绿色经营的主观积极性，发挥服务业企业在绿色发展中的主体作用；培育、引导绿色消费需求，充分发挥绿色需求在服务业绿色发展中的拉动作用，建立健全绿色市场体系，促进服务业的绿色转型。

二 服务业绿色发展的战略定位

服务业绿色发展的战略定位应从服务业在国民经济中的地位和作用出发，分析服务业的演进规律，借鉴发达国家的经验，结合我国服务业绿色发展现状进行。

中国服务业无论从年增加值占 GDP 的比重（2012 年服务业现价增加值占国内生产总值的比重达到 45.5%，首次超过第二产业，2016 年则为 51.6%）、吸纳的就业人数（2015 年服务业就业人数占全部就业人数的比重为42.4%，高出第二产业占比13.2个百分点)，还是从对税收的贡献来看（2016年服务业税收占全部税收的比重为56.5%)，都已成为国民经济的第一大产业。正如宁吉喆（2016）所论证的：服务业是减缓经济下行压力的“稳定器”，是促进传统产业改造升级的“助推器”，更是孕育新经济新动能成长的“孵化器”。产业经济理论及世界经济发展实践证明，随着市场经济的不断发展，服务业在国民经济中的地位与作用将不断提升，最终出现“经济服务化”。“十二五”以来，中国从国家层面陆续出台了系列促进、加快服务业发展的政策措施，服务业发展的制度环境、政策环境越来越宽松。中国市场经济发展进程不断加快，为服务业大发展创造了市场基础。可见预见，中国服务业在国民经济中的第一产业地位将越来越稳固，终将迎来“经济服务化”时代。而彭水军等人（2015）通过对国外有关服务业发展的资源环境效应的理论与实证文献进行梳理后发现，发达国家服务业的快速发展与资源环境压力同步上升，考虑直接影响和间接影响后，服务业的能源消耗和温室气体排放与制造业相当，服务业发展对资源环境同样可能产生重要影响。由此可以推断，服务业的绿色发展在国民经济绿色发展中宜定位于与制造业绿色发展处于同等重要的地位。而从当前人们把目光集中于制造业绿色发展而忽略服务业绿色发展的现实，及服务业在农业、制造业与消费领域的连接作用、中介作用来看，服务业的绿色发展在国民经济绿色发展中宜定位于先导地位。

从服务业在国民经济结构中的地位演进规律来看，总体上服务业在国民经济中的地位不断上升。根据刘涛（2013）的研究，服务业发展大致分为低水平发展、与工业并行发展、加速发展、发达等四个阶段。中国服务业目前处于低水平发展向与工业并行发展的过渡阶段。从服务业内部结构演进规律来看，总体上呈现高级化的发展趋势，但在经济发展的不同阶段，居于主导地位的服务行业不同（邓于君，2009；刘涛，2013）。根据学者们的研究成果（李江帆、曾国军，2003；邓于君，2009；魏作磊，2010；刘涛，2013；黄莉芳、杨向阳，2015）可以判断，未来五年乃至十年内中国服务业的第一大行业仍将是流通性服务业，生产性服务业比重将逐步上升但难以成为第一大行业。从服务业空间演变趋势来看，中国城市服务业发展水平因城市行政等级、规模、区位以及区域条件的差异而有所不同，服务业发达、在全国服务业中具有举足轻重地位的城市绝大部分分布在东部地区，中西部城市服务业发展水平偏低（李华香、李善同，

2014）。同样，从总体看，东部沿海地区服务业发展水平较高，中西部地区服务业发展水平较低（申玉铭等，2007；王庆秀，2014）。从区域服务业内部结构看，东部沿海地区商务服务、计算机服务、软件服务、信息咨询服务等现代服务业发展迅速，中西部欠发达省份以批发、零售业，餐饮业，交通运输、仓储和邮政业等传统服务业为主体，产业层次和科技含量较低（申玉铭等，2007）。因此，从服务业内部结构演进、发展时空演进规律来考量，宜制定与实施以提升服务业发展水平为核心的具有时空差异性的服务业绿色发展战略。

从服务业绿色发展现状考察，首先，总体上中国服务业绿色发展水平低。多角度、多时段的研究结果证明了这一点。庞瑞芝、王亮（2016）在绿色增长框架下，核算了2010～2013年中国30个省份服务业部门的环境全要素效率，发现中国服务业发展不是绿色的。王恕立、汪思齐、滕泽伟（2016）将环境因素引入服务业生产率体系，对中国2004～2014年服务业分行业全要素生产率进行估算，发现服务业增长模式仍以粗放式增长为主，多数行业都处于环境非友好型模式中。王凯等（2016）核算了1995～2012年中国30个省份服务业的 CO_2 排放量，结果表明，考察期内，中国服务业经济总量和 CO_2 排放量都增量明显，其中中国服务业人均 CO_2 排放量从0.16吨升至0.77吨；中国各个区域都共同面临着服务业 CO_2 排放量持续增加的压力。其次，中国各个区域服务业的绿色发展水平具有差异性。这也被多个研究成果所证实。庞瑞芝、王亮（2016）研究发现，总体来看中国服务业绿色有效程度从沿海到内陆呈逐渐递减态势，其中西北内陆地区服务业绿色有效程度较高则是由于其产业结构中高能耗产业尚未占主导地位。王凯等人（2016）研究发现，东部地区的北京、天津、上海和辽宁等省份的服务业人均 CO_2 排放量基本都排在中国前列，西南和中部地区部分省区服务业人均 CO_2 排放量相对偏低。再次，中国服务业各个行业绿色发展水平具有差异性。庞瑞芝、王亮（2016）指出，从中国能源终端消费量来看，“交通运输、仓储和邮政业”、“批发、零售业”和“住宿、餐饮业”占据了服务业行业70%以上的能源消耗。王恕立、汪思齐、滕泽伟（2016）将化学需氧量（COD）和二氧化硫（SO_2）作为主要污染物计算环境友好指数，发现“文化、体育和娱乐业”“金融业”“批发、零售业”“交通运输、仓储和邮政业”“居民服务和其他服务业”等8个行业环境友好指数低于服务业平均水平，不甚理想。以上是从全国考察的结果，从区域来看行业差异同样存在。张宏艳、江悦明、冯婷婷（2016）把三大产业细分为11个产业，以1995～2012年的数据计算北京市产业结构与碳排放之间的关系，结果表明：在所有产业中，“交通运输、仓储和邮政业”CO_2排放量增长最迅速，在增加CO_2排放量上影响最大；在第三产业中，“交通运输、仓储和邮政业”对CO_2排放量增加贡献最大，其余依次为“住宿餐饮批发与零售业”“金融房地产租赁信息等服务业”“教育文化与科研”，只有公共设施与福利保障产业的CO_2排放量是减少的。齐园、张永安（2015）研究发现，北京PM2.5来源中第三产业主要是餐饮和交通运输部门。洪思扬等（2016）以2007～2013年的数据计算发现，北京市第三产业中的高用水行业为“住宿餐饮业”“房地产业”“水利、环境和公共设施管理”“教育”“卫生、社会保障和社会福利”“公共管理和社会组织”。由此可以推断，中国服务业绿色发展宜实施体现区域和行业差异的梯度推进战略。

综合以上分析，中国服务业绿色发展的战略定位为：服务业绿色发展与制造业绿色发展同等重要，并在国民经济和社会绿色发展中居于先导地位。中国服务业宜制定与实施以提升服务业效率为核心的、体现发展阶段、区域和行业差异性的绿色发展梯度推进战略。

三　服务业绿色发展战略的总体思路

中国服务业绿色发展战略的总体思路是：“一个引领”（全面绿色导向）、“两个支柱”（传统服务业绿色改造与培育发展新兴绿色服务业）、“三个核心”（制度创新、技术进步、产业结构优化升级）、“四大转变”（投入方式转变、增长方式转变、资源利用环境保护方式转变、企业态度转变）。

（一）以全面绿色导向引领服务业绿色发展

全面绿色导向包括服务全要素绿色化、服务全过程绿色化、服务全产业绿色化，服务业绿色化与工业、农业绿色化融合，服务业充分发挥引导绿色生产、绿色消费的积极作用。

（二）以传统服务业绿色改造与新兴绿色服务业培育发展为服务业绿色发展的两个支柱

传统服务业的绿色改造在中国服务业绿色发展中起到关键作用。一方面，如前所述，传统服务业在未来相当长一段时间内仍将是中国服务业的第一大行业，且占据了服务业行业70%以上的能源消耗，对服务业CO_2、SO_2、COD排放贡献最大；另一方面，即使在发达国家，以批发零售与住宿餐饮、交通运输仓储与通信业为主的传统服务业仍是发达国家服务业的主要组成部分（魏作磊，2010）。因而，对传统服务业进行绿色化改造将是中国服务业绿色发展的重点和重要突破口。

新兴绿色服务业的培育与发展在中国服务业绿色发展中起到重要支撑作用。节能环保服务业、中医医疗保健服务业、研发设计、信息技术服务、商务咨询、人力资源与品牌建设服务等新兴绿色服务业可以通过以下三条途径对服务业绿色发展做出贡献：一是通过研发设计、技术服务提升传统服务业技术水平和科技含量，促进传统服务业提升资源能源利用效率；二是通过节能环保服务业对传统服务业进行绿色化改造，提升传统服务业的绿色化程度；三是新兴绿色服务业的发展将优化服务业内部结构，提高服务业环境全要素生产率。

（三）以制度创新、技术进步、产业结构优化升级为服务业绿色发展的核心和抓手

以体制机制创新为核心的制度创新是中国服务业绿色发展的重要驱动力。目前中国服务业体制机制僵化、政府规制不到位、公平竞争机制缺失等（夏杰长，2015），导致服务业粗放增长、发展水平低，发展是非绿色的。因而亟待通过制度创新推进服务业绿色发展，提升其发展水平。技术进步是服务业绿色发展的另一重要驱动力。实证表明：考虑或不考虑环境因素，中国服务业全要素生产率增长的动力源泉都是技术进步（王恕立等，2016）。技术进步发挥了抑制CO_2排放的作用（张宏艳等，2016）。但是，我国服务企业的自主创新能力不足（刘艳、李文秀，2016）。因而，要通过对行业关键人才等人力资本的投资与开发，推动服务业的技术进步。服务业内部产业结构的优化升级是中国服务业绿色发展的重要途径。产业经济学理论认为，优化产业结构是经济发展和环境保护的关键（黄亮雄等，2013）。中国传统服务业比重高，现代服务业发展滞后（夏杰长，2015）。不论是能源消耗，还是CO_2、SO_2、COD排放，传统服务业都占了服务业行业的绝大比重（庞瑞芝、王亮，2016；王恕立等，2016；张宏艳等，2016）。逐渐降低传统服务业的比重、大力发展现代服务业，是服务

业绿色发展的核心和抓手之一。

（四）以投入方式、增长方式、资源利用环境保护方式、企业态度的转变，促进服务业绿色发展

中国服务业整体呈现显著的持续性比较劣势，国际竞争力弱，一个重要原因是高级要素缺乏（刘艳、李文秀，2016）。因此，要转变投入方式，从依靠大量劳动、资本投入为支撑向依靠知识、人才、技术投入为支撑转变。以信息等多种新技术交叉融合发展为基础的新一轮产业革命，引发了产业的数字化、网络化、智能化发展；全球绿色新政、国家绿色化战略要求产业提高科技含量、降低资源消耗、减少环境污染，客观决定了服务业必须适应这一新形势，尽快从粗放型增长方式向集约型增长方式转变。同时这一新形势决定了服务企业对待资源环境问题的态度要从被动顺从、视为威胁向主动响应、视为竞争优势来源转变。中国服务业在未来将会有更大的发展，这将需要消耗更多资源和能源，也将产生更多的环境负面效应，无疑将会使中国的资源环境压力增加。因此，中国服务业必须从资源能源浪费和环境污染向资源节约、环境友好转变，争取绿色发展的主动权，为中国服务业乃至中国经济社会的可持续发展奠定良好基础。

四 服务业绿色发展的战略目标

服务业绿色发展的总体目标是为社会创造绿色财富，即通过绿色产品、绿色服务经营活动，以资源节约型、环境友好型的方式为社会创造生态型、环保型、有益健康安全型的财富，即无公害、无污染、可供人们安全享用的财富。具体而言，服务业经济发展与生态环境破坏、资源能源浪费脱钩，绿色经营特征日益凸显，绿色消费模式逐步形成，绿色服务文化氛围渐趋浓厚，绿色管理体系高效运行，全面增强服务业可持续发展能力，努力实现服务业经济发展和资源节约、环境保护、公众健康安全的动态协调统一。具体目标如下。

产业结构绿色目标：立足服务业内部结构及各行业绿色发展现状，遵循服务业内部结构向高层次演进的规律，推动传统服务业比重稳中趋缓、绿色改造的同时，促进现代服务业比重稳步上升，逐步发展为服务业中的主导产业；大力发展新兴绿色服务业。在十年左右的时间内，形成科技含量高、资源消耗低、环境污染少的服务业产业结构。

绿色经营目标：按照绿色化的内在要求及维持日常生产经营所需，采购绿色原材料、技术设备，提供绿色商品和服务，营造绿色氛围，开展绿色物流，净化服务场所空气质量，绿色商品/服务销售收入贡献率大幅度提高；引导顾客绿色消费成效显著。

绿色文化目标：十年内，服务业全产业生态文明宣传普及率达90%以上，服务企业员工生态文明教育普及率达90%以上，服务企业绿色服务文化建设达标率为70%以上。绿色发展理念初步成为产业共识。

绿色技术目标：通过引进、消化吸收和自主创新，形成一批适用于服务业的先进绿色技术；在废旧物资回收、废弃物处理、资源循环利用等技术研发方面取得重点突破；积极推广应用国内外行之有效的服务业绿色技术。

绿色竞争力目标：主要能源、资源需求总量及废水、CO_2、SO_2、COD排放总量增长得到有效控制，单位产值的能耗水平，人均CO_2、SO_2、COD排放量不断下降；资源利用率提高，废弃物处理达标率、服务场所空气质量达标率提高；十年内大多数服务企业获得相关行业国家主管部门的绿色企业称号，相当一部分服务企业能耗、环保达到国际标准，获得国际认证。以资源消耗低、环境污染少的优势促进服务经济增长。

五 服务业绿色发展的战略任务

（一）加强服务业领域资源消耗和环境保护情况的动态监测

为了及时了解服务业面临的资源环境形势，预测其变化趋势，发现并解决不同阶段服务业存在的突出资源环境问题，测评服务业绿色发展的成效，就必须对服务业资源消耗和环境保护情况进行动态监测，获取较为准确的数据。目前尽管中国科学院、自然资源部、水利部、农业农村部、生态环境部等政府机构建立了资源环境监测系统，但数据不全面、统计口径不统一、没有共享机制，更没有专门的服务业资源环境情况数据。在国家发展和改革委员会2016年发布的《“互联网+”绿色生态三年行动计划实施方案》中关于资源环境动态监测这一块，基本没有涉及服务业及其主管部门。为确保服务业绿色发展重大决策的科学性，亟待加强对服务业领域资源环保情况的动态监测。一是决策部门要高度重视，制定相关规划，投入人财物力，建立立体的服务业资源环境监测系统。二是服务业主管部门主动与其他建立了资源环境监测系统的部委沟通、协同，连接其他部委的监测平台，实现互联共享。三是加强对能耗大、排放多的服务业重点行业、重点企业的在线监测和大数据分析。

（二）强化服务企业绿色发展主体地位，激发服务企业绿色发展的主观能动性

服务业绿色发展，政府是外因，起主导、推动作用；服务企业是内因，起主体、内驱作用；最终起决定作用的是服务企业。理想的状况是服务企业自觉遵循经济绿色化规律，主动改变自身选择与行为方式，实现服务全过程、经营各环节的绿色化。但在中国，市场机制不完善，政府习惯于主导市场主体活动，企业习惯于依赖政府的指挥棒。因此，从中国国情出发，政府需要采取一系列行之有效的措施强化服务企业的主体意识，激发服务企业的主观能动性。政府可以考虑从三个方面发挥对服务企业的引导、推动作用：一是通过环境法规和环境标准等制度安排划定服务企业经济活动的资源环境边界；二是通过财政补贴、税收优惠、信贷担保等经济手段从利益上驱动服务企业践行绿色发展；三是通过树立榜样、经验推介等沟通手段从社会声誉上激发服务企业采取绿色行为的主动性。

（三）健全市场机制，充分发挥市场对服务业绿色发展方向的决定性作用

市场经济条件下，市场环境对服务业绿色发展方向具有决定性作用。发挥市场环境的这一作用，需要强化服务企业的市场意识，建立健全资源能源价格形成的市场机制，让价格反映资源、能源的稀缺程度及其社会成本。要逐步建立碳排放权交易、水权交易、排污权交易市场，推进和扩大交易试点，建立健全市场交易制度，加大对资源能源、环境污染的市场监督力度。发展节能环保服务市场，探索节能环保服务方式创新、节能环保服务商业模式创新，逐步健全节能环保服务市场体系。要广泛开展ISO14000、绿色环球21、绿色批发市场、绿色零售市场、绿色商场、节能超市、节水超市、绿色饭店、绿色餐饮企业等绿色认证工作。对于获得认证的服务企业，可给予一定的财政资金奖励或贷款优惠鼓励。服务业行业协会要积极发挥对服务企业绿色发展的引导、规范、沟通、协调、服务作用，及时推介行业绿色发展的先进经验和先进技术，牵头制定、修订行业

绿色标准。

（四）促进互联网平台与回收体系的融合，健全废旧资源回收利用体系

充分利用互联网技术发展的成就及国家积极推进“互联网+”行动的有利政策，鼓励互联网企业与再生资源回收行业协会、政府主管部门合作建立城市废弃物回收平台，农村废弃物回收平台，产业园区废弃物信息平台，再生资源信息服务、竞价采购、物流服务平台，鼓励互联网企业与再生资源回收企业联合参与移动手机APP、微信、网站回收服务。鼓励和支持再生资源回收行业利用物联网、大数据、云计算进行再生资源回收的信息采集、数据分析和流向监测，优化逆向物流网点布局。建立废弃物在线交易系统，逐步形成区域性、行业性、全国性、国际性、全球性的废弃物和再生资源交易系统。按照生活类、产业类、服务消费类和公共机构类，分类建立再生资源回收体系。通过公司制改造、吸引社会资本投入、财税支持、挖掘内部潜力、加盟连锁等方式提高回收企业的组织化程度；通过回收分拣示范工程建设、回收分拣技术创新工程建设、回收分拣技术工人培训工程建设，提升回收分拣技术水平和精细化程度；通过再生资源标准体系建设、回收流程规范化建设、管理科学化建设，提升再生资源经营规范化程度。重视推进再生资源回收与生活垃圾分类回收体系的协同发展，重视电器电子垃圾、废弃饮料瓶、报废汽车、快递包装的回收利用和无害化处理。

（五）大力推进绿色技术创新和应用，提升服务业的科技含量和资源环境效益

相对于工业，各个层面对服务业绿色技术创新的重视都远远不够。这与服务业在国民经济中的地位与作用及服务业发展对资源环境的影响不符。未来重点应从以下方面推进服务业绿色技术创新和应用。一是制定服务业绿色技术创新中长期规划。国家投入资源部署服务业绿色基础技术和前沿技术研究。把在工业领域开发的绿色技术结合服务业的特点进行改造后应用到服务业领域。加快信息化与服务业的融合，推进移动在线服务、个性化定制服务、集成服务、平台服务等新服务业态的发展。二是建设服务业绿色技术公共研究机构和试验平台。国家级科研机构、高校、企业联

合投入人财物力，共建公共研究机构和实验平台，共同研发绿色技术，共享研发成果。三是建立健全以服务企业为主体的技术创新体系。鼓励大型服务企业加大研发投入，激发中小微企业创新活力，资助和引导创新联盟建设，发挥企业家和科技领军人才的重要作用。四是政策引导服务企业引进、应用绿色技术。运用经济手段激励服务企业积极引进、试用绿色技术，运用经济和精神手段鼓励服务企业深度应用绿色技术。

（六）深化服务业供给侧结构性改革，充分发挥服务业引导全社会绿色消费的积极作用

一方面，如前所述，从内部行业结构来看，传统服务业比重偏高，现代服务业比重偏低；从投入结构来看，服务业重视劳动、资本投入，知识、技术、人才投入不足；从增长方式来看，服务业仍是粗放式增长；从全要素生产率来看，服务业整体水平低；从国际竞争力来看，中国服务业整体呈现持续性比较劣势。这一切说明，服务业供给水平低。另一方面，市场体系建设，节能环保服务业发展，公共服务的法制化、现代化，实质上都是现代服务业发展的内容。再一方面，中央提出生产性服务业要专业化发展，生活性服务业要提升精细化发展水平，实质是指服务业要集约发展，要提升发展质量。由此可见，服务业供给侧改革是非常必要和重要的。通过提升现代服务业比重，通过加大知识、技术、人才的投入，通过转变增长方式，通过加大市场建设力度，通过消灭僵尸企业、去过剩产能行动腾出的资源和市场转移到现代服务业中来，从而直接提升服务业的技术含量、提升服务业的资源利用率、降低服务业的环境污染。同时，通过深化服务业供给侧改革，既可以提高供给对绿色需求变化的适应性和灵活性，也可以发挥供给对绿色消费需求的引导作用，从而引导全社会绿色消费模式的形成。

第二节　服务业绿色发展的战略重点与战略步骤

一　服务业绿色发展的战略重点

根据第一章中相关研究回顾部分及本章第一节所述服务业绿色发展的战略定位、总体思路与主要任务，本节提出服务业绿色发展的优先领域为

商贸餐饮业、交通运输（物流）业、节能环保服务业、信息服务业、医疗保健服务业、旅游业。

（一）商贸餐饮业

商贸餐饮业（包括批发业、零售业、住宿餐饮业）是城市文明的窗口，是国家和区域经济发达程度的标志。商贸餐饮业也是服务业中能源消耗、CO_2、SO_2、COD 排放量大的重要部门。要立足消费大国、餐饮大国国情，以信息技术、现代管理全面提升商贸餐饮业。要围绕创造绿色财富这一总目标，实施绿色创新战略、绿色品牌战略、文化立商战略。重点抓好新型业态发展、特色商业街建设、大型商贸集团扩张、中餐文化传承与创新，做大做强老字号和品牌餐饮。进一步推进“三绿工程”“零售业节能减排行动”，加大建设“绿色饭店”“绿色餐饮企业”“节能超市”“节水超市”“慈善超市”的力度，建设“绿色商业街”，开展“绿色商场”建设示范活动。实施“互联网 +”流通行动计划，推进线上线下融合发展，促进实体店转型升级。着力建成与中国社会经济发展和对外开放水平相适应，区域布局合理，业态结构优化，服务功能齐全的绿色商贸餐饮体系。

（二）物流业

国家将现代物流业列为重点支持的十大振兴产业予以扶持，但物流业对资源环境的负面影响也是显著而突出的，尤其在运输、装卸搬运、包装等环节对资源环境的负面影响尤其突出。根据第五章的研究结果，在物流业绿色发展过程中多方面专家一致认为储运安全比资源节约、环境保护更重要。因而，物流业绿色发展的重点，从物流环节来考察，是运输，要优化运输结构，鼓励采用低能耗、低排放的运输工具；从绿色发展的内容来考察，是储运安全，要强化全员安全意识，加强危险品储运管理。要建立健全绿色物流国际标准、行业标准体系，如物流企业绿色度评价指南、物流企业绿色化建设指南等标准，以标准引领物流业绿色发展。此外，大力推进物联网这项物流信息管理技术在全国物流行业的广泛应用，其既能有效提升物流业的水平和层次，也能提升物流业的绿色化程度。

（三）节能环保服务业

节能环保服务业既是一个典型的绿色服务行业，更是一个技术密集型、智慧密集型的行业。相比其他成熟的传统行业而言，节能环保服务业是一个新兴的朝阳产业。围绕推进新型工业化、农业现代化和“两型社会”建设，以《国务院关于加快发展节能环保产业的意见》、《关于加快推行合同能源管理促进节能服务产业发展的通知》和《合同能源管理技术规范》为依据，加快发展节能环保服务业。运用信息技术、智能技术、大数据技术定期动态监测全国节能环保服务产业发展状况，掌握节能环保服务机构和节能环保服务项目信息，为制定节能环保服务产业发展具体扶持政策和措施提供数据支持。充分发挥节能环保服务机构在推广应用节能环保技术、节能环保产品中的积极作用，进一步探索中国特色社会主义建设新时期开展节能减排重大科技示范工程建设的新机制、新模式。设立节能环保服务业发展专项资金，加大“绿色信贷”力度，扶持一批成长迅速、规模较大的节能环保服务公司成为节能环保服务业龙头企业。加强节能环保服务业智库建设和能力建设，努力在全国建成多个节能环保服务业示范基地。

（四）信息服务业

信息服务业对资源环境的负面影响主要是电子垃圾和电磁辐射。因而，信息服务业绿色发展重点宜采取如下措施：建立健全资源回收利用方面的相关法律法规体系，合理利用征收填埋和焚烧税等经济手段，建立有效运转的回收网络，研发并提升电子垃圾回收利用技术、电磁辐射污染屏蔽技术，严格落实电磁辐射污染防治各项措施，加大资金、人力、物资投入，强化电磁辐射环境污染治理。

（五）医疗保健服务业

医疗保健服务业对资源环境的负面影响比较隐蔽，往往容易被人们忽视。事实上，医疗垃圾、废水、瘴气等对生态环境的破坏和人民群众健康的影响是非常严重的。既要推进医疗体制改革，构建责权明晰、运转流畅、高效有序的新型管理体制和运行机制；又要扩大总量、调整结构、优化服务，建立符合和谐社会要求，体现公平、兼顾效率的公共卫生、医疗服务、健康保障、卫生监督体系；同时还要推动医疗保健事业与经济、社会、资源环境协调发展，促进医疗保健机构与环保服务机构合作，及时安全处理医疗垃圾、废水、瘴气。大力发展中医药和天然养生保健服务，积极推进社会化、专业化康复、护理服务；培育多样化、个性化的心理健康保健服务；推进保健养生行业的标准化、规范化、品牌化工作；努力打造绿色医疗保健的国际性品牌。

（六）旅游业

旅游业是国家要加快发展的国民经济的战略性支柱产业，国家力图把旅游业培育成为人民群众更加满意的现代服务业（国务院，2009）。旅游业对资源环境的负面影响主要是旅游设施的建造和运营对当地资源环境的直接影响，通过影响客户行为对资源环境的间接影响，如能耗、水耗、废弃物等。此外，经营服务活动过程中还可能会对游客生命财产安全带来危害。因此，实现旅游业绿色发展，要坚持安全第一、节能环保、合理利用资源。重点要实施三大工程。一是实施旅游业节能节水减排工程。重点是引导、鼓励宾馆饭店、景区景点、乡村旅游经营户和其他旅游经营单位积极利用新能源新材料，积极开发和应用节能节水减排技术，广泛实行合同能源管理和高效照明改造，努力减少温室气体排放，大力推进资源的循环利用，创建绿色环保企业。合理确定景区游客容量，严格执行旅游项目环境影响评价制度。引导、教育消费者采取低碳绿色旅游方式。二是实施旅游安全工程。以旅游交通安全、旅游设施安全、旅游餐饮安全为重点，严格制定与执行安全标准，努力完善安全设施，大力加强安全检查，切实落实安全责任，尽力消除安全隐患，积极建立健全旅游安全保障机制。完善旅游安全提示预警制度。全力防止重大突发疫情通过旅行途径扩散。多方推动建立旅游紧急救援体系，认真完善应急处置机制，健全出境游客紧急救助机制，增强应急处置能力。严格执行安全事故重大责任追究制度。三是实施绿色旅游认证工程。联合环保、质量检验检疫标准部门，制定和修订绿色景区、绿色饭店、绿色交通、绿色建筑、绿色旅行社、绿色旅游产品、绿色乡村客栈等系列绿色旅游标准，统一绿色旅游认证标识，推行绿色旅游认证、执行、监督制度。

二　服务业绿色发展的战略步骤

战略的时限一般比较长，在10年以上。1997年中国共产党第十五次全国代表大会提出了21世纪中国社会发展的新“三步走”战略设想，以2000年为基期，前两步都是以10年为一步，最后一步是到2050年。而对于中国工业化发展阶段演变、人口发展阶段、城镇化发展阶段及能源资源发展形势来说，2020 年、2030 年、2050 年都是重要的时间节点（吴舜泽等，2015）。由于时间越长，不确定因素越多，战略目标的设计越困难，也越不便于操作，但又必须和国家的总体战略大体保持一致。因此，本节以 2030 年为限，对中国服务业绿色发展的战略步骤做一粗略划分。

（一）从服务业总体考察服务业绿色发展的战略步骤

根据国务院发布的“十三五”节能减排综合工作方案，到 2020 年服务业增加值占国内生产总值比重提升到 56%。研究表明：2020 年中国基本实现工业化，煤炭消费总量上升但增势趋缓；2030 年前后工业化、城镇化完成，中国基本进入知识经济时代，产业高端化的主导地位凸显，人口、能源消费、碳排放有望达到峰值（吴舜泽等，2015）。因而，未来 12 年中国服务业绿色发展战略推行可分为两个阶段：2018～2020 年，有效控制服务业能源消耗和污染物排放，有效提升服务业科技含量。在此阶段，全力促进服务业增长方式转变，全面推进交通运输、公共机构等重点领域节能，全面推进沐浴、美发、汽车修理、住宿餐饮等服务业节水，大力发展环境服务业和再生资源回收利用业。

2021～2030 年，全面降低能源消耗和污染物排放，全力提升服务业技术水平。在此阶段，加快服务业内部行业结构、能源结构调整，大力发展高技术服务业、信息服务业、节能环保服务业，全力提升生产性服务业比重，降低流通性服务业比重。积极应用新能源技术，着力提高清洁能源使用比重，推进全产业降低能源消耗和减少污染物排放。加快服务业技术创新和技术应用，提升服务业技术水平。

（二）从服务业具体行业考察服务业绿色发展的战略步骤

服务业具体行业主要分为商贸业、住宿餐饮业、交通运输业、邮电通信业、文化教育产业、金融业、旅游业、房地产业、信息服务业、医疗保健业、养老服务业、节能环保服务业、高技术服务业、科技服务业、人力资源服务业、商务服务业等。从这个角度考察，结合国务院发布的《“十三五”节能减排综合工作方案》，未来 12 年中国服务业绿色发展可分为两个阶段：第一阶段为 2018～2020 年，把商贸业、住宿餐饮业、交通运输物流业、节能环保服务业、公共服务业作为绿色发展的重点；第二阶段为

2021～2030年，全面推进服务业的绿色发展。

（三）从服务业企业行为与环境压力的相互作用变化考察服务业绿色发展的战略步骤

未来12年中国服务业绿色发展战略推行可分为两个阶段：2018～2020年，中国服务业对环境压力将走向主动应对阶段。“十三五”期间将会有大多数服务企业主动应对，将环境问题内部化。许多服务企业将意识到现有的环保措施已经不能满足政府和公众的要求，开始把环境问题看成是长远的关乎公司生存的问题。越来越多的服务企业将设立环境部门，行使监测、外部联络、政策制定职能。

2021～2030年，中国服务业对环境压力将走向全面主动应对阶段。服务企业将资源环境问题的解决视为竞争优势的来源。不仅追求经营活动过程中尽量减少对资源环境的负面影响，而且主动引导制造企业进行绿色研发、绿色生产，主动引导全社会进行绿色消费，同时还会努力探索经营活动如何给环境带来有益影响，通过环境经营促进企业经济实力提升。

第三节　服务业绿色发展的战略路径

著名经济学家胡鞍钢指出：“绿色发展是一个全新的发展道路，既没有现成的发展模式，也没有成熟的发展经验，这就需要中国自主创新、大胆创新、科学创新。”（胡鞍钢，2012）他还明确指出，绿色发展“以绿色创新为基本途径”（胡鞍钢，2012）。生态环境部原副部长潘岳则提出：“环保工作有三个轮子：一是宣传，二是法律，三是技术。”“政府‘绿色控制’能力，主要表现在法律和技术两个环节上。”（潘岳，2004）他们分别从一个侧面深刻揭示了绿色发展的战略路径。本书认为只有两者的结合即绿色创新与绿色控制的协调统一才是系统、全局、本质的绿色发展之路。因为创新能提供新的控制手段、提升控制力，控制系统内含鼓励创新的作用机制，能提供创新初始动力；创新活动需要控制，才能达成创新目标，控制活动需要创新，才能增强控制的有效性。

一　服务业绿色创新

绿色创新一般指通过引进新的思想、行为、产品和流程来减轻企业的资源环境负担或者实现特定的生态可持续发展目标。绿色创新是由市场拉动、技术推动、规制驱使决定的（张钢、张小军，2011）。服务业绿色创新重点是绿色文化创新、绿色技术创新、绿色制度创新和绿色市场创新。

（一）服务业绿色文化创新

绿色文化是以生态科学和可持续发展理论作为思想基础的新兴文化，是倡导人与自然和谐相处的思想体系，是人们根据生态关系的需要，通过开发绿色技术，有效地解决人与自然关系问题所反映出来的思想观念的总和（秦书生，2006）。绿色文化的核心内容是倡导以人为本的发展观、不侵害后代人生存发展权的道德观、人与自然和谐相处的价值观。

服务业绿色文化创新，就是在服务业发展中，应该具备绿色精神和理念，充分考虑到顾客、企业、社会、员工等各个主体的利益，将实现企业、顾客和整个社会的长期利益作为发展的终极目标。为确保绿色文化内化为服务企业员工的价值观，服务企业的高层管理人员必须培养创新活动的兴趣，恪守创新活动的承诺，并且要在培育绿色创新文化的发展中起到更加积极的作用。而员工个人参与、工作创新、重大文化变革的基础设施、新的决策制定模型是改变组织传统文化，向绿色文化过渡的必要组成部分。

（二）服务业绿色技术创新

绿色技术创新是创新主体以可持续发展为价值取向，采用系统科学方法开发新的技术和管理手段，以促进人与自然协调发展，推动经济、社会和生态效益增长，实现技术、经济、社会、自然系统可持续发展的过程（李平，2001）。根据绿色技术创新与现有选择环境匹配的难易度，绿色技术创新可分为末端治理技术创新、绿色工艺创新、绿色产品创新三个层次（杨发明等，1997）。根据绿色技术创新的内容可以分解为绿色产品设计、绿色材料、绿色工艺、绿色设备、绿色回收处理、绿色包装等技术的创新（吴迪冲，2003）。绿色技术创新与传统技术创新相比负载着更高的生态和经济的价值追求。因此，绿色技术创新具有不同于一般性技术创新的特征。绿色技术创新和应用以增加企业绿色财富为主要目标，一般技术创新和应用主要是追求经济利益。绿色技术创新既是一项使绿色技术成果商品化的经济活动，又是使绿色技术成果公益化的社会活动。

服务业绿色技术创新的本质是将资源环境因素、社会效益融入服务业技术创新的各个环节之中，从而成为一种更为复杂的服务技术创新。服务业绿色技术创新过程主要包括创新源的绿色化过程、技术创新与扩散的绿色化过程、企业经营管理的绿色化过程三个部分。相对于制造业，服务业任何时候都是一个劳动密集型企业，服务业在许多国家都是一个吸收最大量劳动力就业的产业，因此，服务业绿色技术创新的重点便是人力资本的投资与开发。政府的政策导向、市场竞争的激励、企业对利润的追求，是服务企业绿色技术创新的主要动力。在当前绿色发展的起步阶段，政府的激励政策和各种投资的倾斜是服务业绿色技术创新的强有力促进力量。

（三）服务业绿色制度创新

自熊彼特把创新引入经济活动中以后，西方经济学家关于创新的研究向技术创新与制度创新两大分支发展。制度创新理论形成了两个流派，以加尔布雷斯、缪尔达尔、海尔布伦纳等人为代表的新制度学派，对现存的资本主义制度弊端进行了有力批判，认为只有对现存的制度进行变革才能促进创新；以科斯、诺斯为代表的新制度经济学派，认为由于交易成本的存在，制度是经济增长的内生变量，制度创新决定技术创新，好的制度选择会促进技术创新，不好的制度设计将扼制技术创新或阻碍技术创新效率的提高，技术创新不仅可以增加制度创新的潜在利润，并且可以降低某些制度安排的操作成本，从而使建立更为复杂的经济组织和股份公司变得有利可图（丁娟，2002；张荣峰、章利华，2006）。本书采用后一种制度学派的观点。据此，绿色制度是指围绕可持续发展所做出的各种制度安排，包括两大类型：强制性的制度安排（法律、法规来约束组织和个人的环境行为）和非强制性的制度安排（宣传、教育提高组织和个人的环境意识）。而政策失效、消费需求的变化（量的满足→质的满足→情感满足→生态满足）、市场压力、我国经济发展的现实需要和实施绿色创新制度为企业带来的商业机会是进行绿色制度创新的动因（姜太平，2000）。

服务业绿色制度创新，除了第三章所述的体制机制创新外，还要强调三点：一是建立健全服务业绿色发展的法律法规，如ISO9000质量管理认证制度、清洁生产制度和ISO14000环境管理体系制度、绿色标签、绿色包装、绿色环境和绿色反倾销等，并严格执行，根据对执行效果考评情况进行相应的奖励或惩罚；二是要加强对服务业从业人员的绿色知识、绿色文化的宣传、教育，不断增强服务业从业人员的绿色意识；三是要把绿色文化融入绿色制度，以绿色文化指导绿色制度创新。

（四）服务业绿色市场创新

市场创新是企业创新成果得以实现的途径。服务业绿色市场创新通过开拓绿色新市场或创造绿色市场新组合将绿色技术创新、绿色制度创新、绿色文化创新成果转化为商业价值和服务企业实力，向服务企业提供绿色创新压力和动力，并决定和影响着服务企业绿色创新活动的规模、内容及发展方向。绿色市场创新既是服务企业绿色技术创新成果的最终反映，也是服务企业绿色创新的基本目的。

绿色市场创新与其他创新之间是一种互动式的关系。一方面，绿色技术创新、绿色制度创新、绿色文化创新是服务企业绿色市场的基础与支撑条件，服务企业的市场定位必须同服务企业的这些创新能力相适应；另一方面，服务企业的这些创新本身是一种绿色市场创新思想的体现，这些创新必须服从绿色市场的需求和要求，围绕绿色市场发展趋势选择适当的创新模式、方法及类型。

二　服务业绿色控制

绿色控制，是指为强化节约资源、保护环境、有益公众健康安全的行为，防止或减少浪费资源、污染环境、危害公众健康安全的行为，对行为主体及其活动进行导向与制约的过程。服务业绿色控制按其内容可划分为绿色文化控制、绿色制度控制和绿色标准控制。

（一）服务业绿色文化控制

服务业绿色文化控制主要包括社会绿色道德控制、组织绿色价值观控制和组织无明文规定的绿色控制。社会道德是公民内在的观念系统，是一个社会人们共同生活及其行为的准则和规范，通过人们的自律或通过一定的舆论对社会生活起约束作用。它是国家、社会的一种软控制力。随着市场经济的发展及其资源环境负面效应的显现，国际社会越来越重视道德在企业环保绿色活动中的作用。近年来出台的一些国际标准，如社会责任标准、环境标准等，就是这种趋势的集中反映。越是讲究社会道德的企业，社会责任感越强，越可能加强自我控制力。组织绿色价值观控制就是领导者塑造组织共享的绿色价值观，促使组织成员严格按照绿色价值观标准行动。无明文规定的绿色控制，强调使用风俗、习惯、氛围等来规范员工以及他们的行为，使之朝着组织明确的绿色目标方向努力。它建立在灵活的规则之上，可以推动企业活动有益于环境。行为主体之间的沟通主要依靠风俗、习惯或信任进行。政权、法律、纪律、制度等，均有明文规定，属于正式控制，是需要依赖专门集团的存在才能实现的控制。风俗、习惯、氛围等无明文规定，属于非正式控制，其实现不需要专门集团，每个人既是施控者，也是受控者。

（二）服务业绿色制度控制

制度控制，又可称为科层控制，就是运用规则、法规和权威来规范人们的行为。它包括外部的法律法规、内部的规章制度。它可以通过预算、统计报告、绩效评估等对行为和行为的结果进行规范。当任务明确且员工独立时制度控制最有效。法律法规是国家以强制力保证实施的关于一国范围内组织和个人的基本权利和义务、保护和发展特定社会关系和社会秩序的行为规范的总和，是国家的一种重要控制工具，其健全程度是衡量一国控制力的一个重要指标。而企业的所有活动都必须遵守法律法规，国内国外概莫能外。在法律法规健全的国度，有规可循、有规必循、有法可依、有法必依、违规违法必究。这样一种立法与执法健全、有序的环境将刺激、推动企业增强守法意识、提升用法能力。反之，法律法规残缺、执法不力的环境，将淡化企业守法意识，甚至其助长漠视法律法规的行为。

服务业绿色制度控制，就服务企业外部而言，主要是了解、学习、理解绿色法律法规，严格遵守绿色法律法规；就服务企业内部而言，主要是制定并执行内部的节能管理规章制度、环境管理规章制度、商品/服务质量保障制度、消费安全保障制度。

（三）服务业绿色标准控制

绿色标准就是节能、节水、节材、节地、资源综合利用、环境保护、消费安全的标准。服务业绿色标准控制就是通过绿色标准的制定、修订与实施，对服务业行为主体及其活动进行绿色导向与制约的过程。这就需要在已有的绿色标准例如绿色饭店标准、绿色农产品批发市场标准、绿色农产品零售市场标准、超市商场节能标准等服务业绿色发展的国家标准、行业标准、地方标准的基础上，进一步制定、修订新的服务业绿色标准，例如物流企业绿色度评价指南、零售企业绿色度评价指南、餐饮企业绿色度评价指南、医疗机构绿色度评价指南等标准，从而完善、健全服务业绿色标准体系。更重要的是，要强化服务业绿色标准的监督与宣贯，纠正重标准制定轻标准实施的偏差；要用源于实践、高于实践的原则指导服务业绿色标准制定，提高绿色标准的实用性；要增强服务企业的标准意识，激发服务企业参与绿色标准制定和修订的主动性、积极性。

三 服务业绿色创新与绿色控制的统一

学术界与实践部门对绿色创新的重要性已有较为充分的认识，但对绿色控制的重要性认识不足。我们认为，绿色发展过程中绿色控制与绿色创新同等重要，实现绿色创新与绿色控制协调统一是服务业绿色发展的基本战略路径。

（一）服务业绿色创新与绿色控制统一的内涵

服务业绿色创新与绿色控制的统一，是指服务企业以创造绿色财富为目标，实现绿色创新与绿色控制的共生、均衡与相互促进。主要体现在如下四个方面。

第一，服务业绿色创新需要控制，服务业绿色控制需要创新，服务业绿色创新效果的有效控制与服务业绿色控制方法手段的不断创新要有机结合。服务业绿色创新能否成功至少与创新主体、创新方向、创新力大小、创新着力点、创新环境这五个因素有关。服务业绿色创新主体的哪些个性特征、经验对创新成败有影响，何时朝何处创新，创新投入力度多大比较适宜，哪些内外环境因素变化应重点关注，服务企业绿色创新活动中的薄弱环节及创新临界点的确定等，都要在认识、遵循客观规律的前提下，经过认真识别、科学分析、实践探索、强化提升这样一个过程，才能够有效把握。由此，在绿色创新过程中，才能有效防止坏的变化、强化好的变化，实现绿色财富增加的目标。同时，不同类型的服务业绿色战略（例如服从型、自愿型）其性质不同，既定绿色战略实施过程中可能产生新的绿色战略，绿色战略环境是变化的、相互关联的，绿色战略实施过程中经常出现偏差，作为绿色控制者的管理团队，必须不断进行心智模式的修炼和绿色控制能力的提升；绿色控制杠杆的组合、绿色控制重点的掌控、绿色控制力度的拿捏，要随之而调整、变革，绿色控制才能发挥实现绿色战略目标、推动绿色战略更新的作用。

第二，服务业绿色创新、服务业绿色控制是一个矛盾统一体，统一于服务业绿色发展过程中，服务业绿色创新、服务业绿色控制在矛盾中的地位会动态转化。服务业绿色创新与服务业绿色控制是一个矛盾统一体，它们在服务业绿色发展的矛盾运动中达到和谐统一。服务业绿色创新与服务业绿色控制何者是主要矛盾和矛盾的主要方面，何者为次要矛盾和矛盾的次要方面，依客观情况而定。一般来说，在均衡变化的外部环境下，服务业绿色创新是服务业绿色发展中的主要矛盾和矛盾的主要方面，服务业绿色控制是服务业绿色发展中的次要矛盾和矛盾的次要方面；在外部环境快速变化，服务企业绿色创新动力不足时，绿色创新是主要矛盾和矛盾的主要方面，绿色控制是次要矛盾和矛盾的次要方面；在人们充分认识到绿色创新的重要性，服务业处于快速发展而给资源环境带来较大负面影响时，或者，绿色控制的重要性长期以来一直未得到足够的重视，人们思想上对失控带来的危害认识不足时，服务业绿色控制是服务业绿色发展中的主要矛盾和矛盾的主要方面，服务业绿色创新是服务业绿色发展中的次要矛盾和矛盾的次要方面。

第三，服务业绿色控制系统本身是服务业绿色创新与绿色控制的动态统一体。根据罗伯特·西蒙斯的战略控制系统理论，构成企业控制系统的信念系统和交互式控制系统对创新产生积极和鼓动力量，从而产生和提升创新力；构成企业控制系统的边界系统和诊断控制系统对企业战略制定与实施予以约束和确保服从命令的力量，即控制力。因而，创新力与控制力内在统一于企业控制系统中，服务业绿色创新与服务业绿色控制内在统一于服务业绿色控制系统中。

第四，服务业绿色创新能力与服务业绿色控制能力在服务业绿色发展的矛盾运动中螺旋式提升。在服务业绿色发展的矛盾运动中，绿色创新能力与绿色控制能力并不是静止地停留在某一个水平上。服务业的发展壮大、创新与控制理论及绿色发展理论的发展、绿色创新与绿色控制技术的发展、绿色创新与绿色控制手段的现代化、绿色创新与绿色控制实践活动的不断进行、资源承载力与环境承载力的变化，交互推动着服务业绿色创新力与绿色控制力不断螺旋式地向上提升。

（二）服务业绿色创新与绿色控制统一的基本条件

第一，培育绿色创新与绿色控制统一的服务业绿色文化。文化是国家、产业、企业的灵魂，是人类需求与行为的基本决定因素，是绿色创新与绿色控制的土壤。就服务业而言，没有绿色创新与绿色控制统一的绿色文化，服务业的绿色发展就没有灵魂，服务业绿色创新与绿色控制的动态统一就缺乏依托和根基。因此，培育绿色创新与绿色控制统一的服务业绿色文化是服务业绿色创新与绿色控制动态统一的重要条件。

第二，服务业政府主管部门、服务业行业协会的联合推动。服务业绿色创新与绿色控制统一，不仅是一个新的理论命题，而且是一个新的实践课题和新的绿色发展思维。国内外服务业及其各细分行业在这方面没有现成经验可资借鉴，中国社会主义市场经济体制的特点及中国国情特殊的文化特质、中国产业发展所处历史阶段，客观决定了政府主管部门、行业协会在推动新事物时的决定性作用。绿色创新与绿色控制统一成为服务业绿色发展的自觉行动之前，需要政府主管部门、行业协会通过舆论宣传、经验推介乃至行政命令等方式推动。

第三，细化服务业绿色创新与绿色控制的手段与对象。前文提出服务业绿色创新主要是绿色文化创新、绿色制度创新、绿色技术创新、绿色市场创新；服务业绿色控制主要是绿色文化控制、绿色制度控制、绿色标准控制。这还只是领域性或范围性的内容，较为抽象，可操作性不足，可能导致人们感到无从下手。所以，这些内容还需要进一步细化，使服务业主管部门、服务企业有明确的操作途径。

（三）服务业绿色创新与绿色控制统一的实现路径

第一，制定体现绿色创新与绿色控制统一思维的服务业绿色发展规划。制定服务业绿色发展规划是顺应经济发展规律、自然规律的正确选择，是由一系列政治、经济、社会、自然条件所决定的。具体而言，制定服务业绿色发展规划是全球绿色新政、国家“新五化”战略、产业绿色化与现代服务业内在联系的客观要求，是美丽中国建设、资源节约型与环境友好型社会建设的客观要求，是中国经济发展水平与居民消费需求升级换代的客观要求，是贯彻落实《中共中央国务院关于加快推进生态文明建设的意见》《国务院关于加快发展节能环保产业的意见》的客观要求，是落实《国民经济和社会发展“十三五”规划》《“十三五”节能减排综合工作方案》《“十三五”生态环境保护规划》的客观要求。服务业绿色发展规划自始至终要贯穿绿色创新与绿色控制统一的思维。要在研究、吸收国内外先进经验的基础上，采取座谈、深度访谈、问卷调研等方式，收集一手资料，分析全球绿色新政背景下服务业绿色发展的基础、趋势和规律，剖析发达国家和国内发达地区服务业绿色发展的成功经验，总结中国服务业发展中存在的资源环境外部效应，根据中国服务业现有产业基础和比较优势，结合未来较长时期自然资产、经济、科技、文化、市场需求的变化趋势，确定中国全国、各地区服务业在“十三五”乃至更长一段时期绿色发展的优先行业，有针对性地提出相关战略思路、政策建议和具体措施。

第二，建立服务业全方位、全过程的绿色创新与绿色控制统一的长效机制。服务业绿色创新与绿色控制的统一是一个复杂的系统工程，涉及服务业发展的各个环节、各个方面。服务业的绿色创新活动、绿色控制活动总是在一定的外部环境和内部资源能力条件下进行的，会受到内外各种因素和各方关系的单独影响和交互影响。例如，服务企业的产权结构、治理结构，消费者，供应商，服务行业及企业的管理制度安排、战略目标，特定区域的资源环境承载力，环保组织、动物保护组织等社会公益团体，等等。这些外部环境因素、内在资源能力条件、激励和约束制度都是在一定机制下形成的。服务业绿色创新活动、绿色控制活动及两者统一的有效运行也需要一定的机制来支持和推动。因而需要从全方位、全过程来建立服务业绿色创新与绿色控制统一的长效机制。这一机制体系主要包括服务业绿色创新与绿色控制统一的驱动机制、运行机制、发展机制、调节机制、维护机制等方面。同时，要探索具体明确、可操作较强的服务业绿色创新与绿色控制统一的实践模型，以便进一步增强服务业绿色创新与绿色控制统一的实用性，使服务业绿色创新与绿色控制统一能落地生根。

第三，激发服务业组织和从业人员绿色发展的进取精神与强化服务业组织和从业人员绿色发展的自律意识并举。服务业从业人员的绿色意识、绿色创新意识、绿色控制意识、绿色创新能力、绿色控制能力不是天生的，可以通过后天的教育训练、实践探索得到加强或提升。而且，服务业从业人员的绿色创新能力、绿色控制能力取决于他们掌握的绿色知识、收集的绿色信息、具有的绿色智慧。绿色知识、绿色信息、绿色智慧都存在生命周期，都要不断新陈代谢。而获得绿色知识、绿色信息、绿色智慧的途径主要是学习。因而，不断学习、终身学习的能力决定了服务业组织和从业人员的绿色创新力和绿色控制力。而是否愿意主动去学习，能否坚持不懈地学习，则取决于服务业组织和从业人员是否具有进取精神、自律意识以及其进取精神、自律意识的强弱。由此观之，服务业要实现绿色创新与绿色控制的统一，必须坚持提升服务业组织、服务业从业人员的学习能力与强化服务业组织、服务业从业人员的进取精神、绿色自律意识并举。在目前举国强调提高学习能力、建立学习型组织、实施创新驱动型战略的时候，更应警惕忽视培育、忽视强化绿色自律意识的倾向。提高服务业组织和从业人员的学习能力，主要途径是建立强有力的学习机制，例如塑造学习型企业文化、建立整套学习型管理规章制度、建设学习型硬件设施。强化服务业组织和从业人员绿色发展的进取精神、绿色自律意识，主要途径是灌输与引导，包括舆论宣传与引导、榜样宣传与引导、教育培训与引导、到绿色发展标杆企业考察学习、对绿色行为的奖励、对非绿色行为的惩罚等。

第四，服务企业主动参与绿色标准制定与修订，积极采用绿色技术标准、绿色组织标准、绿色质量标准、新的社会责任标准，以标准化促进服务业绿色创新与绿色控制的统一。经济竞争的最高境界是标准的竞争。制定、修订或采用新的标准是创新，标准本身则是对选料、加工、售前服务、售中服务、售后服务、招人、用人、育人、卫生、节约、环保、安全等方面的控制。就当前而言，中国服务业除了要积极采用新的国际绿色技术标准、绿色组织标准、绿色产品/服务质量标准、碳排放标准外，还要采用 SA8000（Social Accountability 8000 International Standard 的简称）社会责任标准。这一标准是全球首个道德规范国际标准，宗旨是确保供应商所供应的产品都符合社会责任标准的要求。SA8000 适用于世界各地、任何行业、不同规模的公司。SA8000 认证要求企业在下列 9 个方面满足一致条件：童工、强制雇用、健康安全、集体谈判、差别待遇、惩罚措施、工作时间、工资、管理体系。这一标准的问世，标志着人类社会从只重视资本、科技的发展，转到了关注劳工身心健康和劳工权益等人文要素的发展上来。虽然 SA8000 目前仅为一项由企业自愿执行，各国政府均未要求企业强制执行的国际标准，但应看到，劳工问题在经济全球化过程中正成为各方日益关注的问题，SA8000 已成为发达国家对发展中国家实行贸易保护的“蓝色壁垒”。中国服务业企业大多是劳动密集型、劳动知识密集型企业，吸纳就业人数较多，从全球视野考虑应该重视并自觉执行SA8000，尽早通过SA8000认证，从而提高中国服务企业在全球劳动力市场的竞争力。从长远来看，中国服务业企业应积极参与服务业绿色国际标准的制定与修订，有条件的少数领先服务企业应积极创新，力争主持制定为世界同行公认的服务业绿色国际标准。

第四节 服务业绿色发展的战略措施

实施服务业绿色发展总体战略，是一个系统工程，涉及整个产业链，需要多种措施的联合使用。法规标准，一般是较为强制地推动服务业绿色发展。由于企业具有“经济人”的本质，往往容易钻法律的空子，或者处罚过轻，或者执法人员的腐败都可能使法规标准失效。法规标准措施需要经济措施的辅助，通过经济刺激使企业有环保的动力，推进绿色技术的研发与产业化，加大绿色人才培养的投入，为绿色技术提供更多高素质绿色人才，通过服务企业推动全社会绿色消费。通过文化措施，宣传环境知识，树立正确的环境价值观，实现全民环保，通过绿色消费拉动服务企业绿色化。社会营销作为催化剂，可以推动法规标准、经济措施、技术措施、人才措施、文化措施在全民中的开展。

一 法规标准措施

法规标准措施主要是指不断完善和严格执行服务业绿色法律规章，制定、修订服务业绿色标准，健全服务业绿色法规标准体系。

完善绿色服务法规和标准。国家层面可以考虑制定绿色服务法，完善对浪费资源、污染环境的商品/服务及包装的禁止、限制规定，完善绿色商品采购、商品包装空位及预留容量、废弃物处理、能源消耗、运输车辆车型及燃油使用、节能、购物袋使用等服务活动过程的相关法规条例。制定绿色消费法，以强制消费者购买、使用绿色商品和服务，对于绿色处置消费过程中产生的废弃物，消费者要承担一些垃圾分类责任，负担一定的废弃物回收费用，从源头上促进服务企业绿色化。地方政府可以考虑建立服务企业环境监督管理制度、服务企业绿色目标考核制度、服务企业环境认证标准考核制度、绿色服务企业地方标准等。中央政府服务业主管部门可以牵头构建服务业绿色标准体系，例如，绿色零售企业分类与评估规范、绿色物流企业分类与评估规范、绿色医疗机构分类与评估规范、绿色信息服务企业分类与评估规范等，充分发挥绿色标准对服务业绿色发展的引导、规范作用。

加强绿色法规和标准的执行力度和监督力度。有了好的法规和标准，执行和监督将成为成败的关键。若执行不力或缺乏监督，法规、标准将只是一纸空文。因而，加强对绿色法规和标准的执行、监督力度非常必要和重要。重点可以考虑从以下方面着手：一是业绩考核。使用服务业绿色GDP作为考核主管服务业的各级政府官员的指标，并与官员的晋升、薪酬挂钩，使用绿色状况指标作为服务企业评等晋级的考核指标，并与对服务企业领导者的评价、薪酬挂钩，从而使服务业绿色发展落到实处。二是非政府绿色组织的监督。放宽非政府绿色组织成立的条件，不断壮大非政府绿色组织的监督力量。支持非政府绿色组织披露服务企业造成的资源浪费和环境破坏事件信息，支持非政府绿色组织对服务企业日常非绿色行为信息的披露。三是建立第三方审核机制。对服务企业经营活动中需要提交的环境影响评价资料审核，对服务企业需要认证的环境管理体系、社会责任等绿色达标情况进行审核、认证。四是媒体监督。充分发挥传统媒体、新兴媒体和舆论对服务企业绿色发展过程、发展成效的监督和宣传作用。

完善政企互动机制。一方面，环保法规的制定与实施会在一定程度上增加某些服务企业的环境成本，影响服务企业利益，政府应进一步健全政企正式接触渠道，提供服务企业与政府平等沟通的平台与机会，同时监督、约束、避免服务企业不合法、不道德行为的发生。另一方面，绿色法规标准的建立健全，政府要充分听取服务企业的意见，尤其是绿色标准的制定与修订，要吸引更多服务企业参与进来，以更有效地引导、规范服务企业的绿色行为。

二　经济措施

经济措施是指一方面要运用经济手段刺激服务业绿色发展，另一方面要着力提升服务业经济绩效，为其绿色发展奠定财力基础。单纯的“命令—控制”型的绿色规制，可能会带来高成本和低效率。要实现服务业经济与环境保护的协调发展，需要建立完整的经济政策体系。

建立健全排污收费制度。根据污染程度对服务企业电磁辐射、汽车尾气排放、空调冷冻设备排污、废水废物排放处理实行不同等级的收费，例如对商场、饭店等收取较高的污水排放费用，促进中水回收等环保技术的使用；对汽车维修服务企业征收废气、有害气体、污水排放费用；对快递企业征收废弃包装处理费等。

建立服务业绿色环保基金。从中央到地方各级政府，建立服务业绿色环保基金。对自主研发节能环保技术或积极应用国际先进节能环保技术、在经营活动全过程中积极开展环保活动、购置民族自主品牌节能环保技术设备、通过国际节能环保系列标准认证的服务企业，给予重大项目立项、税费减免、财政资金扶持、贷款优惠等方面的支持。把国务院发布的有关服务业发展政策及中长期规划中提出的“结合营业税改征增值税试点，逐步扩大增值税征收范围。合理调整消费税征收范围、税率结构和征收环节。研究扩大物流企业营业税差额征税范围，完善征税办法”等规定落到实处。通过减轻服务企业税费，降低服务企业经营成本，增加服务企业利润。

扶持能源服务企业。完善服务企业与能源服务市场的合作模式，推动服务企业合同能源管理的健康发展。通过财政、信贷、税收优惠等手段，促进服务业清洁生产的发展，带动绿色产品销售，扶持服务业的绿色发展。

建立绿色押金制度。对服务企业实行把潜在污染物（可回收包装物、电子产品、废旧货车等）送回回收系统时即退还所收附加费的押金制度。

引导服务企业以市场为导向改善经营，以效率为导向改善管理，提升经济绩效。服务业实现节约资源、提升资源利用效率、减少对环境的污染乃至有益于环境，需要进行技术改造，需要进行技术、制度、文化、业务流程等方面的全面创新，这些创新活动实施需要资金支撑。服务企业经济绩效低，就无力承担资源节约、环境保护所需费用。目前中国服务业绿色发展状况不理想，与服务企业经济绩效低密切相关。因而，政府主管部门、服务业行业协会要综合运用多种手段引导服务企业提升经济绩效。

三　技术措施

技术措施就是建立服务业绿色技术协同创新战略联盟，自主研发、积极应用国际国内先进绿色服务技术。

建立健全官（政府）、产（服务企业）、学（大学和科研院所）“三位一体”协同创新模式。政府列出服务业重点绿色技术创新目录，对列入清单的绿色技术，通过财政补贴、税收优惠、低息贷款等方式给予扶持；加大科研经费投入和科技成果转化制度创新，创造更宽松的绿色技术融资、成果转化环境，引导高校、科研院所和服务企业的绿色技术协同创新活动。发展以政府为主体的绿色服务技术创新环境改善模式，以高校为主体的服务产业发展基础理论与前沿技术创新模式，以服务企业为主体的服务技术产业化的环保技术发展模式。注重国际先进绿色服务技术的引进、消化、吸收、再创新。

打造清洁、高效、产业化、规范化的运输体系。进行合理的交通规划，建立集公路、铁路、河湖、航空一体化的运输体系；开发高级交通管理系统；发展集装箱运输；整合货物运输企业，建立专业化物流园区，使得分散无序的个体货物运输形成产业化、规范化的货物运输系统；加强机动车的监督管理，加大处罚力度，对待违规车辆或企业毫不手软，实现可持续货物运输。

大力推进店面节能、环保改造。在服务企业中广泛推广应用能源管理体系，保证能源、资源得以有效利用。按照绿色门店标准，运用 LED 灯、冷冻水泵变频、冷凝水回收系统、高能效压缩机技术、并联机组和高能效系统控制技术、高效节能风机、EMS 智能控制系统、冷媒泄露监测仪、燃煤锅炉节能系统、分项计量、自然采光、环保新型建筑装饰材料等先进的技术手段和设备对既有门店进行节能环保改造，并对新建门店全面进行节能环保设计和建造，提高门店的整体节能环保效率。针对服务企业用水，安装感应装置、节能阀、人工巡查、节能水箱等装置，中水设备处理后的中水用于卫生间冲洗用水、冷却塔补水、市政绿化浇灌用水等，节约水资源。

建立再生资源回收、再资源化网络系统。本着联合控股，成本利益化的原则，根据生命周期理论，形成源头、过程、结果的资源循环无缝连接。不同类别的资源再生处理技术不同，需要对不同资源进行分类处理。建立包装废弃物回收再资源化系统、其他非电子类废旧物资再资源化系统、电子废弃物再资源化系统、污水回收处理系统。包装废弃物回收再资源化系统：由政府建立包装废弃物回收系统，占有相对最大的股份，其余由 N 家包装企业持股，进行企业化管理。包装废弃物回收系统可以借鉴德国 DSD 系统运作。进行包装材料环保认证，并授权该企业包装标志，所有的包装使用者、生产者都需要交纳一定的该包装标志使用费，这些费用用于包装废弃物的回收、再生处理，对未使用该包装标志的企业将进行罚款。其他非电子、汽车类废旧物资再资源化系统、电子废弃物再资源化系统、废旧汽车再资源化系统、污水回收处理系统由政府分别与零售企业、电子制造企业、汽车生产厂家、餐饮酒店企业联合控股成立专业废弃物及污水处理企业，对不同的废弃物进行分类、专业化无害再资源化处理。通过“利益自律”形成互相监督、相互促进的良性废弃物再资源化网络系统。

四 人才措施

人才措施就是加强绿色教育机构、培训机构和科研机构建设，加强服务业绿色人才培养和训练，加强服务业绿色理论研究，大力培养一批德才兼备的服务业绿色技术人才、绿色管理人才和绿色理论人才。

加大服务业绿色教育投入，改进服务业绿色人才培养模式。设立服务业绿色教育专项基金，引导、鼓励社会具有资质的机构开展绿色教育培训工作。通过建立绿色学校、开设绿色系列课程、编写绿色系列教材，组织服务业从业人员绿色教育，提高服务业人力资源的绿化程度。改进教育模式，改变高校偏重于基础理论研究的现状，加强高校与服务企业合作，共同开发绿色服务前沿技术，注重学生实际操作能力的训练，使得高校毕业生的知识技能能够满足企业的需求；注重服务业节能环保专家、节能环保专业人员、绿色管理人员的继续教育和培训。通过多种形式、多条途径、多年积累，培养一批具有国际视野的德才兼备的服务业绿色领导人才、服务企业绿色经营管理人才、服务业绿色专业技术人才。

建立有效的绿色创新激励机制。建立绿色创新绩效考核体系，建立健全绿色创新薪酬体系，并使二者有机结合，鼓励绿色技术创新和绿色管理创新，充分调动人才绿色创新的主动性和积极性。

加强服务业绿色化研究组织机构建设。可以在国务院发展研究中心或国务院研究室、具备条件的“985”高校设立全国性的服务业绿色化研究机构，各地省级政府、党委和高等院校设立地方性服务业绿色化机构，组织力量进行服务业绿色化理论与实践研究。国家自然科学基金、国家社会科学规划基金、教育部人文社科研究规划基金三大国家级科研基金，优先资助服务业绿色发展研究项目，通过优先资助培养服务业绿色研究人才，最终推出一批水平较高、有国际影响的服务业绿色发展基础理论成果，推出一批高质量的、能够真正指导实践的服务业绿色发展战略规划、实施方案、支持政策体系、法规标准体系。

五 文化措施

文化措施就是联合多元主体，通过多种渠道，采取多种形式，在服务业乃至整个社会营造浓厚的绿色文化氛围。

各级学校要重视对学生进行绿色服务文化熏陶。绿色知识能引导人们获得正确的环境价值观和绿色态度，进而转化为有利于绿色发展的行为模式。针对各级学校的小学生、初中生、高中生、专科生、本科生、硕士生、博士生，绿色知识、绿色文化宣传灌输的重点有所不同，但都要注重绿色理论知识和绿色实践知识的宣传灌输。各级学校要努力建设绿色校园，与社区、机关、服务企业合作建立绿色服务文化实践教学基地，通过实实在在的绿色服务文化环境接触、刺激、熏陶，帮助学生主动探索人与自然的和谐关系，逐步树立正确的绿色道德和绿色价值观。

政府部门要充分利用文化产业宣传绿色价值观。通过各级各种新旧媒体宣传节能环保、健康安全知识，颂扬绿色标杆服务企业的经验与精神，曝光浪费资源、污染环境、危害消费者健康安全的服务企业非绿色行为，公布服务企业环境报告书、重大安全事故报告书；通过电影、电视剧、歌舞等艺术手法，宣传正确的绿色价值观，摒弃错误的环境观；还可以通过印刷品和电子媒体广泛传播服务业绿色发展理念。

服务企业要大力开展绿色文化营销，引领绿色生产、绿色消费的发展。通过采取文化营销手段向生产者传递绿色消费需求信息，引导生产者增加绿色产品供应量、降低绿色产品成本，从而使绿色产品价格能够让消费者承受，提高消费者选择绿色产品和绿色企业的主动性。充分发挥服务业的窗口作用，向社会公众传递绿色理念，激发绿色消费需求。

六 社会营销措施

社会营销措施是运用市场营销学的原理和技巧倡导社会绿色变革运动，竭力引导社会公众自愿放弃浪费资源、污染环境、危害消费者健康安全等行为。

服务业绿色发展的根本在于绿色消费。社会公众选择绿色消费，将引导和推动工农业生产企业生产绿色产品，引导和推动服务企业提供绿色服务；将促使各行各业的技术创新、生产经营服务活动向绿色努力，以塑造绿色竞争优势、提高绿色竞争力。而绿色消费的培育与成长，除了公众消费需求的自然升级、社会文化的影响外，运用社会营销战略进行引导是非常重要的一环。

社会营销的目标接受者为企业、一般公民（幼年儿童、青年人、成年人）、公务人员。社会营销的战略形式一般是公共教育、信息、说服战略。社会营销主要达到以下四个目标：使民众了解一般资源环境问题，人类行为对资源环境造成的影响；告知民众资源环境问题对人类生存造成的威胁；说服民众，让他们认识到循环经济发展模式和绿色消费模式是大有益处的；说服消费者要为获得更加洁净、舒适的生活环境，监督企业行为，维护自身权益。

特别要指出的是，服务业绿色发展的社会营销措施必须研究受众的需求，了解目标市场不关注资源环境问题或者没有采取绿色行动的影响因素有哪些。从而使得目标市场对于资源环境问题变不关注为关注，变关注为态度，变态度为价值观，有步骤地开展运动。社会营销可以采取大众媒体为主导的信息运动，以人际传播作为补充，加以影响集团（学校、企业、环保组织等）的支持。

结论与展望

一　主要结论

本研究融合产业经济学、环境经济学、资源环境管理学、战略管理学、服务管理学、生态经济学、社会营销学、环境心理学等多学科的相关理论，通过对数十位专家的深度访谈，以及对700多家服务企业、400多位与服务业有关的政府部门公务员的问卷调查，运用理论推导、文本研究、SEM、AHP、LMDI、云模型评价等多种方法，从宏观与微观结合的角度，探索服务业绿色发展的驱动机理、绩效测评、战略响应，构建服务业绿色发展的DSR（即动力—状态—响应）逻辑分析框架。其中，对服务业绿色发展的“动力”择其要者，论述体制机制、行业因素和内在非经济因素；对服务业绿色发展的“状态”，分生产性服务业、生活性服务业进行绿色绩效测评；对服务业绿色发展的“响应”，探讨绿色发展的战略定位、战略思路、战略任务、战略重点、战略步骤和战略路径、战略措施。整个研究得出如下主要结论。

第一，服务业的绿色发展，是指把服务业发展建立在生态环境良性循环的基础上，使生态、经济、社会三大效益获得有机统一的服务业发展模式。其核心内涵是服务业的经济发展与自然资产保护、公众健康安全协调统一的发展。全球绿色运动方兴未艾的潮流、发达国家绿色新政争夺绿色话语权的动态、中国“新五化”战略及“十二五”“十三五”期间绿色发展的战略定位、服务业对资源环境影响的广泛性与学术界对服务业绿色化研究的匮乏，决定着研究服务业绿色发展具有重大战略意义。服务业绿色发展是顺应经济发展规律、自然规律的正确选择，也是由一系列政治、经济、社会条件所决定的。具体地说，是绿色新政、产业绿色化与服务业内在联系的客观要求，是着力推进生态文明战略、建设美丽中国的客观要求，是经济发展水平与居民消费水平提升的客观要求，是新型工业化、新型城市化、农业现代化建设的客观要求。

第二，国内外学者们就服务业对资源环境影响的具体表现、影响方式及原因等进行了较为系统的探讨，基本达成了共识；对服务业生态化建设或绿色发展的具体对策措施从多个角度进行了探讨，这些为本研究提供了极富启发性的思路。但是，总体而言，服务业绿色化研究刚刚起步，以往研究多为描述性、思辨性研究，甚至是浅层次的零碎研究，缺乏数理性、实证性、较深层次的系统研究；基本没有提出服务业绿色发展的逻辑分析框架；对服务业绿色发展的机理性、规律性研究及发展效果测评研究明显匮乏；重复性的研究较多，创新性尤其是原创性研究不足。

第三，服务业绿色发展分析框架要以马克思主义生态自然观、中国传统文化的生态伦理观、习近平的绿色发展理论、西方可持续发展理论、产业生态化理论和循环经济理论、绿色经济理论为理论基础，对经济合作与发展组织和联合国环境规划署用于研究环境问题的框架体系——PSR 模型（即压力—状态—响应模型）进行改进和延伸，概括提炼出服务业绿色发展的 DSR（动力—状态—响应）模型。而“动力—状态—响应”模型比“压力—状态—响应”模型能更全面、系统分析服务业的绿色发展问题。前者相比后者，增加了内在动力变量，强调是外在压力与内在动力共同决定了服务业的绿色状态，然后服务业根据绿色状态，结合对外在压力与内在动力的考量做出应对。

第四，服务业绿色发展的外在驱动因素主要是体制机制和行业因素。体制机制主要包括行政管理体制机制、产业引导体制机制、资源节约体制机制、环境保护体制机制、消费安全体制机制、科技支撑体制机制等 6 个方面。这 6 个方面存在的问题从深层次束缚了服务业的绿色发展。因而，体制机制创新是释放服务业绿色发展潜能的重要动力。从 CO_2 排放与脱钩效应的视角考察，服务业绿色发展的行业影响因素主要是产业规模、能源强度、能源结构、排放因子。

第五，从服务业绿色行为的内在非经济机理来看，零售企业绿色认知中的零售企业资源环境感知对零售企业绿色行为的两个维度——资源节约和环境保护行为都具有直接显著正向影响；零售企业资源环境知识对零售企业环境保护行为具有直接显著正向影响，而对节约行为的直接影响不显著。零售企业绿色情感对零售企业绿色行为的两个维度——资源节约行为与环境保护行为都具有显著的正向影响。零售企业绿色情感在零售企业资源环境知识对零售企业资源节约行为和环境保护行为的影响路径中起部分中介作用，在零售企业社会责任意识对零售企业资源节约行为和环境保护行为的影响路径中起完全中介作用。不同群组零售企业之间，有的假设路径存在显著性差异，有的假设路径无显著性差异；六个潜变量的均值水平有的存在显著差异，有的无显著差异。

第六，服务业绿色绩效评价指标由节约、环保、安全、经济四部分组成，其中安全指标所占权重最高，经济绩效所占权重最低。而云模型是服务业绿色绩效评价中具有明显优势的方法。云模型不仅能够兼顾随机性与模糊性，准确实现自然语言中定性概念与其定量表示之间的相互转换，而且能用更多的数字特征从多个方面来表示一个定性概念，同时该方法也易于实现，整体优于现有的绿色绩效评价方法。

第七，生产性服务企业绿色度整体处于一般与较好之间，总体水平不高。以长沙市3A级及以上级别的物流企业为例，国有及国有控股企业的环境友好指标、储运安全指标以及企业绿色度均达到了较好的水平，资源节约指标得分其次，经济绩效指标得分最低，这指明了国有及国有控股企业今后努力的方向：节约资源、提高效益。对于民营及民营控股企业而言，除了储运安全指标达到了较好的水平外，其余指标得分均介于一般与较好之间，经济绩效指标得分最低。这表明，经济效益低是目前物流企业遇到的最大问题。从企业级别来看，5A级物流企业与4A级物流企业在企业绿色度以及除经济绩效以外其他3个一级指标的得分均高于3A级物流企业，其中5A级物流企业绿色度及各一级指标得分均达到了较好以上水平，表现尤为突出。这表明3A级物流企业与4A级、5A级物流企业在绿色发展上存在明显的差距。从企业年龄来看，绿色度及各一级指标的得分值基本都在较好以下，这一方面表明物流企业绿色度总体水平偏低，另一方面反映了绿色度发展水平并不会随着企业年龄的增长而提高，也不会因为企业年龄较低而表现偏低，提高绿色度水平几乎不受企业年龄的限制。

第八，生活性服务业绿色度整体处于较好等级。以长沙市大型零售企业为例的生活性服务业绿色度云模型评价结果表明：绿色度整体得分处于较好等级，但仍有近1/3的零售企业的绿色度处于一般等级。从一级指标的得分来看，长沙市大型零售企业在资源节约、环境友好和消费安全三项指标的整体得分均达到较好等级，而经济绩效的得分相对较低，仅处于一般等级。并且，企业之间在经济绩效、环境友好方面的得分分布的离散程度较大。从各个二级指标的得分来看，除节能技改资金投入和绿色商品销售比例两项指标的整体得分处于较差等级以外，其他指标的整体得分均为一般及其以上等级，即从二级指标来看长沙市大型零售企业在节能技改资金投入和绿色商品销售比例方面表现较差。此外，整体而言零售企业对绿色度相关方面的认识与了解还不够清晰，特别是在环境友好与消费安全两个方面的认识存在明显的不确定性。

第九，中国服务业绿色发展的战略定位为：服务业绿色发展与制造业绿色发展同等重要，并在国民经济和社会绿色发展中居于先导地位。中国服务业宜制定与实施以提升服务业效率为核心的，体现发展阶段、区域和行业差异性的绿色发展梯度推进战略。总体思路是：“一个引领”（全面绿色导向）、“两个支柱”（传统服务业绿色改造与培育发展新兴绿色服务业）、“三个核心”（制度创新、技术进步、产业结构优化升级）、“四大转变”（投入方式转变、增长方式转变、资源利用环境保护方式转变、企业态度转变）。优先领域为商贸餐饮业、物流业、节能环保服务业、信息服务业、医疗保健服务业、旅游业。

第十，服务业绿色发展的战略路径是绿色创新与绿色控制的统一。绿色创新主要是绿色文化创新、绿色技术创新、绿色制度创新、绿色市场创新，绿色控制主要包括绿色文化控制、绿色制度控制、绿色标准控制。实现服务业绿色创新与绿色控制统一，需要绿色文化导向、政府和行业协会推动、绿色发展规划引导、长效机制保障、绿色标准促进。服务业绿色发展的战略措施主要是六个方面措施的综合运用：法规标准、经济、技术、文化、人才、社会营销。

二　研究不足

本书研究结论既对服务业绿色发展的理论研究、资源环境管理学科发展有益，也对服务业绿色发展实践具有较强指导作用。但是，毕竟目前国内外关于服务业绿色发展的深度研究还非常少见，加之笔者学术水平、时间、精力、经费的限制，本书作为一个探索还存在以下主要不足。

一是服务业绿色发展的一些理论有待更加系统深入探讨。例如，关于服务业绿色发展体制机制构成维度的理论论证有待充实，服务业绿色绩效的评价指标体系有待完善，服务业绿色创新与绿色控制统一有待更加体现服务业特色，绿色创新与绿色控制统一这一命题有待实证检验，等等。

二是服务业绿色发展的实证分析有待增加行业与区域。从行业看，本书只是对物流业、零售业或流通业整体的绿色发展进行了实证分析，而医疗健康服务业、旅游业、汽车维修服务业等行业对资源环境的负面影响较大，这些行业的绿色发展有自身行业特色，通过对这些行业绿色发展进行实证分析，不仅可以提高服务业绿色发展理论对实践的指导作用，而且可以充实服务业绿色发展理论，提高理论的普适性。从区域看，本书只涉及武汉、长沙两个区域，尽管这两个区域是国家资源节约型和环境友好型社会建设综合配套改革试验区，有较强代表性，但毕竟只是中部省会城市。

三　研究展望

在我们看来，未来进一步研究领域主要表现在以下三个方面。

第一，服务业绿色发展的外在动力、内在动力之间及其内部各构成维度之间的互动关系，是今后需要加强研究的一个领域。体制机制与社会压力、市场压力之间的互动关系怎样？经济动因与非经济动因的关系怎样？诸多外在动力与诸多内在动力之间的关系怎样？各种具体动力的构成维度是怎样的？如何影响服务业的绿色发展？这些问题不仅需要进一步的理论探讨，更需要开发出测量量表，并在全国范围内进行大样本问卷调查以检验之间的内在关系。而且进一步地，还应该进行不同地区、不同城市和城乡之间的比较研究。例如，对东部地区、中部地区、西部地区服务业绿色发展的机理进行比较研究，或者对城乡服务业绿色发展的机理进行比较研究，等等。

第二，服务业中的细分行业很多，各细分行业差异较大，研制各细分行业绿色绩效测评指标体系，最终归纳、提炼整个服务业绿色绩效的测评指标体系仍将是相当长时间里研究的重点。例如，哪些指标最能体现信息服务业的绿色绩效？从哪些方面评价医疗保健服务业的绿色绩效？哪些指标是衡量文化娱乐服务业绿色绩效所独有的？哪些指标是衡量所有服务行业所必需的？经济指标究竟应不应该纳入绿色绩效测评？具体细分行业绿色绩效测评如何体现行业特色？绿色绩效的等级如何划分？谁来组织服务业的绿色绩效测评？等等。这些问题，不仅需要进行理论推理，做出学理上的解释，而且需要进行大量实证研究。

第三，服务业典型非绿色行为的形成机理与干预政策、干预路径也是值得关注的一个重要问题。例如，餐饮业食物浪费造成的资源环境负效应，其形成机理究竟是怎样的？其显著影响因素有哪些？什么样的干预政策、干预路径才能使这种典型非绿色行为转变？如何评价餐饮业的非绿色度？进一步地，服务业典型非绿色行为的本质是什么？特征是什么？特定干预政策对于服务业典型非绿色行为转型的影响效应（包括影响对象、影响范围和影响程度等）如何？它如何对服务业企业典型非绿色行为发生影响？不同干预政策之间如何整合协调以最大限度地发挥政策“合力”？这些都需要立足跨学科背景（经济学、管理学、生态学、社会学、战略管理学、政策学等）进行深入的理论论证和实证测算。

参考文献

白长虹、武永红，2001，《绿色化：从制造业到服务业》，《科学学与科学技术管理》第12期。

鲍去病，1994，《对经济制度、经济体制及其运行机制的认识》，《中国工业经济研究》第10期。

曹国志、秦颖、程钧谟，2006，《企业“绿色度”评价体系研究》，《华东经济管理》第9期。

柴锡贤，1998，《关于编制长江三角洲区域绿色发展战略的建议》，《城市研究》第6期。

常修泽，2005，《体制创新：释放现代服务业发展潜能》，《浙江经济》第16期。

陈朝，2009，《重庆市零售业节能降耗存在的问题及对策探讨》，《资源节约与环保》第5期。

陈达，2001，《绿色物流管理浅议》，《中国物资流通》第5期。

陈倩，2013，《物流碳排放的估算》，《经济论坛》第8期。

陈雯、Dietrich Soyez、左文芳，2003，《工业绿色化：工业环境地理学研究动向》，《地理研究》第5期。

陈秀英，1996，《浅议世界银行衡量国家财富新标准》，《世界经济与政治》第7期。

成升魁等，2012，《对中国餐饮食物浪费及其资源环境效应的思考》，《中国软科学》第7期。

程红、杨荣芝、李克宁等，2001，《绿色流通：城市可持续发展“新的增长点”——北京地区绿色流通现状调研的启示（上）》，《中国流通经济》第5期。

程红、杨荣芝、李克宁等，2005，《绿色流通引论》，中国人民大学出版社。

道农研究院，2012，《2012中国绿公司百强报告》，http://www.daonong.com/green/2012nianhui/ziliao/2012/0412/33637.html。

邓华，2011，《低碳经济下中国零售业发展的路径选择》，《中国商贸》第 2 期。

邓少军、芮明杰，2009，《组织能力演化微观认知机制研究前沿探析》，《外国经济与管理》第 11 期。

邓于君，2009，《发达国家后工业化时期服务业内部结构的演变、机理及启示》，《学术研究》第 9 期。

丁娟，2002，《创新理论的发展演变》，《现代经济探讨》第 6 期。

董思思、董春游，2012，《基于云模型的秀山县矿产资源可持续发展评价》，《资源与矿业》第 3 期。

傅志寰、宋忠奎、陈小寰等，2015，《我国工业绿色发展战略研究》，《中国工程科学》第 8 期。

郭怀英，2010，《中国服务业体制沿革及其“十二五”战略》，《改革》第 3 期。

郭卫、张弘，2003，《采用模糊评判模型求解工艺方案绿色度的方法探讨》，《机床与液压》第 1 期。

郭志刚，1999，《社会统计分析方法：SPSS 软件应用》，中国人民大学出版社。

国务院，2009，《国务院关于加快发展旅游业的意见》，国发〔2009〕第 41 号。

国务院国资委财务监督与考核评价局，2012，《企业绩效评价标准值 2012》，经济科学出版社。

韩枫，2007，《关于服务业“绿化”发展问题的探讨》，《服务业发展与创新国际研讨会论文集》。

韩岳峰、张龙、胡慧欣，2013，《我国仓储运输业碳排放与经济增长间的脱钩分析》，《江汉论坛》第 4 期。

郝吉、霍小龙，2007，《中国能源企业绿色评价体系》，《中国石油和化工经济分析》第 23 期。

洪思扬、王红瑞、程涛等，2016，《北京市第三产业用水特征及其发展策略》，《中国人口·资源与环境》第 5 期。

侯笑如，1996，《绿色度——社会文明进步程度的标志》，《北京政协》第 7 期。

侯杰泰、温忠麟、成子娟，2004，《结构方程模型及其应用》，教育科学出版社。

胡鞍钢，2012，《中国创新绿色发展》，中国人民大学出版社。

胡锦涛，2010，《在中国科学院第十五次院士大会、中国工程院第十次院士大会上的讲话》，《人民日报》6月8日。

胡石元、姜昕、丁佳玲，2007，《教师课堂教学质量的云模型评价方法》，《武汉大学学报》（哲学社会科学版）第3期。

胡子祥，2004，《论绿色服务》，《西南交通大学学报》（社会科学版）第2期。

黄海生、王汝传，2008，《基于隶属云理论的主观信任评估模型研究》，《通信学报》第4期。

黄孔融、王国聘，2008，《我国第三产业与环境问题研究》，《扬州大学学报》（人文社会科学版）第6期。

黄亮雄、安苑、刘淑琳，2013，《中国的产业结构调整：基于三个维度的测算》，《中国工业经济》第10期。

霍小光、张晓松，2016，《习近平在参加首都义务植树活动时强调发扬前人栽树后人乘凉精神　多种树种好树管好树》，《人民日报》4月6日。

贾琦、段青青、陈晓楠，2010，《黄河流域水资源可再生能力评价的云模型》，《中国人口·资源与环境》第9期。

江静、刘志彪，2009，《政府公共职能缺失视角下的现代服务业发展探析》，《经济学家》第9期。

江林、徐磊、陈立彬，2012，《我国消费者生态购买行为影响机制》，《中国流通经济》第2期。

姜启源、谢金星、叶俊，2010，《数学模型》，高等教育出版社。

姜太平，2000，《绿色制度创新初探》，《华中理工大学学报》（社会科学版）第1期。

姜旭，2010，《关于日本物流四个〈综合物流施策大纲〉的研究》，《中国流通经济》第9期。

金常飞、曹二保、赖明勇，2012，《双寡头零售市场绿色营销演化博弈分析》，《系统工程学报》第3期。

金桢炜，2011，《基于模糊综合分析法的杭州市物流系统绿色度评价》，《物流技术》第3期。

卡洛·M．奇波拉，1988，《欧洲经济史》（第四卷下册），商务印书馆。

雷立钧、高红用，2009，《绿色金融文献综述：理论研究、实践的现状及趋势》，《投资研究》第3期。

李丹、董春游、刘忠艳，2010，《基于云模型的多属性评价方法研究》，《微计算机信息》第9期。

李德毅、杜鹢，2005，《不确定性人工智能》，国防工业出版社。

李德毅、孟海军、史雪梅，1995，《隶属云和隶属云发生器》，《计算机研究与发展》第6期。

李华香、李善同，2014，《中国城市服务业空间分布的特征及演变趋势分析》，《管理评论》第8期。

李辉、孙文军，2007，《基于Fuzzy－AHP法的物流绿色度评价模型》，《中国水运》第7期。

李健、周慧，2012，《中国碳排放强度与产业结构的关联分析》，《中国人口·资源与环境》第1期。

李江帆、曾国军，2003，《中国第三产业内部结构升级趋势分析》，《中国工业经济》第3期。

李克强，2013，《把服务业打造成经济社会可持续发展的新引擎》，新华网，http：//news. xinhuanet. com/politics/2013－06/01/c_115997325. htm。

李平，2001，《技术创新从传统迈向绿色》，《社会科学》第12期。

李伍荣、周艳，2007，《生态型服务：界说与微观开发策略》，《学习与探索》第3期。

李晓西、潘建成，2011，《中国绿色发展指数的编制》，《经济研究参考》第2期。

李艳梅、孙丽云，2016，《服务业发展的资源和环境约束》，《科学》第2期。

李英、刘奔，2010，《我国生态消费研究综述》，《商业经济》第8期。

李远远，2009，《基于粗糙集的指标体系构建及综合评价方法研究》，博士学位论文，武汉理工大学。

李振纲，2000，《世界贸易组织的环境保护政策》，《中南财经大学学报》第2期。

两型社会研究院，2009，《两型社会干部读本》，湖南人民出版社。

廖为鲲、蔡国梁、涂文桃，2005，《基于因子分析法的城市经济发展评价》，《统计与决策》第24期。

林家彬，2008，《新型工业化道路与建设资源节约型、环境友好型社会》，《贵州日报》1月24日，第11版。

蔺栋华，2001，《生态环境与第三产业》，《生态经济》第2期。

蔺栋华，2000，《我国第三产业发展中的环境代价与对策》，《福建论坛》（经济社会版）第8期。

刘常昱、冯芒、戴晓军、李德毅，2004，《基于云X信息的逆向云新算法》，《系统仿真学报》第11期。

刘桂花、宋承祥、刘弘，2007，《云发生器的软件实现》，《计算机应用》第1期。

刘林艳、宋华，2012，《"绿色"公司作用于企业绩效吗？——基于美国和中国的一项对比研究》，《科学学与科学技术管理》第2期。

刘然，2006，《西方绿党的绿色社会政治思想》，《高校理论战线》第10期。

刘世锦，2012，《中国绿色发展的机遇与挑战》，《低碳世界》第3期。

刘思华，2011，《生态文明与绿色低碳经济发展总论》，中国财政经济出版社。

刘涛，2013，《典型工业化国家服务业发展的阶段特征与结构演变》，《现代产业经济》第8期。

刘艳、李文秀、Qiu Yue – ming，2016，《中国服务业的国际竞争力分析：基于附加值贸易的测算》，《中国软科学》第7期。

卢家楣、魏庆安、李其维，2006，《心理学：基础理论及其教育应用》，上海人民出版社。

吕晓刚，1999，《论第三产业的环保型经济增长》，《复旦学报》（社会科学版）第6期。

马洪波，2011，《绿色发展的基本内涵及重大意义》，《攀登》第2期。

马金麟、陈龙，2012，《基于FCE – DEA – AHP的城市物流绿色度评价研究》，《武汉理工大学学报》（交通科学与工程版）第3期。

马克思、恩格斯，2001，《马克思恩格斯全集》（第44卷），人民出版社。

马克思、恩格斯，1979，《马克思恩格斯全集》（第42卷），人民出版社。

马克思、恩格斯，1974，《马克思恩格斯全集》（第 25 卷），人民出版社。

马克思、恩格斯，1995，《马克思恩格斯全集》（第 4 卷），人民出版社。

马克思、恩格斯，1979，《马克思恩格斯全集》（第 2 卷），人民出版社。

马克思，1975，《资本论》（第 3 卷），人民出版社。

马越越、王国维，2013，《中国物流业碳排放特征及其影响因素分析——基于 LMDI 分解技术》，《数学的实践与认识》第 10 期。

麦茵华、谬立新、李春海，2007，《公路运输企业绿色度的综合评价》，《北京交通大学学报》（社会科学版）第 3 期。

毛文娟，2010，《低碳经济条件下我国服务型企业环境经营的对策研究》，《中央财经大学学报》第 7 期。

米歇尔·达密安、让克里斯托弗·格赫兹，2002，《世界贸易组织、环境和生态批评》，《国际社会科学》（中文版）第 4 期。

闵惜林、张启人，2013，《社会经济绿色化低碳化信息化协调发展系统思考》，《科技管理研究》第 9 期。

宁吉喆，2016，《如何看待我国服务业快速发展》，《求是》第 20 期。

牛文元，2012，《可持续发展理论的内涵认知》，《中国人口·资源与环境》第 5 期。

Martin Standley，1998，《挪威服务业中提高生态有效性 GRIP 计划的经验》，《产业与环境》第 3 期。

欧阳峣、陈修谦，2009，《“两型社会”建设体制机制创新的系统动力学分析》，《国家行政学院学报》第 6 期。

欧阳峣、李定珍、唐宇文、张建民、尹向东、聂国卿、彭炳忠，2010，《“两型社会”试验区的体制机制创新》，《中国社会科学报》2 月 2 日。

欧阳志远，1992，《生态化——第三次产业革命的实质与方向》，《科技导报》第 9 期。

潘家华，2010，《走低碳之路提高国际竞争力》，《人民日报》4 月 12 日，第 23 版。

潘岳，2004，《加强“绿色控制”促进协调发展》，《人民论坛》第

1 期。

潘岳，2009，《中华传统与生态文明》，《光明日报》（理论版）1 月 14 日，第 5 版。

庞瑞芝、王亮，2016，《服务业发展是绿色的吗?》，《产业经济研究》第 4 期。

彭海珍、任荣明，2003，《可持续发展的三重底线》，《企业管理》第 12 期。

彭水军、曹毅、张文城，2015，《国外有关服务业发展的资源环境效应研究述评》，《国外社会科学》第 6 期。

齐园、张永安，2015，《北京三次产业演变与 PM2.5 排放的动态关系研究》，《中国人口·资源与环境》第 7 期。

秦国伟、李铁铮，2016，《绿色化引领“五化协同”的哲学基础和价值意蕴》，《甘肃社会科学》第 4 期。

秦书生，2006，《绿色文化与绿色技术创新》，《科技与管理》第 6 期。

裘炜毅，2004，《国外社会物流评价指标的比较研究》，《物流技术》第 6 期。

曲如晓，2004，《论服务业的环境影响》，《生态经济》第 S1 期。

屈敏、闻捷、宗培，2009，《信息社会企业绿色管理绩效评价体系》，《北京邮电大学学报》（社会科学版）第 6 期。

权璐、秦四平，2010，《基于 MDHGF 算法的物流系统绿色度评价》，《物流技术》第 9 期。

任兴洲、王微，2011，《服务业发展：制度、政策与实践》，中国发展出版社。

申玉铭、邱灵、任旺兵、尚于力，2007，《中国服务业空间差异的影响因素与空间分异特征》，《地理研究》第 6 期。

沈小燕、刘浩学，2008，《基于模糊综合评价法的危险化学品物流企业安全评价》，《上海海事大学学报》第 2 期。

沈滢，2007，《现代技术评价理论与方法研究》，博士学位论文，吉林大学。

盛静芬、邹欣庆、葛晨东，2001，《生态示范区建设中生态型第三产业发展探讨》，《中国人口·资源与环境》第 1 期。

苏利阳、郑红霞、王毅，2013，《中国省际工业绿色发展评估》，《中国人口·资源与环境》第8期。

孙西敬、盖宇仙，2009，《AHP在物流系统绿色度评价中的应用》，《铁道运营技术》第1期。

孙晓娥，2012，《深度访谈研究方法的实证论析》，《西安交通大学学报》（社会科学版）第3期。

谭仲池，2007，《现代服务业研究》，中国经济出版社。

唐啸，2014，《绿色经济理论最新发展述评》，《国外理论动态》第1期。

唐欣，2012，《基于BP神经网络模型的企业绿色经营绩效评价方法》，《统计与决策》第2期。

田新程，2011，《第二届全球绿色经济财富论坛在京举办》，http://www.greentimes.com/green/news/lscy/cjxw/content/2011-08/01/content_140124.htm。

万后芬，1996，《绿色营销》，高等教育出版社。

汪兴涛、杨凯、蔡晓燕，1998，《上海第三产业生态化趋势探讨》，《城市研究》第4期。

王长琼，2003，《绿色物流》，化学工业出版社。

王长琼，2002，《面向可持续发展的绿色物流管理》，《科技进步与对策》第2期。

王丹丹，2013，《消费者绿色购买行为影响机理实证研究》，《统计与决策》第9期。

王丹，2011，《马克思主义生态自然观研究》，博士学位论文，大连海事大学。

王栋、潘文卿、刘庆、高旭东，2012，《中国产业CO_2排放的因素分解：基于LMDI模型》，《系统工程理论与实践》第6期。

王国胤、李德毅、姚一豫等，2012，《云模型与粒计算》，科学出版社。

王宏斌，2011，《西方发达国家建设生态文明的实践、成就及其困境》，《马克思主义研究》第3期。

王凯、肖燕、刘浩龙、李志苗，2016，《中国服务业CO_2排放的时空特征与EKC检验》，《环境科学研究》第2期。

王庆秀，2014，《中国服务业空间格局及差异研究》，《首都师范大学学报》（自然科学版）第1期。

王圣果、沈晨仕，2000，《饭店可持续发展之路》，《北京第二外国语学院学报》第5期。

王恕立、汪思齐、滕泽伟，2016，《环境约束下的中国服务业全要素生产率增长》，《财经研究》第5期。

王旭辉、杨华、陈远，2012，《基于云模型效能评估的Matlab实现》，《微型机与应用》第8期。

王宜虎、陈雯，2007，《工业绿色化发展的动力机制分析》，《华中师范大学学报》（自然科学版）第1期。

王瑜，2006，《绿党的兴起及其特点》，《中共石家庄市委党校学报》第5期。

魏际刚，2013，《中国物流业中长期发展战略思路》，《中国经济时报》第5期。

魏林甫，2016，《习近平绿色发展理念引领中国环境治理新实践》，http：//news. youth. ，cn/wztt/201606/t20160605_8084187. htm。

魏作磊，2010，《美、欧、日服务业内部结构的演变及对中国的启示》，《国际经贸探索》第1期。

吴迪冲，2003，《绿色生产企业创新》，《商业研究》第14期。

吴继贵、叶阿忠，2016，《服务业发展水平、经济增长和碳排放强度的动态关系》，《中国科技论坛》第5期。

吴舜泽、李新、王倩、秦昌波，2015，《中国绿色发展“再三步走”中长期战略路线图研究》，《环境保护科学》第5期。

吴晓，2010，《“低碳世博”映照下的中国零售业》，《中国商贸》第6期。

吴中伟，1998，《绿色高性能混凝土与科技创新》，《建筑材料学报》第1期。

武春友、孙岩，2006，《环境态度与环境行为及其关系研究的进展》，《预测》第4期。

习近平，2010，《携手推进亚洲绿色发展和可持续发展》，《人民日报》4月11日。

夏杰长，2007，《体制创新与技术进步：促进我国服务业快速高质发展的“双引擎”》，《学习与探索》第3期。

夏杰长，2013，《推进新型城镇化要高度重视发展绿色服务业》，《中国发展观察》第 8 期。

夏杰长、张晓兵，2011，《积极推进服务业绿色转型》，《中国经贸导刊》第 9 期。

夏杰长，2015，《中国服务业发展报告 2015》，经济管理出版社。

夏征农、陈至立编，1989，《辞海》，上海辞书出版社。

相马一郎、佐古顺颜，1987，《环境心理学》，中国建筑工业出版社。

谢红彬、陈雯，2002，《发达国家工业绿色化过程及其启示》，《环境科学动态》第 3 期。

谢红彬、林明水、黄柳婷，2006，《工业绿色化评价指标体系框架设计》，《福建师范大学学报》（自然科学版）第 4 期。

谢家平、陈荣秋，2003，《产品回收处理逆向物流的成本——效益分析模型》，《中国流通经济》第 1 期。

谢军安、郝东恒，1997，《全球环境革命的“绿色”发展趋势》，《石家庄经济学院学报》第 1 期。

谢泗薪、王文峰，2010，《绿色物流路径：物流绿色化改造的战略选择》，《中国流通经济》第 5 期。

新华社，2016，《习近平：把人民健康放在优先发展战略地位》，http://news.xinhuanet.com/politics/2016-08/20/c_1119425802.htm。

新华社，2017，《习近平主持中共中央政治局第四十一次集体学习》，http://www.gov.cn/xinwen/2017-05/27/content_5197606.htm。

新华社，2016，《习近平主持中共中央政治局会议审议“健康中国 2030”规划纲要》，《人民日报》8 月 27 日。

新华社，2013，《研究当前经济形势和经济工作》，《人民日报》4 月 26 日。

新华社，2013，《中央城镇化工作会议在北京举行》，《人民日报》12 月 15 日，第 1 版。

熊清华等，2002，《走向绿色的发展》，云南人民出版社。

徐蔼婷，2006，《德尔菲法的应用及其难点》，《中国统计》第 9 期。

徐国华，2008，《企业家的认知、情感与企业家创新行为》，《南京社会科学》第 1 期。

徐加强、毕义明、张晓东等，2012，《基于云模型的导弹武器费用—能力分析》，《系统工程与电子技术》第 1 期。

徐竟成、范海青，2006，《论传统服务业的生态化建设》，《四川环境》第2期。

徐磊，2011，《技术预见方法的探索与实践思考——基于德尔菲法和技术路线图的对接》，《科学学与科学技术管理》第11期。

徐盈之、徐康宁、胡永舜，2011，《中国制造业碳排放的驱动因素及脱钩效应》，《统计研究》第7期。

《学习路上》，2015，《习近平谈“十三五”五大发展理念之三：绿色发展篇》，http：//cpc. people. com. cn/xuexi/n/2015/1112/c385474 – 27806216. html。

《学习小组》，2015，《政治局会议首倡“绿色化”，“新四化”全面升级“新五化”》，http：//www. thepaper. cn/newsDetail_forwar d_1314716。

《学习中国》，2015，《习近平与“十三五”五大发展理念·绿色》，http：//www. ccln. gov. cn/hotnews/152763. Shtml。

阎兆万、李文兴，2007，《积极推进电子信息产业“深绿色”环保战略》，《中国国情国力》第5期。

杨昂、孙雪梅，1994，《新形势下第三产业对环境的影响及监管对策》，《中国环境管理》第5期。

杨波，2011，《零售业低碳化与促进中国低碳零售发展的政策选择》，《财贸研究》第1期。

杨发明等，1997，《绿色技术创新功能派研究》，《科研管理》第3期。

杨浩哲，2013，《低碳流通：基于脱钩理论的实证研究》，《财贸经济》第7期。

杨洁、王国胤、刘群、郭毅可、刘悦、淦文燕、刘玉超，2018，《正态云模型研究回顾与展望》，《计算机学报》第3期。

杨凯，2002，《上海第三产业生态化建设的调控激励机制》，《上海社会科学院学术》（季刊）第3期。

杨伟智，2012，《绿色发展》，《党的文献》第2期。

杨月，2016，《习近平绿色发展三大思路：绿色惠民　绿色富国　绿色承诺》，http：//news. xinhuanet. com/politics/2016 – 01/10/c_1 28613086. htm。

尹世杰，2010，《关于绿色消费的一些值得研究的问题》，《消费经济》第6期。

尹世杰，2012，《加强消费安全的几个问题》，《消费经济》第2期。

尹望吾、魏吉双，2011，《装备制造业绿色度评估技术研究》，《湖南大学学报》（自然科学版）第9期。

于成学、武春友、樊宇，2006，《企业逆向配送成本理论与案例研究》，《中国人口·资源与环境》第4期。

于琨、张展，2011，《区域生产性服务业生态化建设研究》，《特区经济》第3期。

于伟、倪慧君，2010，《企业绿色行为与价值关联性研究——以高科技行业上市公司为例》，《生态经济》（学术版）第2期。

袁蒙蒙，2009，《绿色饭店理论在我国旅游城市饭店业中的应用研究》，硕士学位论文，扬州大学。

曾德珩，2010，《大型商场建筑能源管理制度的调查与分析》，《建筑经济》第1期。

翟金芝，2010，《低碳经济下中国零售业发展的对策》，《经济与管理》第5期。

张爱勤，2007，《我国城镇居民生态消费力与环境变量因子的相关性分析》，《消费经济》第3期。

张保明，2009，《绿色新政开始启动》，《高科技与产业化》第9期。

张成、石全、刘铁林，2012，《云重心评判法在目标毁伤效果评估中的应用》，《计算机仿真》第9期。

张春兴，1989，《张氏心理学辞典》，台北：东华书局。

张冬梅、曾忠禄，2009，《德尔菲法技术预见的缺陷及导因分析：行为经济学分析视角》，《情报理论与实践》第8期。

张钢、张小军，2011，《国外绿色创新研究脉络梳理与展望》，《外国经济与管理》第8期。

张宏艳、江悦明、冯婷婷，2016，《产业结构调整对北京市碳减排目标的影响》，《中国人口·资源与环境》第2期。

张鉴民，2004，《中国零售业的优劣及其生存方式》，《经济研究参考》第47期。

张来春，2009，《西方国家绿色新政及对中国的启示》，《中国发展观察》第12期。

张立国、李东、周德群，2013，《中国物流业二氧化碳排放绩效的动态变化及区域差异》，《系统工程》第4期。

张平，2011，《国务院关于加快发展服务业工作情况的报告》，《中华人民共和国全国人民代表大会常务委员会公报》第 1 期。

张荣峰、章利华，2006，《自主创新的理论、国际经验和模型构建》，《世界经济与政治论坛》第 4 期。

张万红、陈振斌，2007，《基于层次分析法的和谐矿区评价体系研究》，《中国矿业大学学报》第 6 期。

张筱薏、周延蓉，2010，《消费主义对生态学的背离及生态消费研究的新视角》，《廊坊师范学院学报》第 1 期。

张新婷、黄龙跃，2009，《论发展我国绿色服务业的系统对策》，《江苏商论》第 4 期。

张新婷、许景婷，2010，《政府在发展我国绿色服务业方面的作用及对策》，《生产力研究》第 3 期。

张艳、贾海霞，2005，《企业“绿色度”的模糊评价模型与应用》，《环境科学与管理》第 3 期。

张莹、代劲、安世全，2012，《基于云模型的定性评价及在学评教中的应用》，《计算机工程与应用》第 35 期。

赵久红，2013，《循环经济背景下零售企业绿色经营绩效评价》，《知识经济》第 3 期。

赵儒煜，1994，《经济制度、经济机制、经济体制辨析》，《当代经济研究》第 3 期。

赵亚平、李萍，2007，《从顾客价值迁移考察沃尔玛的绿色经营》，《生态经济》第 9 期。

赵亚平、孙筠婷，2009，《零售绿色经营的界定与实践》，《商业研究》第 12 期。

赵叶，2006，《什么是“绿色运动”》，《防灾博览》第 5 期。

中共中央宣传部，2016，《习近平总书记系列重要讲话读本》（2016 年版），学习出版社、人民出版社。

中国商业经济学会等，2008，《绿色商业发展战略研究》，西南交通大学出版社。

中国社会科学院工业经济研究所课题组，2011，《中国工业绿色转型研究》，《中国工业经济》第 4 期。

中山大学中国第三产业研究中心课题组，2005，《深化体制改革促进广东服务业发展》，《现代乡镇》第6期。

钟永德、石晟屹、李世宏等，2014，《中国旅游业碳排放计量框架构建与实证研究》，《中国人口·资源与环境》第1期。

周长春、谢红彬、高玲，2005，《工业绿色化：一个新的工业发展方向》，《福建师范大学学报》（自然科学版）第3期。

周殿昆、李荣庆、郭红兵，2007，《构建促进绿色商业发展的良性互动机制》，《财贸经济》第10期。

周生贤，2009，《深入贯彻落实科学发展观努力探索环境保护新道路》，《求是》第5期。

周耀明、李弼程、张慧成、王波，2012，《基于云模型的网络舆情预警方法》，《情报学报》第8期。

周业旺，2012，《循环经济视角的物流园区绿色度灰色评价》，《价值工程》第5期。

朱磊、曹静，2009，《饭店绿色度评价体系建立及应用研究》，《饭店现代化》第6期。

《资讯》，2011，《寻求"可持续发展的最合拍点"推荐〈三重底线〉》，《中外管理》第6期。

宗建树，2010，《预则立》，《中国环境报》2月8日，第5版。

Alcántara V. & Padilla E. 2009. "Input - output Subsystems and Pollution: An Application to the Service Sector and CO_2 Emissions in Spain." *Ecological Economics* 68 (3): 905 - 914.

Allenby, B. R. 1994. "Industrial Ecology Gets Down to Earth." *IEEE Circuits and Devices Magazine* 10 (1): 24 - 28.

Altuntas C., Tuna O. 2013. "Greening Logistics Centers: The Evolution of Industrial Buying Criteria towards Green." *The Asian Journal of Shipping and Logistics* 29 (1): 59 - 80.

Andersson P., Sweet S. 2002. "Towards a Framework for Ecological Strategic Change in Business Networks." *Journal of Cleaner Production* 10 (5): 465 - 478.

Ang B. W. 2004. "Decomposition Analysis for Policy Making in Energy: Which is the Preferred Method." *Energy Policy* 32 (9): 1131 - 1139.

Anna Nagurney, Qiang Qiang, Ladimer S. Nagurney. 2010. "Environmental Impact Assessment of Transportation Networks with Degradable Links in an Era of Climate Change." *International Journal of Sustainable Transportation* 4 (3): 154 - 171.

Allenby, B. R., Richards, D. J. 1994. *The Greening of Industrial Ecosystems*. Washington: National Academy Press.

Baharum M. R., Pitt M. 2010. "Retail Shopping Centre Recycling Initiatives." *Journal of Retail and Leisure Property* 9 (3): 201 - 210.

Berkowitz, L., Daniel, L. R. 1964. "Affecting the Salience of the Social Responsibility Norm: Effect of Past Help on the Response to Dependency Relationships." *Journal of Abnormal and Social Psychology* (68): 275 - 281.

Brito, M. P. D., Carbone, V., & Blanquart, C. M. 2008. "Towards a Sustainable Fashion Retail Supply Chain in Europe: Organization and Performance." *International Journal of Production Economics* 114 (2): 534 - 553.

Brosch T., Pourtois G., Sander D. 2010. "The Perception and Categorization of Emotional Stimuli: A Review." *Cognition and Emotion* 24 (3): 377 - 400.

Butt A. N., Choi J. N. 2006. "The Effects of Cognitive Appraisal and Emotion on Social Motive and Negotiation Behavior: The Critical Role of Agency of Negotiator Emotion." *Human Performance* 19 (4): 305 - 325.

Carter, C. and Dresner, M. 2001. "Purchasing's Role in Environmental Management: Cross - functional Development of Grounded Theory." *Journal of Supply Chain Management* 37 (3): 12 - 26.

Chan R. Y. K., Lau L. B. Y. 2000. "Antecedents of Green Purchases: A Survey in China." *Journal of Consumer Marketing* 17 (4): 338 - 357.

Chkanikova O., Mont O. 2015. "Corporate Supply Chain Responsibility: Drivers and Barriers for Sustainable Food Retailing." *Corporate Social Responsibility and Environmental Management* 22 (2): 65 - 82.

Claro D. P., Neto S. A. L, Claro P. B. D. O. 2013. "Sustainability Drivers in Food Retail." *Journal of Retailing and Consumer Services* 20 (3): 365 - 371.

Craig R. Carter, Marianne M. Jennings. 2002. "Logistics Social Responsibility: Standard Adoption and Practices in Italian Companies." *Journal of Busi-*

ness Logistics 23 (1): 145 - 180.

Cristiano Facanha, Arpad Horvath. 2005. "Environmental Assessment of Logistics Outsourcing." *Canadian Metallurgical Quarterly* 21 (1): 27 - 37.

Dangelico R. M., Pontrandolfo P. 2010. "From Green Product Definitions and Classifications to the Green Option Matrix." *Journal of Cleaner Production*18 (16 - 17): 1608 - 1628.

David L., Kennedy G. J., McKeiver C. 2008. "An Empirical Study of Environmental Awareness and Practices in SMEs." *Journal of Business Ethics* 84: 45 - 63.

Dispoto R. G. 1977. "Interrelationships among Measures of Environmental Activity, Emotionality, and Knowledge." *Educational and Psychological Measurement* 37 (2): 451 - 459.

Dubois D., Prade H. 1991. "Random Sets and Fuzzy Interval Analysis." *Fuzzy Sets and Systems* 42 (1): 87 - 101.

El - Gafy M. A., Abdelrazig Y. A., Abdelhamid T. S. 2011. "Environmental Impact Assessment for Transportation Projects: Case Study Using Remote - sensing Technology, Geographic Information Systems, and Spatial Modeling." *Journal of Urban Planning and Development* 137 (2): 153 - 158.

Elisabeth Robinot, Jean - Luc Giannelloni. 2009. "Attitude toward Environmentally Friendly Hospitality Management: a Measurement Scale." *Recherche at Applications in Marketing* 24 (2): 29 - 50.

Elliott R. 2013. "The Taste for Green: The Possibilities and Dynamics of Status Differentiation Through 'Green' Consumption." *Poetics* 41 (3): 294 - 322.

Eunju Ko, Yoo Kyung Hwang, Eun Young Kim. 2012. "Green Marketing' Functions in Building Corporate Image in the Retail Setting." *Journal of Business Research*: 1 - 7.

Euro Commerce. 2009. "Issue Paper on Energy Efficiency of Stores." http: //ec. europa. eu/environment/industry/retail/pdf/Issue% 20pape r_ Energy% 20Efficiency. Pdf.

Facanha C., Horvath A. 2005. "Environmental Assessment of Logistics Outsourcing." *Canadian Metallurgical Quarterly* 21 (1): 27 - 37.

Foster S. T., Sampson S. E., Dumm S. C. 2000. "The Impact of Customer Contact on Environmental Initiatives for Service Firms." *International Journal of Operations & Production Management* 20 (2): 187 -203.

Francesco Ciliberti, Pierpaolo Pontrandolfo, Barbara Scozzi. 2008. "Logistics Social Responsibility: Standard Adoption and Practices in Italian Companies." *International Journal of Production Economics* 118: 88 -106.

Freeman R. E. 1984. *Strategic Management: A Stakeholder Approach*. Boston: Pitman.

Frick J., Kaiser F. G., Wilson M. 2004. "Environmental Knowledge and Conservation Behavior: Exploring Prevalence and Structure in a Representative Sample." *Personality and individual differences* 37 (8): 1597 -1613.

Frijda N. H. 1993. "The Place of Appraisal in Emotions." Cognition and Emotions 7 (3 -4): 115 -143.

Frosch, R. A., Gallopoulos, N. E. 1989. "Strategies for Manufacturing." *Scientific American* 261 (3): 144 -152.

Geoff Moore. 2001. "Corporate Social and Financial Performance: An Investigation in the U. K. Supermarket Industry." *Journal of Business Ethics* 34 (3/4): 299 -315.

George I. Kassinis, Andreas C. Soteriou. 2003. "Greening the Service Profit Chain: the Impact of Environmental Management Practices." *Production and Operations Management* 12 (3): 386 -403.

Gershoffa D., Frels J. K. 2015. "What Makes it Green? The Role of Centrality of Green Attributes in Evaluations of the Greenness of Products." *Journal of Marketing* 79 (1): 97 -110.

Govinda R. Timilsina, Ashish Shrestha. 2009. "Factors Affecting Transport Sector CO_2 Emissions Growth in Latin American and Caribbean Countries: An LMDI Decomposition Analysis." *International Journal of Energy Research* 33 (4): 396 -414.

Govinda R. Timilsina, Ashish Shrestha. 2009. "Transport Sector CO_2 Emissions Growth in Asia: Underlying Factors and Policy Options." *Energy Policy* 37 (11): 4523 -4539.

Gungor A., S. M., Gupta. 1998. "Issues in Environmentally Conscious Manufacturing and Product Recovery a Review." *Computers & Industrial Engineering* 36: 811 -833.

Hines J., Hungerford H. R., Tomeraan. 1987. "Analysis and Synthesis of Research on Responsible Environmental Behavior." *Journal of Environmental Education* 18 (2): 1-8.

ICC. 2011. *Ten Conditions for a Transition toward a "Green Economy"*. Paris.

IPCC. 2006. "2006 IPCC Guidelines for National Greenhouse Gas Inventories." Energy Ⅱ Volume.

Jeffrey Rosenblum, Arpad Horvath, Chris Hendrickson. 2000. "Environmental Implications of Service Industries." *Environmental Science & Technology* 34 (22): 4669-4676.

Johnson S. D., Johnson D. M. 1995. "Eco-attitudes and Eco-behaviors in the New German Sates: A 1992 Perspective." In *Environmental Marketing: Strategies, Practice, Theory, and Research*, edited by Polonsky M. J., Minutwimsatt A. T. New York: The Haworth Press.

Kamal Manaktola and Vinnic Jauhari. 2007. "Exploring Consumer Attitude and Behaviour towards Green Practices in the Lodging Industry in India." *International Journal of Contemporary Hospitality Management* 19 (5): 364-377.

Kanawattanachai Y. 2001. "Development of Transitive Memory Systems and Collective Mind in Virtual Teams." *The International Journal of Organizational Analysis* (9): 187-208.

Katerina P., Danae D. 2009. "Decomposition Analysis of CO_2 Emissions from Passenger Cars: The Cases of Greece and Denmark." *Energy Policy* 37 (8): 3259-3267.

Kaya Y. 1990. *Impact of Carbon Dioxide Emission Control on GNP Growth: Interpretation of Proposed Scenarios*. Paris: IPCC Energy and Industry Subgroup, Response Strategies Working Group.

Kee-hung Lai, T. C. E. Cheng, Ailie K. Y. Tang. 2010. "Green Retailing: Factors for Success." *California Management Review* 52 (2): 6-31.

Kim C. M., Pekrun R. 2014. "Emotions and Motivation in Learning and Performance." *Handbook of Research on Educational Communications and Technology*. New York: Springer.

Kim S. T., Han C. H. 2011. "Measuring Environmental Logistics Practices." *The Asian Journal of Shipping and Logistics* 27 (2): 237-258.

Ko, E., Hwang, Y. K. & Kim, E. Y. 2013. "Green Marketing' Functions in Building Corporate Image in the Retail Setting." *Journal of Business Research* 66 (10): 1709 - 1715.

Kolk A., Hong P., Dolen W. V. 2010. "Corporate Social Responsibility in China: an Analysis of Domestic and Foreign Retailers' Sustainability Dimensions." *Business Strategy & the Environment* 19 (5): 289 - 303.

Kristin J. Lieb, Robert C. Lieb. 2010. "Environmental Sustainability in the Third - party Logistics (3PL) Industry." *International Journal of Physical Distribution & Logistics Management* 40 (7): 524 - 553.

Li D. Y., Liu C. Y., Gan W. Y. 2009. "A New Cognitive Model: Cloud Model." *International Journal of Intelligent Systems* 24 (3): 357 - 375.

Locke, E. A. 2000. "Motivation, Cognition and Action: An Analysis of Studies of Task Goals and Knowledge." *Applied Psychology: An International Review* 49 (3): 408 - 429.

López - Gamero M. D., Molina - Azorín J. F., Claver - Cortes E. 2011. "The Relationship between Managers'Environmental Perceptions, Environmental Management and Firm Performance in Spanish Hotels: a Whole Framework." *International Journal of Tourism Research* 13 (2): 141 - 163.

Lu I. J., Sue J., Lewis C. 2007. "Decomposition and Decoupling Effects of Carbon Dioxide Emission form Highway Transportation in Taiwan, Germany, Japan and South Korea." *Energy Policy* 35 (6): 3226 - 3235.

Maloney, M. P., Ward, M. P. 1973. "Let's Hear From the People: An Objective Scale for the Measurement of Ecological Attitudes and Knowledge." *American Psychologist* 28 (7): 583 - 586.

Mark R. Gleim, Jeffery S. Smith, Demetra Andrews, J. Joseph Cronin Jr. 2013. "Against the Green: A Multi - method Examination of the Barriers to Green Consumption." *Journal of Retailing* 89 (1): 44 - 61.

Min, H. and Galle, W. 1997. "Green Purchasing Strategies: Trends and Implications." *Journal of Supply Chain Management* 33 (3): 10 - 17.

Ming Kaan Low, Trond Lamvik, Kathryn Walsh, and Odd Myklebust. 2001. "Manufacturing a Green Service: Engaging the TRIZ Model of Innovation." *IEEE Transactions on Electronics Packaging Manufacturing* 24 (1): 10 - 17.

Nicolas J., David D. 2009. "Passenger Transport and CO_2 Emissions: What does the French Transport Survey Tell Us?" *Atmospheric Environment* 43 (5): 1015-1020.

Nina Hampl, Moritz Loock. 2013. "Sustainable Development in Retailing: What is the Impact on Store Choice?" *Business Strategy and the Environment* 22 (3): 202-216.

Perera, P., Vlosky, R. P., Dunn, M. A. & Hughes, G. 2008. "US Home-center Retailer Attitudes, Perceptions and Behaviors Regarding Forest Certification." *Forest Products Journal* 58 (3), 21-25.

Peter Jones, Daphne Comfort, David Hillier. 2005. "Corporate Social Responsibility and the UK's Top Ten Retailers." *International Journal of Retail & Distribution Management* 33 (12), 882-892.

Pietro De Giovanni. 2012. "Do Internal and External Environmental Management Contribute to the Triple Bottom Line?" *International Journal of Operations & Production Management* 32 (3): 256-290.

Podsakoff, P., Organ, D. 1986. "Self-Reports in Organizational Leader Reward and Punishment Behavior and Research: Problems and Prospects." *Journal of Management* 12 (4): 531-544.

Quattrone A., Vitetta A. 2011. "Random and Fuzzy Utility Models for Road Route Choice." *Transportation Research Part E Logistics and Transportation Review* 47 (6): 1126-1139.

Radojko Lukic. 2012. "Sustainable Development of Retail in Serbia." *Review of International Comparative Management* 13 (4): 574-586.

Robin Roy. 2000. "Sustainable Product-service Systems." *Futures* 32 (3-4): 289-299.

Roos C. J., Dril A. W. N. 2004. "Energy Saving in Retail and Restaurants: A Closer Look at Information Costs." *ECN-C*-04-057.

Rundle-Thiele S., Paladino A., Apostol Jr. S. A. G. 2008. "Lessons Learned from Renewable Electricity Marketing Attempts: A Case Study." *Business Horizons* 51 (3): 181-190.

Saha M., Darnton G., 2005. "Green Companies or Green Con-panies: Are Companies Really Green, or Are They Pretending to Be?" *Business and Society Review* 110 (2), 117 - 157.

Schwepker C. H., Cornwell T. B. 1991. "An Examination of Ecologically Concerned Consumers and Their Intention to Purchase Ecologically Packaged Products." *Journal of Public Policy & Marketing* 10 (2): 77 -101.

Seong - Tae K. I. M., Chul - Hwan H. A. N. 2011. "Measuring Environmental Logistics Practices." *The Asian Journal of Shipping and Logistics* 27 (2): 237 -258.

Shu C., Zhou K. Z., Xiao Y., et al. 2016. "How Green Management Influences Product Innovation in China: The Role of Institutional Benefits." *Journal of Business Ethics* 133 (3): 471 -485.

Soyez, Dietrich. 1995. "Industrial Resource Use and Transnational Conflict: Geographical Implications of the James Bay Hydro Power Schemes." In *Environmental Change: Industry, Power and Policy*, pp. 107 - 127. England: Avebury Press.

Stephen J. Grove, et al. 1996. "Going Green in the Service Sector Social Responsibility Issues, Implications and Implementation." *European Journal of Marketing* 30 (5): 56 -66.

Styles D., Schoenberger H., Galvez - Martos J. L. 2012. "Environmental Improvement of Product Supply Chains: A Review of European Retailers' Performance." *Resources, Conservation and Recycling* 65: 57 -78.

Suh S. 2006. "Are Services Better for Climate Change?" *Environmental Science & Technology* 40 (21): 6555 -6560.

Tapio P. 2005. "Towards a Theory of Decoupling: Degrees of Decoupling in the EU and the Case of Road Traffic in Finland between 1970 and 2001." *Transport Policy* 12 (2): 137 -151.

UNEP, ILO, IOE, ITUC. 2008. " Green Jobs: towards Decent Work in a Sustainable, Low - Carbon World." United Nations Office at Nairobi: 4.

UNEP. 2010. "Green Economy: Developing Countries Success Stories." United Nations Office atNairobi: 5.

UNID, UNIDO. 2011. "Green Industry: Policies for supporting GreenIndustry." http: //www. unido. org/fileadmin/user _ media/Services/Green _ Industry/web_policies_green industry. pdf.

Wang W. W. , Zhang M. , Zhou M. 2011. "Using LMDI Method to Analyze Transport Sector CO_2 Emissions in China." *Energy* 36 (10): 5909 – 5915.

Westbrook R. A. , Oliver R. L. 1991. "The Dimensionality of Consumption Emotion, Patterns and Consumer Satisfaction." *Journal of Consumer Research* 18 (6): 84 – 91.

Wu Zhibin, Chert Yihua. 2007. "The Maximizing Deviation Method for Group – multiple Attribute Decision Making under Linguistic Environment." *Fuzzy Setsand Systems* 158 (14): 1608 – 1617.

Xu Ling, Shang Jincheng, Wang Yumei. 2005. "Theories and Methods of Strategic Environmental Assessment of Modern Logistics Development—A Case Study of Dalian City, China." *Chinese Geographical Science*15 (2): 145 – 150.

Ying Dai, Changbing Jiang. 2010. "Research on Evaluation of Reverse Logistics System." *Journal of Communication and Compute* 7 (4): 78 – 83.

Zou Z. H. , Yun Y. , Sun J. N. 2006. "Entropy Method for Determination of Weight of Evaluating Indicators in Fuzzy Synthetic Evaluation for Water Quality Assessment." *Journal of Environmental Sciences* 18 (5): 1020 – 1023.

附录一　服务业绿色发展体制机制调研问卷

尊敬的先生/女士：

您好！本问卷旨在调查您对服务业绿色发展体制机制的评价与建议，为我们的学术研究提供参考。请在您认同的选项上打“√”并回答相关问题。您所填信息仅供学术研究使用，不涉及个人隐私。衷心感谢您的配合与支持！

——服务业绿色发展研究调研组

个人信息						
您供职的单位（或部门）是：						
您的性别：①男　②女						
您的年龄：①30岁以下　②30～39岁　③40～49岁　④50岁以上						
您的文化程度：①高中及以下　②大专　③大学本科　④硕士研究生　⑤博士研究生						
题序	题项	非常同意	比较同意	中立	不太同意	非常不同意
长沙市服务业的行政管理体制机制						
1	服务业主管部门多，协调程度低	①	②	③	④	⑤
2	行政层级多，机构冗员突出	①	②	③	④	⑤
3	行政审批程序繁杂，效率低下	①	②	③	④	⑤
4	政绩考核评价机制不符合可持续发展的要求	①	②	③	④	⑤
5	应构建统一管理机构并明确其职能作用	①	②	③	④	⑤
6	应强化政务公开和政府公共服务能力	①	②	③	④	⑤
7	应建立以绿色指标为核心的政绩考核评价体系	①	②	③	④	⑤
长沙市服务业的产业引导体制机制						
1	国有资本投向缺乏“绿色”导向	①	②	③	④	⑤
2	现代服务业发展的政策支持力度偏弱	①	②	③	④	⑤
3	传统服务业转型机制缺失	①	②	③	④	⑤
4	现代服务业产业布局散、乱	①	②	③	④	⑤
5	现代服务业市场开放度较低	①	②	③	④	⑤

续表

题序	题项	非常同意	比较同意	中立	不太同意	非常不同意
6	现代服务业整体竞争力偏弱	①	②	③	④	⑤
7	应加快以生产性服务业为主导的产业结构调整	①	②	③	④	⑤
8	应制定“绿色”产业标准并给予优惠政策扶持	①	②	③	④	⑤
9	应鼓励服务企业节约资源、减少环境污染	①	②	③	④	⑤
10	应鼓励服务技术创新，提高服务业技术含量	①	②	③	④	⑤
11	应鼓励服务业进行制度创新	①	②	③	④	⑤
12	应优化产业布局，促进产业融合	①	②	③	④	⑤
长沙市服务业的资源节约体制机制						
1	资源使用浪费，缺乏法律法规规范	①	②	③	④	⑤
2	缺乏资源消耗评价标准	①	②	③	④	⑤
3	节能认证和能效标识制度缺失	①	②	③	④	⑤
4	循环经济发展基础薄弱	①	②	③	④	⑤
5	资源市场价格无法反映其稀缺状况	①	②	③	④	⑤
6	节能管理体系不完善	①	②	③	④	⑤
7	政府有效监管是资源节约机制的关键部分	①	②	③	④	⑤
8	应引导培育资源节约的价值取向	①	②	③	④	⑤
9	建立资源使用考核和奖惩机制	①	②	③	④	⑤
10	培育和规范资源产权市场	①	②	③	④	⑤
长沙市服务业的环境保护体制机制						
1	服务业环境准入和退出政策缺失	①	②	③	④	⑤
2	服务企业环境成本外部化明显，造成了严重污染	①	②	③	④	⑤
3	环境监测和管理职能不到位	①	②	③	④	⑤
4	生态保护和补偿机制不完善	①	②	③	④	⑤
5	环保设施公共投入机制缺失	①	②	③	④	⑤
6	环保行政管理体制僵化，联动能力差	①	②	③	④	⑤
7	排污权市场平台缺失	①	②	③	④	⑤
8	环保行为评价与考核机制缺失	①	②	③	④	⑤
9	应强化政府生态环境建设与保护责任	①	②	③	④	⑤

续表

题序	题项	非常同意	比较同意	中立	不太同意	非常不同意
10	应构筑环保市场交易平台	①	②	③	④	⑤
11	应完善环保公众参与和社会监督制度	①	②	③	④	⑤
12	应加强环保非政府组织建设	①	②	③	④	⑤
长沙市服务业的消费安全体制机制						
1	服务领域消费安全没有保障	①	②	③	④	⑤
2	服务企业和顾客之间信息不对称	①	②	③	④	⑤
3	消费安全的法律法规欠缺	①	②	③	④	⑤
4	服务市场规范化、标准化程度不高	①	②	③	④	⑤
5	服务市场多头监管，执法不力	①	②	③	④	⑤
6	消费安全信用体系滞后	①	②	③	④	⑤
7	消费安全检测体系不健全	①	②	③	④	⑤
8	应建立健全消费安全管理体制	①	②	③	④	⑤
9	应利用中介组织有效消除信息不对称	①	②	③	④	⑤
10	应充分发挥新闻媒体的监督功能	①	②	③	④	⑤
11	应完善保障消费安全的法律法规及执法体系	①	②	③	④	⑤
12	应加强消费市场安全检测	①	②	③	④	⑤
长沙市服务业的科技支撑体制机制						
1	服务业技术开发费用较低，科技驱动力弱	①	②	③	④	⑤
2	节约资源和环境保护科技投入薄弱	①	②	③	④	⑤
3	服务业公共创新平台水平低	①	②	③	④	⑤
4	服务业国家级创业创新项目少	①	②	③	④	⑤
5	服务业技术研发中心效率低	①	②	③	④	⑤
6	服务技术产权交易机制缺失	①	②	③	④	⑤
7	服务业技术创新能力有待加强	①	②	③	④	⑤
8	服务业自主创新激励机制不完善	①	②	③	④	⑤
9	部省市级科技创新资源共享程度低，整合难度大	①	②	③	④	⑤
10	服务业创新型人力资源较稀缺	①	②	③	④	⑤
11	服务业科技研发的财政引导机制不完善	①	②	③	④	⑤
12	服务业科技金融支持力度弱	①	②	③	④	⑤
13	科技产业转移承接能力弱	①	②	③	④	⑤

续表

题序	题项	非常同意	比较同意	中立	不太同意	非常不同意
14	应加大产学研合作力度	①	②	③	④	⑤
15	应加强服务业科技研发力量的引导和整合	①	②	③	④	⑤
16	应鼓励服务业应用信息技术并给予相应扶持	①	②	③	④	⑤
17	应加大产权交易市场的建设与管理	①	②	③	④	⑤
18	应加大科技创新人才引进与培养的财税支持	①	②	③	④	⑤
19	应加强资源环境技术创新的财税引导作用	①	②	③	④	⑤
20	应实施服务业科技重点工程	①	②	③	④	⑤

附录二　服务业绿色发展座谈提纲

一　座谈内容

1. 请您谈谈您所主管的服务行业的总体发展状况。

2. 请您谈谈目前您所主管的服务行业在资源消耗、环境保护、消费安全方面存在的问题。

3. 从您所主管的行业的角度，谈谈我市解决服务业资源浪费、环境污染、消费安全问题最大的瓶颈在哪里？

4. 请您谈谈您所主管的服务行业“十二五”期间在资源节约、环境保护、消费安全方面的规划和举措。

二　座谈单位

市经委	市科技局	市商务局	市金融办	市民政局
市文化局	市劳动保障局	市旅游局	市卫生局	市房产局
市环保局	市教育局			

附录三　零售企业资源节约和环境保护调查问卷

尊敬的先生/女士：

您好！本问卷旨在调查零售企业资源节约和环境保护的基本情况，为我们的学术研究——服务业绿色发展研究提供参考。非常期望您能抽出七八分钟时间来回答这份问卷。答案没有对错之分，只要是您的真实想法，都是对我们的极大帮助。您所填信息仅供学术研究使用，不涉及个人隐私。衷心感谢您的配合与支持！

此致

敬礼

——服务业绿色发展研究调研组

您在多大程度上同意下列说法？在 7 个选项（①完全不同意、②不同意、③不太同意、④中立、⑤大致同意、⑥同意、⑦完全同意）中，请在最适合您的答案序号上打“√”。

题序	题项	完全不同意	不同意	不太同意	中立	大致同意	同意	完全同意
A1	我所在的商店节约用水	①	②	③	④	⑤	⑥	⑦
A2	我所在的商店节约用电	①	②	③	④	⑤	⑥	⑦
A3	我所在的商店节约用燃气（油）	①	②	③	④	⑤	⑥	⑦
A4	我所在的商店纸张双面打印	①	②	③	④	⑤	⑥	⑦
A5	我所在的商店不断提高单位营业面积效益	①	②	③	④	⑤	⑥	⑦
A6	我所在的商店对废旧产品和废弃物进行了回收	①	②	③	④	⑤	⑥	⑦
A7	我所在的商店奖励员工节约	①	②	③	④	⑤	⑥	⑦
B1	我所在的商店在建设和装修中采用环保型建筑材料	①	②	③	④	⑤	⑥	⑦

续表

题序	题项	完全不同意	不同意	不太同意	中立	大致同意	同意	完全同意
B2	我所在的商店引导供应商重视环保、减少商品包装	①	②	③	④	⑤	⑥	⑦
B3	我所在的商店设置了油烟和污水排放系统	①	②	③	④	⑤	⑥	⑦
B4	我所在的商店对垃圾采取了环保处理措施	①	②	③	④	⑤	⑥	⑦
B5	我所在的商店对顾客不免费提供塑料袋	①	②	③	④	⑤	⑥	⑦
B6	我所在的商店遵守国家环保标准	①	②	③	④	⑤	⑥	⑦
C1	人类正在无节制地滥用资源和破坏环境	①	②	③	④	⑤	⑥	⑦
C2	如果不控制，以后的环境污染形势会更严峻	①	②	③	④	⑤	⑥	⑦
C3	如果不控制，地球上能源、矿产、森林等资源会迅速耗竭	①	②	③	④	⑤	⑥	⑦
C4	资源紧缺与环境污染已经对人类的生存构成了严重威胁	①	②	③	④	⑤	⑥	⑦
C5	资源紧缺与环境污染已影响到我们商店的生存	①	②	③	④	⑤	⑥	⑦
C6	当前企业界生产经营产生的资源浪费与环境污染非常严重	①	②	③	④	⑤	⑥	⑦
D1	我所在的商店一直非常关注日常经营中的资源浪费和环境污染问题	①	②	③	④	⑤	⑥	⑦
D2	即使牺牲一些经济利益，我们商店也要节约资源和保护环境	①	②	③	④	⑤	⑥	⑦
D3	我所在的商店员工每次看到有人浪费资源或污染环境，就感到很气愤	①	②	③	④	⑤	⑥	⑦
D4	如果我们商店浪费了资源或污染了环境，大多数员工会感到很内疚	①	②	③	④	⑤	⑥	⑦
D5	如果我们商店做到了节约资源和保护环境，员工们会感到很愉快	①	②	③	④	⑤	⑥	⑦
E1	我知道什么是“白色污染”	①	②	③	④	⑤	⑥	⑦
E2	我知道什么是“环境认证标志”	①	②	③	④	⑤	⑥	⑦
E3	我知道什么是“节能标志”	①	②	③	④	⑤	⑥	⑦
E4	我了解资源节约的相关知识或信息	①	②	③	④	⑤	⑥	⑦
E5	我了解环境保护的相关知识或信息	①	②	③	④	⑤	⑥	⑦

续表

题序	题项	完全不同意	不同意	不太同意	中立	大致同意	同意	完全同意
F1	我们商店对社会的资源耗竭和环境破坏无能为力	①	②	③	④	⑤	⑥	⑦
F2	单个商店对于社会的资源节约和环境保护不能发挥什么作用	①	②	③	④	⑤	⑥	⑦
F3	每个商店行动起来，就会对社会的资源节约和环境保护产生积极效果	①	②	③	④	⑤	⑥	⑦
G1	资源节约和环境保护是政府和行业协会的责任，而不是商店的责任	①	②	③	④	⑤	⑥	⑦
G2	商店有义务节约资源和保护环境	①	②	③	④	⑤	⑥	⑦
G3	我们商店愿意为节约资源和保护环境做出贡献	①	②	③	④	⑤	⑥	⑦
G4	每个商店应遵守国家有关节约、环保的法律法规	①	②	③	④	⑤	⑥	⑦
G5	我们商店积极执行国家有关节约、环保的政策	①	②	③	④	⑤	⑥	⑦
G6	我们商店愿意为国家有关节约、环保法律法规和政策的完善尽我们的力量	①	②	③	④	⑤	⑥	⑦

最后是您单位和您个人的信息，请在符合您的选项序号上画“○”。

H1 贵单位所在地点

①武汉市　　②长沙市

H2 贵单位的业态

①百货商店　　②超级市场　　③专卖店

④专业商店　　⑤便利店　　⑥仓储式商店

⑦购物中心　　⑧邮购商店　　⑨网络商店

⑩其他

H3 贵单位的所有制性质

①外商投资企业　　②港、澳、台商投资企业

③国有企业　　④集体企业

⑤股份合作企业　　⑥联营企业

⑦有限责任公司　　⑧股份有限公司

⑨私营企业 ⑩其他

H4 贵单位所在行业地位

①领先行业平均水平 ②行业平均水平

③落后行业平均水平 ④不知道

H5 贵单位年销售额

①500 万元以下 ②500 万～2000 万元

③2000 万～1 亿元 ④1 亿～2 亿元

⑤2 亿元以上

H6 您的性别 ①男 ②女

H7 您的婚姻状况 ①已婚 ②未婚 ③离婚 ④丧偶

H8 您的年龄 ①18～24 岁 ②25～34 岁 ③35～44 岁

④45～54 岁 ⑤55 岁以上

H9 您的文化水平 ①初中及以下 ②高中/中专

③大专/本科 ④研究生及以上

H10 您的工作岗位

①公司总裁、高层经理 ②公司董事长、党委书记等

③部门经理 ④商店经理 ⑤商店财务管理人员

⑥商店人力资源管理者 ⑦商店采购管理人员

⑧商店销售管理者（如柜长、销售部长）

⑨商店服务管理人员

⑩商店后勤管理人员（如办公室主任、车队队长等）

问卷到此结束，请检查一下是否有漏答之处。衷心感谢您对此次调查的热心帮助！

附录四　物流企业绿色发展现状访谈提纲

尊敬的先生/女士：

您好！我们现正从事物流企业绿色环保方面的学术研究。出于研究的需要，特向您请教关于物流企业绿色发展现状的相关情况，希望得到您的理解和支持。本次访谈的内容不需要提供您的任何个人信息，也不涉及任何企业隐私。访谈的结果我们将严格保密，且承诺不会用于任何商业交易，只用于学术研究。您的参与对本研究非常重要，恳请您能抽出宝贵的时间，协助完成此次访谈。我们将衷心地感谢您的参与。敬祝身体健康、万事顺意！

物流企业绿色发展研究调研组

2012 年 5 月

一　访谈背景

近年来，我国物流业迅速发展，对 GDP 的增长做出了很大的贡献。但伴随而来的是一系列资源、环境问题，如过度包装、废气排放、物流设施占用大量土地等，这些问题的出现不仅会对生态环境、社会经济产生一定的危害，同时也将影响物流企业自身的可持续发展。因此，如何处理好经济发展与资源节约、环境友好之间的关系，对物流企业的长期可持续发展具有至关重要的意义。

二　访谈内容

1. 在物流企业的运输环节中，您认为可以从哪些方面来判断企业对环境产生了污染或对资源造成了浪费？对此，企业可以采取哪些措施来改善对环境的污染和对资源的浪费？

2. 在物流企业的包装环节中，您认为可以从哪些方面来判断企业对环境产生了污染或对资源造成了浪费？对此，企业可以采取哪些措施来改善对环境的污染和对资源的浪费？

3. 在物流企业的仓储环节中，您认为可以从哪些方面来判断企业对环境产生了污染或对资源造成了浪费？企业可以采取哪些措施来改善对环境的污染和对资源的浪费？

4. 在物流企业的其他环节（配送、装卸搬运、流通加工、物流信息）中，您认为可以从哪些方面来判断企业对环境产生了污染或对资源造成了浪费？企业可以采取哪些措施来改善对环境的污染和对资源的浪费？

5. 从物流管理的角度出发，您认为物流企业还有哪些情况会导致环境污染和资源浪费？企业还可以采取哪些具体措施来兼顾经济效益和环境效益？

6. 物流企业存在哪些储运安全问题，企业可以采取哪些措施来保障储运安全？

附录五　物流企业绿色度评价指标体系构建问卷

尊敬的先生/女士：

您好！我们目前正进行“物流企业绿色度评价指标体系构建”的研究工作。本调查的主要目的是通过您的回答对评价物流企业经营活动是否环保、节能、高效、安全的指标体系进行调整、修改和完善，从而为我们的研究提供参考依据。

本问卷采用不记名填写方式，问卷结果仅供学术研究之用，绝不对外公布，敬请放心填写。由衷地感谢您百忙之中的帮助，本人对您致以最真挚的敬意！

填表说明：

1. 请您判断以下指标是否可以用于评价物流企业经营活动是否环保、节能、高效、安全，并根据指标重要性程度在相应的选项上划“√”，每题只打一个钩。

2. “修改意见”一栏用于填写您对指标内容、名称等任何看法。

3. “补充”一栏用于填写您认为是否需要增加或删除评价指标、指标分类是否合理等任何看法。

序号	评价指标内容	指标重要程度					修改意见
		非常不重要	不重要	不确定	重要	非常重要	
资源节约指标							
1	运输车辆燃料消耗量达标率	①	②	③	④	⑤	
2	仓库面积利用率	①	②	③	④	⑤	
3	仓库容积利用率	①	②	③	④	⑤	
4	单位建筑面积耗电量	①	②	③	④	⑤	
5	包装容器的再利用情况	①	②	③	④	⑤	

续表

序号	评价指标内容	指标重要程度					修改意见
		非常不重要	不重要	不确定	重要	非常重要	
6	运输车辆空载率	①	②	③	④	⑤	
7	共同配送实施情况	①	②	③	④	⑤	
8	物流设备利用率（物流设备利用率 = $\sum$ 实际月度使用设备时间/ $\sum$ 设计月度使用时间 ×100%）	①	②	③	④	⑤	
9	固体废弃物回收利用率	①	②	③	④	⑤	
10	节能建筑材料使用情况	①	②	③	④	⑤	
环境友好指标							
1	废气排放水平	①	②	③	④	⑤	
2	废弃物排放水平（包装废弃物、流通加工边角余料、废旧轮胎、废机油柴油等）	①	②	③	④	⑤	
3	噪声污染水平（运输途中、物流节点、设施建筑噪声水平）	①	②	③	④	⑤	
4	环保包装材料使用率（可重复利用或易于回收再生、对人体和生物无毒无害的包装材料）	①	②	③	④	⑤	
5	环保车辆的比例（柴油车辆、小排量车辆、使用清洁能源的车辆）	①	②	③	④	⑤	
6	重大污染安全事故①	①	②	③	④	⑤	
7	环境管理体系（ISO14000）认证情况	①	②	③	④	⑤	
8	老旧车辆提前报废情况	①	②	③	④	⑤	
经济绩效指标							
1	净资产收益率（净资产收益率 =（净利润/平均股东权益）×100%）	①	②	③	④	⑤	
2	营业增长率	①	②	③	④	⑤	
3	节能环保总投入	①	②	③	④	⑤	
4	单位用地面积产值（企业生产总值/企业占用土地面积，反映物流企业土地资源的利用效率）	①	②	③	④	⑤	
5	环境污染治理费用②	①	②	③	④	⑤	

续表

序号	评价指标内容	指标重要程度					修改意见
		非常不重要	不重要	不确定	重要	非常重要	
6	运输成本占物流总成本比例	①	②	③	④	⑤	
7	物流货损率［物流操作（仓储、运输、装卸、搬运等）中发生的累计产品破损量与累计操作产品量的百分比］	①	②	③	④	⑤	
储运安全指标							
1	运输安全事故	①	②	③	④	⑤	
2	仓储安全事故（人身伤亡事故，仓库失火、爆炸、盗窃事故等）	①	②	③	④	⑤	
3	装卸搬运安全事故	①	②	③	④	⑤	
4	运输车辆超载情况	①	②	③	④	⑤	
5	运输车辆 GPS 安装比例	①	②	③	④	⑤	
6	货物储存环境的适宜性（食品、医药、危险化学品等对温度、湿度、时间、地点等有特殊要求）	①	②	③	④	⑤	
7	安全事故应急处理能力	①	②	③	④	⑤	
8	物流安全管理制度制定与执行情况	①	②	③	④	⑤	
9	物流工作人员专业技术水平（司机、装卸搬运人员等）	①	②	③	④	⑤	
补充：							

除了以上指标外，您认为还有哪些指标可用于评价物流企业经营活动的绿色化程度？

1. ________________

2. ________________

3. ________________

4. ________________

注：①重大污染安全事故：是指违反国家规定，向土地、水体、大气排放、倾倒或处置有放射性的废物、含传染病病原体的废物、有毒物质或其他危险废物，导致公私财产遭受重大损失或人员伤亡等严重后果的行为。

②环境污染治理费用：是指生产或生活方面的原因造成环境污染后，为了对环境进行治理和清除污染而投入的资源的总和。

若您希望得到本问卷的分析成果，请留下您的联系邮箱地址：

____

问卷到此结束，再次感谢您的支持！

祝您身体健康，诸事顺利！

附录六　物流企业绿色度评价指标权重专家调查问卷

尊敬的先生/女士：

您好！非常感谢您在百忙之中抽空参与我们的调查研究，我们正进行关于物流企业绿色度评价指标体系的研究工作，本调查的主要目的在于确定物流企业绿色度评价指标的权重。本问卷采用不记名方式，全部资料仅供学术研究之用，绝不对外公布，敬请放心填写。

您精深的理论知识、丰富的实践经验及独到的见解对于我们的相关研究有着莫大的帮助，由衷感谢您百忙之中的帮助并致以最真挚的敬意！

×××

一　问卷说明

1. 概念界定

物流企业绿色度：是指物流企业的一切经营活动对资源环境的友好程度，是从资源、环境、经济效益以及相关利益群体的安全四个方面入手，对社会效益、经济效益、生态效益三者和谐统一程度的量化或者定性。物流企业经济效益越好，对资源、环境以及社会的负面影响越小，则绿色度越高。

2. 指标体系

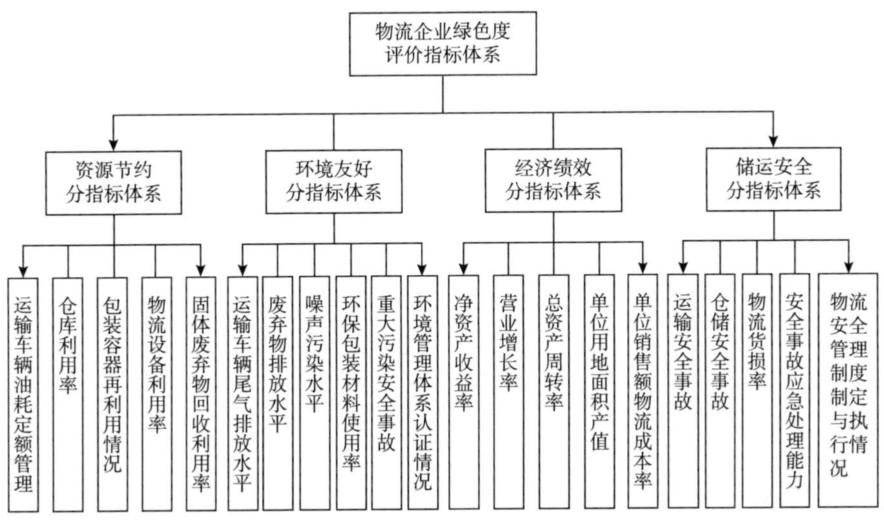

3. 填写说明

此问卷的目的在于确定物流企业绿色度各评价指标之间的相对权重。问卷根据层次分析法（AHP）的形式设计。这种方法是在同一个层次对影响因素重要性进行两两比较。衡量尺度划分为5个等级，分别是绝对重要、十分重要、比较重要、稍微重要、同样重要，分别对应9、7、5、3、1的数值。靠左边的衡量尺度表示左列因素重要于右列因素，靠右边的衡量尺度表示右列因素重要于左列因素。根据您的看法，在对应方格中打钩即可。

如果您觉得某个级别不能精确地表达您对某个比较问题的看法，例如您对一个比较问题的看法应该介于十分重要和比较重要之间，那么您可以通过在十分重要和比较重要两个方格之间画圈来表达您的看法。

示例：您认为一辆汽车是安全性重要，还是价格重要？如果您认为一辆汽车的安全性相对于价格十分重要，那么请在左侧（十分重要）下边的方格打钩。

样表 1 对于评价汽车，安全性相对于价格十分重要

A	评价尺度									B
	9	7	5	3	1	3	5	7	9	
安全性		√								价格

注：衡量尺度划分为 5 个等级，分别是绝对重要、十分重要、比较重要、稍微重要、同样重要，分别对应 9、7、5、3、1 的数值。

而如果您认为一辆汽车的价格相对于安全性稍微重要，那么请在右侧（稍微重要）下边的方格打钩。

样表 2 对于评价汽车，价格相对于安全性稍微重要

A	评价尺度									B
	9	7	5	3	1	3	5	7	9	
安全性						√				价格

注：衡量尺度划分为 5 个等级，分别是绝对重要、十分重要、比较重要、稍微重要、同样重要，分别对应 9、7、5、3、1 的数值。

二 问卷内容

下列各组比较要素，对于“物流企业绿色度”（决策目标）的相对重要性如何？请在相应的选项下打钩或画圈。

1. 第二层指标

A	评价尺度									B
	9	7	5	3	1	3	5	7	9	
资源节约										环境友好
资源节约										经济绩效
资源节约										储运安全
环境友好										经济绩效
环境友好										储运安全
经济绩效										储运安全

2. 第三层指标

（1）资源节约分指标

下列各组比较要素，对于“资源节约分指标体系”的相对重要性如

何？请在相应的选项下打钩或画圈。

A	评价尺度									B
	9	7	5	3	1	3	5	7	9	
运输车辆油耗定额管理										仓库利用率
运输车辆油耗定额管理										包装容器再利用情况
运输车辆油耗定额管理										物流设备利用率
运输车辆油耗定额管理										固体废弃物回收利用率
仓库利用率										包装容器再利用情况
仓库利用率										物流设备利用率
仓库利用率										固体废弃物回收利用率
包装容器再利用情况										物流设备利用率
包装容器再利用情况										固体废弃物回收利用率
物流设备利用率										固体废弃物回收利用率

（2）环境友好分指标

下列各组比较要素，对于“环境友好分指标体系”的相对重要性如何？请在相应的选项下打钩或画圈。

A	评价尺度									B
	9	7	5	3	1	3	5	7	9	
运输车辆尾气排放水平										废弃物排放水平
运输车辆尾气排放水平										噪声污染水平

续表

A	评价尺度									B
	9	7	5	3	1	3	5	7	9	
运输车辆尾气排放水平										环保包装材料使用率
运输车辆尾气排放水平										重大污染安全事故
运输车辆尾气排放水平										环境管理体系认证情况
废弃物排放水平										噪声污染水平
废弃物排放水平										环保包装材料使用率
废弃物排放水平										重大污染安全事故
废弃物排放水平										环境管理体系认证情况
噪声污染水平										环保包装材料使用率
噪声污染水平										重大污染安全事故
噪声污染水平										环境管理体系认证情况
环保包装材料使用率										重大污染安全事故
环保包装材料使用率										环境管理体系认证情况
重大污染安全事故										环境管理体系认证情况

（3）经济绩效分指标

下列各组比较要素，对于“经济绩效分指标体系”的相对重要性如何？请在相应的选项下打钩或画圈。

A	评价尺度									B
	9	7	5	3	1	3	5	7	9	
净资产收益率										营业增长率

续表

A	评价尺度									B
	9	7	5	3	1	3	5	7	9	
净资产收益率										总资产周转率
净资产收益率										单位用地面积产值
净资产收益率										单位销售额物流成本率
营业增长率										总资产周转率
营业增长率										单位用地面积产值
营业增长率										单位销售额物流成本率
总资产周转率										单位用地面积产值
总资产周转率										单位销售额物流成本率
单位用地面积产值										单位销售额物流成本率

（4）储运安全分指标

下列各组比较要素，对于“储运安全分指标体系”的相对重要性如何？请在相应的选项下打钩或画圈。

A	评价尺度									B
	9	7	5	3	1	3	5	7	9	
运输安全事故										仓储安全事故
运输安全事故										物流货损率
运输安全事故										安全事故应急处理能力
运输安全事故										物流安全管理制度制定与执行情况
仓储安全事故										物流货损率
仓储安全事故										安全事故应急处理能力
仓储安全事故										物流安全管理制度制定与执行情况
物流货损率										安全事故应急处理能力
物流货损率										物流安全管理制度制定与执行情况
安全事故应急处理能力										物流安全管理制度制定与执行情况

问卷到此结束，再次感谢您的支持！

祝您身体健康，诸事顺利！

附录七　物流企业绿色度评价指标专家权重评价结果

1. 第一位专家权重评价结果

表 1－1　物流企业绿色度

物流企业绿色度	资源节约	经济绩效	储运安全	环境友好	Wi
资源节约	1	1	0.3333	1	0.1756
经济绩效	1	1	0.5	0.5	0.1634
储运安全	3	2	1	2	0.43
环境友好	1	2	0.5	1	0.231

注：判断矩阵一致性比例为 0.0304；对总目标的权重为 1.0000。

表 1－2　资源节约

资源节约	仓库利用率	运输车辆油耗定额管理	固体废弃物回收利用率	物流设备利用率	包装容器再利用情况	Wi
仓库利用率	1	0.3333	0.3333	1	0.2	0.0692
运输车辆油耗定额管理	3	1	3	5	3	0.4091
固体废弃物回收利用率	3	0.3333	1	3	1	0.1568
物流设备利用率	1	0.2	0.3333	1	0.3333	0.1414
包装容器再利用情况	5	0.3333	1	3	1	0.2233

注：判断矩阵一致性比例为 0.0575；对总目标的权重为 0.1756。

表 1－3　环境友好

环境友好	运输车辆尾气排放水平	噪声污染水平	废弃物排放水平	环保包装材料使用率	重大污染安全事故	环境管理体系认证情况	Wi
运输车辆尾气排放水平	1	3	1	1	1	1	0.1815
噪声污染水平	0.3333	1	0.3333	0.2	0.3333	0.2	0.051
废弃物排放水平	1	3	1	1	1	0.3333	0.1511
环保包装材料使用率	1	5	1	1	1	1	0.1976
重大污染安全事故	1	3	1	1	1	1	0.1815
环境管理体系认证情况	1	5	3	1	1	1	0.2373

注：判断矩阵一致性比例为 0.0237；对总目标的权重为 0.2310。

表 1－4　经济绩效

经济绩效	净资产收益率	营业增长率	总资产周转率	单位用地面积产值	单位销售额物流成本率	Wi
净资产收益率	1	3	3	3	3	0.4111
营业增长率	0.3333	1	2	2	2	0.2077
总资产周转率	0.3333	0.5	1	3	3	0.1851
单位用地面积产值	0.3333	0.5	0.3333	1	3	0.1193
单位销售额物流成本率	0.3333	0.5	0.3333	0.3333	1	0.0769

注：判断矩阵一致性比例为 0.0908；对总目标的权重为 0.1634。

表 1－5　储运安全

储运安全	运输安全事故	仓储安全事故	物流货损率	安全事故应急处理能力	物流安全管理制度制定与执行	Wi
运输安全事故	1	1	3	0.3333	3	0.218
仓储安全事故	1	1	3	0.3333	1	0.175
物流货损率	0.3333	0.3333	1	0.2	0.5	0.0711

续表

储运安全	运输安全事故	仓储安全事故	物流货损率	安全事故应急处理能力	物流安全管理制度制定与执行	Wi
安全事故应急处理能力	3	3	5	1	1	0.3746
物流安全管理制度制定与执行	0.3333	1	2	1	1	0.1613

注：判断矩阵一致性比例为0.0880；对总目标的权重为0.4300。

2. 第二位专家权重评价结果

表2-1 物流企业绿色度

物流企业绿色度	资源节约	经济绩效	储运安全	环境友好	Wi
资源节约	1	0.2	5	3	0.2218
经济绩效	5	1	7	5	0.6129
储运安全	0.2	0.1429	1	0.3333	0.0526
环境友好	0.3333	0.2	3	1	0.1127

注：判断矩阵一致性比例为0.0897；对总目标的权重为1.0000。

表2-2 资源节约

资源节约	仓库利用率	运输车辆油耗定额管理	固体废弃物回收利用率	物流设备利用率	包装容器再利用情况	Wi
仓库利用率	1	0.3333	3	3	3	0.1099
运输车辆油耗定额管理	3	1	5	5	5	0.2521
固体废弃物回收利用率	0.3333	0.2	1	0.3333	0.2	0.0296
物流设备利用率	0.3333	0.2	3	1	3	0.5578
包装容器再利用情况	0.3333	0.2	5	0.3333	1	0.0507

注：判断矩阵一致性比例为0.0969；对总目标的权重为0.2218。

表 2-3 环境友好

环境友好	运输车辆尾气排放水平	噪声污染水平	废弃物排放水平	环保包装材料使用率	重大污染安全事故	环境管理体系认证情况	Wi
运输车辆尾气排放水平	1	3	3	5	6	7	0.4202
噪声污染水平	0.3333	1	0.3333	3	3	5	0.1563
废弃物排放水平	0.3333	3	1	5	5	3	0.2454
环保包装材料使用率	0.2	0.3333	0.2	1	3	3	0.0839
重大污染安全事故	0.1667	0.3333	0.2	0.3333	1	0.3333	0.0391
环境管理体系认证情况	0.1429	0.2	0.3333	0.3333	3	1	0.055

注：判断矩阵一致性比例为 0.0916；对总目标的权重为 0.1127。

表 2-4 经济绩效

经济绩效	净资产收益率	营业增长率	总资产周转率	单位用地面积产值	单位销售额物流成本率	Wi
净资产收益率	1	5	7	3	5	0.4963
营业增长率	0.2	1	3	0.3333	3	0.128
总资产周转率	0.1429	0.3333	1	0.2	0.2	0.0405
单位用地面积产值	0.3333	3	5	1	3	0.2437
单位销售额物流成本率	0.2	0.3333	5	0.3333	1	0.0914

注：判断矩阵一致性比例为 0.0930；对总目标的权重为 0.6129。

表 2-5 储运安全

储运安全	运输安全事故	仓储安全事故	物流货损率	安全事故应急处理能力	物流安全管理制度制定与执行	Wi
运输安全事故	1	5	5	3	5	0.4802
仓储安全事故	0.2	1	3	0.3333	3	0.1325
物流货损率	0.2	0.3333	1	0.2	0.3333	0.0497

续表

储运安全	运输安全事故	仓储安全事故	物流货损率	安全事故应急处理能力	物流安全管理制度制定与执行	Wi
安全事故应急处理能力	0.3333	3	5	1	3	0.2522
物流安全管理制度制定与执行	0.2	0.3333	3	0.3333	1	0.0854

注：判断矩阵一致性比例为 0.0791；对总目标的权重为 0.0526。

3. 第三位专家权重评价结果

表 3-1 物流企业绿色度

物流企业绿色度	资源节约	经济绩效	储运安全	环境友好	Wi
资源节约	1	0.2	0.1429	1	0.0685
经济绩效	5	1	0.3333	5	0.283
储运安全	7	3	1	7	0.58
环境友好	1	0.2	0.1429	1	0.0685

注：判断矩阵一致性比例为 0.0274；对总目标的权重为 1.0000。

表 3-2 资源节约

资源节约	仓库利用率	运输车辆油耗定额管理	固体废弃物回收利用率	物流设备利用率	包装容器再利用情况	Wi
仓库利用率	1	0.3333	3	0.2	3	0.0803
运输车辆油耗定额管理	3	1	5	0.3333	5	0.1495
固体废弃物回收利用率	0.3333	0.2	1	0.2	0.3333	0.0335
物流设备利用率	5	3	5	1	3	0.6840
包装容器再利用情况	0.3333	0.2	3	0.3333	1	0.0526

注：判断矩阵一致性比例为 0.0925；对总目标的权重为 0.0685。

表 3-3　环境友好

环境友好	运输车辆尾气排放水平	噪声污染水平	废弃物排放水平	环保包装材料使用率	重大污染安全事故	环境管理体系认证情况	Wi
运输车辆尾气排放水平	1	3	5	5	0.2	0.3333	0.1382
噪声污染水平	0.3333	1	3	3	0.1429	0.2	0.0702
废弃物排放水平	0.2	0.3333	1	3	0.1429	0.2	0.0447
环保包装材料使用率	0.2	0.3333	0.3333	1	0.125	0.1429	0.0286
重大污染安全事故	5	7	7	8	1	5	0.4888
环境管理体系认证情况	3	5	5	7	0.2	1	0.2295

注：判断矩阵一致性比例为 0.0951；对总目标的权重为 0.0685。

表 3-4　经济绩效

经济绩效	净资产收益率	营业增长率	总资产周转率	单位用地面积产值	单位销售额物流成本率	Wi
净资产收益率	1	5	1	3	3	0.3356
营业增长率	0.2	1	0.2	0.2	0.2	0.0433
总资产周转率	1	5	1	3	3	0.3356
单位用地面积产值	0.3333	5	0.3333	1	0.3333	0.1119
单位销售额物流成本率	0.3333	5	0.3333	3	1	0.1736

注：判断矩阵一致性比例为 0.0774；对总目标的权重为 0.2830。

表 3-5　储运安全

储运安全	运输安全事故	仓储安全事故	物流货损率	安全事故应急处理能力	物流安全管理制度制定与执行	Wi
运输安全事故	1	3	5	3	5	0.4415
仓储安全事故	0.3333	1	5	3	5	0.2845

续表

储运安全	运输安全事故	仓储安全事故	物流货损率	安全事故应急处理能力	物流安全管理制度制定与执行	Wi
物流货损率	0.2	0.2	1	1	5	0.1083
安全事故应急处理能力	0.3333	0.3333	1	1	3	0.12
物流安全管理制度制定与执行	0.2	0.2	0.2	0.3333	1	0.0457

注：判断矩阵一致性比例为 0.0950；对总目标的权重为 0.5800。

4. 第四位专家权重评价结果

表 4-1 物流企业绿色度

物流企业绿色度	资源节约	经济绩效	储运安全	环境友好	Wi
资源节约	1	9	7	1	0.4386
经济绩效	0.1111	1	0.2	0.1111	0.0347
储运安全	0.1429	5	1	0.1429	0.088
环境友好	1	9	7	1	0.4386

注：判断矩阵一致性比例为 0.0885；对总目标的权重为 1.0000。

表 4-2 资源节约

资源节约	仓库利用率	运输车辆油耗定额管理	固体废弃物回收利用率	物流设备利用率	包装容器再利用情况	Wi
仓库利用率	1	3	0.2	3	5	0.2138
运输车辆油耗定额管理	0.3333	1	0.2	3	5	0.1361
固体废弃物回收利用率	5	5	1	7	5	0.4848
物流设备利用率	0.3333	0.3333	0.1429	1	1	0.1044
包装容器再利用情况	0.2	0.2	0.2	1	1	0.0609

注：判断矩阵一致性比例为 0.0926；对总目标的权重为 0.4386。

表 4－3　环境友好

环境友好	运输车辆尾气排放水平	噪声污染水平	废弃物排放水平	环保包装材料使用率	重大污染安全事故	环境管理体系认证情况	Wi
运输车辆尾气排放水平	1	3	3	3	0.1111	0.1429	0.0835
噪声污染水平	0.3333	1	1	1	0.1111	0.1429	0.0402
废弃物排放水平	0.3333	1	1	5	0.1111	0.1429	0.0525
环保包装材料使用率	0.3333	1	0.2	1	0.1111	0.1429	0.0307
重大污染安全事故	9	9	9	9	1	3	0.4999
环境管理体系认证情况	7	7	7	7	0.3333	1	0.2932

注：判断矩阵一致性比例为 0.0949；对总目标的权重为 0.4386。

表 4－4　经济绩效

经济绩效	净资产收益率	营业增长率	总资产周转率	单位用地面积产值	单位销售额物流成本率	Wi
净资产收益率	1	7	3	7	1	0.3615
营业增长率	0.1429	1	1	5	0.1429	0.0844
总资产周转率	0.3333	1	1	3	0.1429	0.0903
单位用地面积产值	0.1429	0.2	0.3333	1	0.1429	0.0356
单位销售额物流成本率	1	7	7	7	1	0.4282

注：判断矩阵一致性比例为 0.0747；对总目标的权重为 0.0347。

表 4－5　储运安全

储运安全	运输安全事故	仓储安全事故	物流货损率	安全事故应急处理能力	物流安全管理制度制定与执行	Wi
运输安全事故	1	5	7	5	3	0.5023
仓储安全事故	0.2	1	3	1	0.3333	0.104

续表

储运安全	运输安全事故	仓储安全事故	物流货损率	安全事故应急处理能力	物流安全管理制度制定与执行	Wi
物流货损率	0.1429	0.3333	1	0.2	0.1429	0.0383
安全事故应急处理能力	0.2	1	5	1	1	0.1435
物流安全管理制度制定与执行	0.3333	3	7	1	1	0.2118

注：判断矩阵一致性比例为0.0514；对总目标的权重为0.0880。

5. 第五位专家权重评价结果

表5-1 物流企业绿色度

物流企业绿色度	资源节约	经济绩效	储运安全	环境友好	Wi
资源节约	1	5	1	1	0.3179
经济绩效	0.2	1	0.2	0.3333	0.0722
储运安全	1	5	1	0.3333	0.2416
环境友好	1	3	3	1	0.3683

注：判断矩阵一致性比例为0.0975；对总目标的权重为1.0000。

表5-2 资源节约

资源节约	仓库利用率	运输车辆油耗定额管理	固体废弃物回收利用率	物流设备利用率	包装容器再利用情况	Wi
仓库利用率	1	2	0.1111	0.2	0.2	0.0347
运输车辆油耗定额管理	0.5	1	0.125	0.3333	0.1429	0.0289
固体废弃物回收利用率	9	8	1	7	3	0.4674
物流设备利用率	5	3	0.1429	1	0.3333	0.2791
包装容器再利用情况	5	7	0.3333	3	1	0.1908

注：判断矩阵一致性比例为0.0757；对总目标的权重为0.3179。

表 5－3　环境友好

环境友好	运输车辆尾气排放水平	噪声污染水平	废弃物排放水平	环保包装材料使用率	重大污染安全事故	环境管理体系认证情况	Wi
运输车辆尾气排放水平	1	1	1	5	1	7	0.2152
噪声污染水平	1	1	0.3333	1	0.2	7	0.1048
废弃物排放水平	1	3	1	5	0.3333	7	0.2152
环保包装材料使用率	0.2	1	0.2	1	0.1429	7	0.0696
重大污染安全事故	1	5	3	7	1	9	0.3727
环境管理体系认证情况	0.1429	0.1429	0.1429	0.1429	0.1111	1	0.0225

注：判断矩阵一致性比例为 0.0949；对总目标的权重为 0.3683。

表 5－4　经济绩效

经济绩效	净资产收益率	营业增长率	总资产周转率	单位用地面积产值	单位销售额物流成本率	Wi
净资产收益率	1	5	3	3	1	0.3131
营业增长率	0.2	1	1	0.2	0.1429	0.052
总资产周转率	0.3333	1	1	0.1111	0.1111	0.0487
单位用地面积产值	0.3333	5	9	1	1	0.2513
单位销售额物流成本率	1	7	9	1	1	0.3349

注：判断矩阵一致性比例为 0.0874；对总目标的权重为 0.0722。

表 5－5　储运安全

储运安全	运输安全事故	仓储安全事故	物流货损率	安全事故应急处理能力	物流安全管理制度制定与执行	Wi
运输安全事故	1	0.3333	3	1	1	0.1882
仓储安全事故	3	1	3	1	1	0.292

续表

储运安全	运输安全事故	仓储安全事故	物流货损率	安全事故应急处理能力	物流安全管理制度制定与执行	Wi
物流货损率	0.3333	0.3333	1	0.3333	1	0.0973
安全事故应急处理能力	1	1	3	1	1	0.2344
物流安全管理制度制定与执行	1	1	1	1	1	0.1882

注：判断矩阵一致性比例为0.0664；对总目标的权重为0.2416。

6. 第六位专家权重评价结果

表6-1 物流企业绿色度

物流企业绿色度	资源节约	经济绩效	储运安全	环境友好	Wi
资源节约	1	5	0.1429	3	0.1806
经济绩效	0.2	1	0.1111	0.3333	0.0438
储运安全	7	9	1	7	0.6839
环境友好	0.3333	3	0.1429	1	0.0918

注：判断矩阵一致性比例为0.0986；对总目标的权重为1.0000。

表6-2 资源节约

资源节约	仓库利用率	运输车辆油耗定额管理	固体废弃物回收利用率	物流设备利用率	包装容器再利用情况	Wi
仓库利用率	1	1	7	7	7	0.2142
运输车辆油耗定额管理	1	1	9	7	7	0.3508
固体废弃物回收利用率	0.1429	0.1111	1	1	1	0.0368
物流设备利用率	0.1429	0.1429	1	1	1	0.3581
包装容器再利用情况	0.1429	0.1429	1	1	1	0.04

注：判断矩阵一致性比例为0.0882；对总目标的权重为0.1806。

表 6－3 环境友好

环境友好	运输车辆尾气排放水平	噪声污染水平	废弃物排放水平	环保包装材料使用率	重大污染安全事故	环境管理体系认证情况	Wi
运输车辆尾气排放水平	1	7	9	3	0.1429	3	0.2179
噪声污染水平	0.1429	1	3	0.3333	0.1111	1	0.0525
废弃物排放水平	0.1111	0.3333	1	0.2	0.1429	0.3333	0.0278
环保包装材料使用率	0.3333	3	5	1	0.1429	1	0.099
重大污染安全事故	7	9	7	7	1	5	0.5226
环境管理体系认证情况	0.3333	1	3	1	0.2	1	0.0801

注：判断矩阵一致性比例为 0.0970；对总目标的权重为 0.0918。

表 6－4 经济绩效

经济绩效	净资产收益率	营业增长率	总资产周转率	单位用地面积产值	单位销售额物流成本率	Wi
净资产收益率	1	0.1429	7	5	1	0.1736
营业增长率	7	1	7	7	7	0.5968
总资产周转率	0.1429	0.1429	1	0.5	0.3333	0.0404
单位用地面积产值	0.2	0.1429	2	1	0.3333	0.057
单位销售额物流成本率	1	0.1429	3	3	1	0.1323

注：判断矩阵一致性比例为 0.0999；对总目标的权重为 0.0438。

表 6－5 储运安全

储运安全	运输安全事故	仓储安全事故	物流货损率	安全事故应急处理能力	物流安全管理制度制定与执行	Wi
运输安全事故	1	3	7	0.1429	0.1429	0.1018
仓储安全事故	0.3333	1	3	0.1429	0.1429	0.0554

续表

储运安全	运输安全事故	仓储安全事故	物流货损率	安全事故应急处理能力	物流安全管理制度制定与执行	Wi
物流货损率	0.1429	0.3333	1	0.1111	0.1111	0.0273
安全事故应急处理能力	7	7	9	1	1	0.4078
物流安全管理制度制定与执行	7	7	9	1	1	0.4078

注：判断矩阵一致性比例为0.0883；对总目标的权重为0.6839。

7. 第七位专家权重评价结果

表7-1 物流企业绿色度

物流企业绿色度	资源节约	经济绩效	储运安全	环境友好	Wi
资源节约	1	5	0.2	1	0.1893
经济绩效	0.2	1	0.2	0.3333	0.0643
储运安全	5	5	1	3	0.5571
环境友好	1	3	0.3333	1	0.1893

注：判断矩阵一致性比例为0.0829；对总目标的权重为1.0000。

表7-2 资源节约

资源节约	仓库利用率	运输车辆油耗定额管理	固体废弃物回收利用率	物流设备利用率	包装容器再利用情况	Wi
仓库利用率	1	5	3	0.3333	0.3333	0.113
运输车辆油耗定额管理	0.2	1	0.3333	0.3333	0.2	0.0365
固体废弃物回收利用率	0.3333	3	1	0.3333	0.2	0.0607
物流设备利用率	3	3	3	1	0.3333	0.4205
包装容器再利用情况	3	5	5	3	1	0.3692

注：判断矩阵一致性比例为0.0861；对总目标的权重为0.1893。

表7-3　环境友好

环境友好	运输车辆尾气排放水平	噪声污染水平	废弃物排放水平	环保包装材料使用率	重大污染安全事故	环境管理体系认证情况	Wi
运输车辆尾气排放水平	1	3	0.2	0.3333	0.1429	0.2	0.0512
噪声污染水平	0.3333	1	0.1429	0.1429	0.1429	0.1429	0.0276
废弃物排放水平	5	7	1	3	3	1	0.3159
环保包装材料使用率	3	7	0.3333	1	0.3333	1	0.1395
重大污染安全事故	7	7	0.3333	3	1	4	0.2919
环境管理体系认证情况	5	7	1	1	0.25	1	0.1739

注：判断矩阵一致性比例为0.0948；对总目标的权重为0.1893。

表7-4　经济绩效

经济绩效	净资产收益率	营业增长率	总资产周转率	单位用地面积产值	单位销售额物流成本率	Wi
净资产收益率	1	7	5	3	0.3333	0.2648
营业增长率	0.1429	1	0.2	0.1429	0.1111	0.0279
总资产周转率	0.2	5	1	0.3333	0.1111	0.0673
单位用地面积产值	0.3333	7	3	1	0.3333	0.1541
单位销售额物流成本率	3	9	9	3	1	0.486

注：判断矩阵一致性比例为0.0850；对总目标的权重为0.0643。

表7-5　储运安全

储运安全	运输安全事故	仓储安全事故	物流货损率	安全事故应急处理能力	物流安全管理制度制定与执行	Wi
运输安全事故	1	3	5	0.2	0.1429	0.1018
仓储安全事故	0.3333	1	3	0.1429	0.1429	0.0554

续表

储运安全	运输安全事故	仓储安全事故	物流货损率	安全事故应急处理能力	物流安全管理制度制定与执行	Wi
物流货损率	0.2	0.3333	1	0.1111	0.1111	0.0291
安全事故应急处理能力	5	7	9	1	0.3333	0.3059
物流安全管理制度制定与执行	7	7	9	3	1	0.5078

注：判断矩阵一致性比例为0.0864；对总目标的权重为0.5571。

8. 第八位专家权重评价结果

表8-1　物流企业绿色度

物流企业绿色度	资源节约	经济绩效	储运安全	环境友好	Wi
资源节约	1	7	7	1	0.4354
经济绩效	0.1429	1	0.3333	0.1429	0.0473
储运安全	0.1429	3	1	0.1429	0.0819
环境友好	1	7	7	1	0.4354

注：判断矩阵一致性比例为0.0574；对总目标的权重为1.0000。

表8-2　资源节约

资源节约	仓库利用率	运输车辆油耗定额管理	固体废弃物回收利用率	物流设备利用率	包装容器再利用情况	Wi
仓库利用率	1	5	0.3333	0.3333	3	0.169
运输车辆油耗定额管理	0.2	1	0.3333	0.2	0.3333	0.063
固体废弃物回收利用率	3	3	1	0.5	5	0.2759
物流设备利用率	3	5	2	1	5	0.4087
包装容器再利用情况	0.3333	3	0.2	0.2	1	0.0834

注：判断矩阵一致性比例为0.0923；对总目标的权重为0.4354。

表 8－3 环境友好

环境友好	运输车辆尾气排放水平	噪声污染水平	废弃物排放水平	环保包装材料使用率	重大污染安全事故	环境管理体系认证情况	Wi
运输车辆尾气排放水平	1	0.3333	0.2	0.1667	0.3333	0.1111	0.0281
噪声污染水平	3	1	0.2	0.2	0.3333	0.1111	0.0417
废弃物排放水平	5	5	1	0.3333	5	0.1429	0.1385
环保包装材料使用率	6	5	3	1	5	0.3333	0.2372
重大污染安全事故	3	3	0.2	0.2	1	0.1429	0.0628
环境管理体系认证情况	9	9	7	3	7	1	0.4917

注：判断矩阵一致性比例为 0.0972；对总目标的权重为 0.4354。

表 8－4 经济绩效

经济绩效	净资产收益率	营业增长率	总资产周转率	单位用地面积产值	单位销售额物流成本率	Wi
净资产收益率	1	7	7	5	7	0.5621
营业增长率	0.1429	1	3	0.2	3	0.0966
总资产周转率	0.1429	0.3333	1	0.2	1	0.05
单位用地面积产值	0.2	5	5	1	5	0.2413
单位销售额物流成本率	0.1429	0.3333	1	0.2	1	0.05

注：判断矩阵一致性比例为 0.0893；对总目标的权重为 0.0473。

表 8－5 储运安全

储运安全	运输安全事故	仓储安全事故	物流货损率	安全事故应急处理能力	物流安全管理制度制定与执行	Wi
运输安全事故	1	0.1429	0.1429	3	0.3333	0.0632
仓储安全事故	7	1	3	7	3	0.465

续表

储运安全	运输安全事故	仓储安全事故	物流货损率	安全事故应急处理能力	物流安全管理制度制定与执行	Wi
物流货损率	7	0.3333	1	5	3	0.2801
安全事故应急处理能力	0.3333	0.1429	0.2	1	0.2	0.0393
物流安全管理制度制定与执行	3	0.3333	0.3333	5	1	0.1524

注：判断矩阵一致性比例为0.0779；对总目标的权重为0.0819。

9. 第九位专家权重评价结果

表9-1 物流企业绿色度

物流企业绿色度	资源节约	经济绩效	储运安全	环境友好	Wi
资源节约	1	0.1429	0.1111	1	0.0532
经济绩效	7	1	0.3333	7	0.3015
储运安全	9	3	1	9	0.5921
环境友好	1	0.1429	0.1111	1	0.0532

注：判断矩阵一致性比例为0.0339；对总目标的权重为1.0000。

表9-2 资源节约

资源节约	仓库利用率	运输车辆油耗定额管理	固体废弃物回收利用率	物流设备利用率	包装容器再利用情况	Wi
仓库利用率	1	3	3	1	0.2	0.1069
运输车辆油耗定额管理	0.3333	1	3	0.3333	0.3333	0.0672
固体废弃物回收利用率	0.3333	0.3333	1	0.3333	0.1429	0.0405
物流设备利用率	1	3	3	1	0.3333	0.2882
包装容器再利用情况	5	3	7	3	1	0.3971

注：判断矩阵一致性比例为0.0832；对总目标的权重为0.0532。

表9-3　环境友好

环境友好	运输车辆尾气排放水平	噪声污染水平	废弃物排放水平	环保包装材料使用率	重大污染安全事故	环境管理体系认证情况	Wi
运输车辆尾气排放水平	1	3	1	0.2	0.1429	1	0.0718
噪声污染水平	0.3333	1	0.3333	0.1429	0.1667	3	0.0483
废弃物排放水平	1	3	1	0.1429	0.1429	3	0.0815
环保包装材料使用率	5	7	7	1	1	7	0.3739
重大污染安全事故	7	6	7	1	1	7	0.3854
环境管理体系认证情况	1	0.3333	0.3333	0.1429	0.1429	1	0.0392

注：判断矩阵一致性比例为0.0779；对总目标的权重为0.0532。

表9-4　经济绩效

经济绩效	净资产收益率	营业增长率	总资产周转率	单位用地面积产值	单位销售额物流成本率	Wi
净资产收益率	1	0.3333	0.2	3	0.1429	0.0668
营业增长率	3	1	0.3333	3	0.2	0.1227
总资产周转率	5	3	1	5	0.3333	0.2587
单位用地面积产值	0.3333	0.3333	0.2	1	0.1429	0.043
单位销售额物流成本率	7	5	3	7	1	0.5088

注：判断矩阵一致性比例为0.0637；对总目标的权重为0.3015。

表9-5　储运安全

储运安全	运输安全事故	仓储安全事故	物流货损率	安全事故应急处理能力	物流安全管理制度制定与执行	Wi
运输安全事故	1	1	3	1	0.1429	0.1227
仓储安全事故	1	1	3	1	0.1429	0.1227

续表

储运安全	运输安全事故	仓储安全事故	物流货损率	安全事故应急处理能力	物流安全管理制度制定与执行	Wi
物流货损率	0.3333	0.3333	1	0.2	0.2	0.0492
安全事故应急处理能力	1	1	5	1	0.3333	0.161
物流安全管理制度制定与执行	7	7	5	3	1	0.5443

注：判断矩阵一致性比例为0.0670；对总目标的权重为0.5921。

10. 第十位专家权重评价结果

表10－1 物流企业绿色度

物流企业绿色度	资源节约	经济绩效	储运安全	环境友好	Wi
资源节约	1	7	3	3	0.5067
经济绩效	0.1429	1	0.2	0.1429	0.0455
储运安全	0.3333	5	1	0.3333	0.1553
环境友好	0.3333	7	3	1	0.2926

注：判断矩阵一致性比例为0.0853；对总目标的权重为1.0000。

表10－2 资源节约

资源节约	仓库利用率	运输车辆油耗定额管理	固体废弃物回收利用率	物流设备利用率	包装容器再利用情况	Wi
仓库利用率	1	0.3333	5	5	5	0.1953
运输车辆油耗定额管理	3	1	5	3	5	0.3106
固体废弃物回收利用率	0.2	0.2	1	0.3333	1	0.0469
物流设备利用率	3	1	5	3	5	0.3106
包装容器再利用情况	0.2	0.2	1	1	1	0.0563

注：判断矩阵一致性比例为0.0618；对总目标的权重为0.5067。

表 10－3　环境友好

环境友好	运输车辆尾气排放水平	噪声污染水平	废弃物排放水平	环保包装材料使用率	重大污染安全事故	环境管理体系认证情况	Wi
运输车辆尾气排放水平	1	3	3	5	1	1	0.2621
噪声污染水平	0.3333	1	0.3333	3	0.3333	0.3333	0.0802
废弃物排放水平	0.3333	3	1	5	1	1	0.1817
环保包装材料使用率	0.2	0.3333	0.2	1	0.2	0.2	0.0396
重大污染安全事故	1	3	1	5	1	1	0.2182
环境管理体系认证情况	1	3	1	5	1	1	0.2182

注：判断矩阵一致性比例为 0.0281；对总目标的权重为 0.2926。

表 10－4　经济绩效

经济绩效	净资产收益率	营业增长率	总资产周转率	单位用地面积产值	单位销售额物流成本率	Wi
净资产收益率	1	3	1	1	3	0.2816
营业增长率	0.3333	1	0.3333	1	1	0.1169
总资产周转率	1	3	1	1	3	0.2816
单位用地面积产值	1	1	1	1	3	0.226
单位销售额物流成本率	0.3333	1	0.3333	0.3333	1	0.0939

注：判断矩阵一致性比例为 0.0331；对总目标的权重为 0.0455。

表 10－5　储运安全

储运安全	运输安全事故	仓储安全事故	物流货损率	安全事故应急处理能力	物流安全管理制度制定与执行	Wi
运输安全事故	1	3	5	1	5	0.3754
仓储安全事故	0.3333	1	3	1	5	0.2184

续表

储运安全	运输安全事故	仓储安全事故	物流货损率	安全事故应急处理能力	物流安全管理制度制定与执行	Wi
物流货损率	0.2	0.3333	1	0.3333	1	0.0739
安全事故应急处理能力	1	1	3	1	5	0.2721
物流安全管理制度制定与执行	0.2	0.2	1	0.2	1	0.0603

注：判断矩阵一致性比例为0.0321；对总目标的权重为0.1553。

附录八　物流企业绿色度评价调查问卷

尊敬的先生/女士：

您好！非常感谢您在百忙之中抽空接受本次调查，我们正进行物流企业绿色度评价指标体系的研究工作，本次调查的主要目的在于了解目前物流企业绿色化发展现状，为探寻评价物流企业绿色化发展程度的方法提供借鉴和参考。本问卷采用不记名方式，全部资料仅供学术研究之用，不涉及任何商业用途，敬请放心填写。

您的合作与支持是本研究成功的关键！感谢您的支持！

×××

一　物流企业绿色化发展现状

请根据您所在企业近 1 年内的实际情况回答以下问题，并在最符合的选项上打“√”。

（一）资源节约方面

1. 我们企业车辆油耗定额管理的制定和执行情况

A. 从未打算制定车辆油耗定额管理制度

B. 计划近两年内制定车辆油耗定额管理制度

C. 已制定车辆油耗定额管理制度，但未组织实施

D. 已制定并执行车辆油耗定额管理制度，但执行不到位

E. 已制定车辆油耗定额管理制度，并严格按照制度执行

2. 我们企业仓库利用率为

（仓库利用率 = 存货面积/总面积 ×100%，以 R_1 表示）

A. $R_1 \leqslant 30\%$　　B. $30\% < R_1 \leqslant 50\%$　　C. $50\% < R_1 \leqslant 70\%$

D. $70\% < R_1 \leqslant 90\%$　　E. $R_1 > 90\%$

3. 我们企业的包装容器（如纸箱、木箱、托盘集合包装、集装箱、塑料周转箱等）回收、重复利用情况

A. 对极少数包装容器进行回收、重复利用

B. 对少数包装容器进行回收、重复利用

C. 对大部分包装容器进行回收、重复利用

D. 对绝大部分包装容器进行回收、重复利用

E. 对全部的包装容器进行回收、重复利用

4. 我们企业运输车辆的利用率（以 R_2 表示）为

A. $R_2 \leqslant 30\%$　　B. $30\% < R_2 \leqslant 50\%$　　C. $50\% < R_2 \leqslant 70\%$

D. $70\% < R_2 \leqslant 90\%$　　E. $R_2 > 90\%$

5. 我们企业在提高仓储、运输、装卸搬运等环节物流设备的利用率方面做得

A. 差　　B. 较差　　C. 一般　　D. 较好　　E. 好

6. 我们企业的固体废弃物回收利用（对废旧轮胎、零部件、包装材料等回收利用，而不是直接丢弃）情况

A. 对极少数固体废弃物进行回收利用

B. 对少数固体废弃物进行回收利用

C. 对大部分固体废弃物进行回收利用

D. 对绝大部分固体废弃物进行回收利用

E. 对全部的固体废弃物进行回收利用

（二）环境友好方面

7. 我们企业在规范运输车辆尾气排放（运输车辆尾气排放必须符合国家汽车污染物排放限值标准）方面做得

A. 差　　B. 较差　　C. 一般　　D. 较好　　E. 好

8. 我们企业在减少废弃物（如包装废弃物、流通加工边角余料、废旧轮胎和零部件、废旧机油柴油等）对周边生态污染程度方面做得

A. 差　　B. 较差　　C. 一般　　D. 较好　　E. 好

9. 我们企业在降低运输途中、物流节点及设施建筑所产生的噪声对周边环境污染程度方面做得

A. 差　　B. 较差　　C. 一般　　D. 较好　　E. 好

10. 我们企业在采用环保包装材料（清洁、无毒、可降解、可回收包装材料等）方面做得

A. 差　　B. 较差　　C. 一般　　D. 较好　　E. 好

11. 我们企业环境污染事故情况

A. 近一年内有 1 件或 1 件以上重大环境污染事故

B. 近一年内有 1 件或 1 件以上情节较轻的环境污染事故

C. 近一年内无环境污染事故

D. 近两年内无环境污染事故

E. 从未发生过环境污染事故

12. 我们企业 ISO14001 国家环境管理体系认证情况

A. 从未考虑建立 ISO14001 环境管理标准

B. 计划近一两年内建立 ISO14001 环境管理标准

C. 正在建立 ISO14001 环境管理标准

D. 已经建立 ISO14001 环境管理标准，但未通过审核认证

E. 已经建立 ISO14001 环境管理标准，且已通过审核认证

（三）储运安全方面

13. 我们企业在保障运输安全（在运输过程中保障相关利益群体的人身、财产不受损害）方面做得

A. 差 B. 较差 C. 一般 D. 较好 E. 好

14. 我们企业在保障仓储安全（在仓储过程中保障相关利益群体的人身、财产不受损害）方面做得

A. 差 B. 较差 C. 一般 D. 较好 E. 好

15. 我们企业在物流经营活动过程中产生的货损率（以 R_3 表示）为

A. $R_3 > 8\%$ B. $5\% < R_3 \leqslant 8\%$ C. $2\% < R_3 \leqslant 5\%$

D. $1\% < R_3 \leqslant 2\%$ E. $R_3 \leqslant 1\%$

16. 我们企业安全事故应急处理能力（即拥有规范的安全事故应急管理和响应程序，对员工进行应急救援基本知识和技能的培训，制定切实可行的物流应急预案，对突发事故有应急处置的能力）

A. 差 B. 较差 C. 一般 D. 较好 E. 好

17. 我们企业在物流安全管理制度（针对各项物流活动以及从事物流操作的相关人员制定的，保障企业财产和员工人身安全的管理制度和规范）的制定与执行情况

A. 没有制定物流安全管理制度

B. 制定了基本的物流安全管理制度，但并未按照制度执行

C. 制定了基本的物流安全管理制度，但有待进一步完善，基本按照制度执行

D. 制定了完善的物流安全管理制度，并基本按照制度执行

E. 制定了完善的物流安全管理制度，并严格按照制度执行

（四）经济绩效方面

18. 我们企业的净资产收益率为

[净资产收益率 = 企业税后净利润/（资产总额 - 负债总额）×100%，以 R_4 表示]

A. $R_4 \leqslant -5\%$　B. $-5\% < R_4 \leqslant 0$　C. $0 < R_4 \leqslant 5\%$

D. $5\% < R_4 \leqslant 10\%$　E. $R_4 > 10\%$

19. 我们企业的总资产周转率为

（总资产周转率 = 营业收入/总资产，以 R_5 表示）

A. $R_5 \leqslant 0.1$ 次　B. 0.1 次 $< R_5 \leqslant 0.3$ 次

C. 0.3 次 $< R_5 \leqslant 0.6$ 次　D. 0.6 次 $< R_5 \leqslant 0.9$ 次　E. $R_5 > 0.9$ 次

20. 我们企业的营业增长率为

（营业增长率 = 本年营业增长额/上年营业额 ×100%，以 R_6 表示）

A. $R_6 \leqslant -10\%$　B. $-10\% < R_6 \leqslant 0$　C. $0 < R_6 \leqslant 10\%$

D. $10\% < R_6 \leqslant 20\%$　E. $R_6 > 20\%$

21. 与上一年相比，我们企业的单位用地面积产值

A. 明显降低　B. 略微降低　C. 没有变化

D. 略微提高　E. 明显提高

22. 我们企业的运输成本占物流总成本的比例（以 R_6 表示）为

A. $R_6 > 60\%$　B. $55\% < R_6 \leqslant 60\%$　C. $50\% < R_6 \leqslant 55\%$

D. $45\% < R_6 \leqslant 50\%$　E. $R_6 \leqslant 45\%$

二　企业背景信息

请根据企业的实际情况，在相应的选项上打“√”。

1. 企业类型

A. 运输型物流企业　B. 仓储型物流企业

C. 综合服务型物流企业

2. 企业所有制性质

A. 国有或国有控股企业　B. 民营或民营控股企业

C. 外资或外资控股企业　D. 其他（请注明：________________）

3. 企业级别

A. 5A 级　B. 4A 级　C. 3A 级

4. 企业是否上市

A. 上市　B. 非上市

5. 企业年龄

A. 10 年及 10 年以下　B. 10 年以上

问卷到此结束，再次感谢您的支持！

祝您身体健康，诸事顺利！

附录九　零售企业绿色经营现状访谈提纲

尊敬的先生/女士：

您好！我们现正从事零售企业绿色环保方面的学术研究。出于研究的需要，特向您请教关于零售企业绿色经营的相关情况，希望得到您的理解和支持。本次访谈的内容不需要提供您的任何个人信息，也不涉及任何商业隐私，访谈的结果我们也将严格保密，且承诺不会用于任何商业交易，只用于学术研究。您的参与对本研究非常重要，恳请您能抽出宝贵的时间，协助完成此次访谈，我们将衷心地感谢您的参与。敬祝身体健康、万事顺意！

2012 年 5 月

一　访谈背景

“十二五”规划的首要任务是实现绿色发展，推动绿色革命。基于此背景，绿色经营不仅成为现代企业长远发展的必然选择，也是企业竞争优势的一个新的重要来源。因此，如何科学、客观地评价零售企业经营的绿色化程度，促进零售业的绿色发展具有重要意义。

二　访谈内容

1. 您觉得零售企业在节约资源与能源方面应重点抓哪些工作？具体从哪些环节着手？

2. 您觉得零售企业在保护环境方面应重点抓哪些工作？具体从哪些环节着手？

3. 您觉得零售企业在保障消费者消费安全方面应重点抓哪些工作？具体从哪些环节着手？

4. 您对测评零售企业经营的绿色化程度还有哪些看法？

附录十　零售企业绿色度评价指标体系构建问卷

尊敬的先生/女士：

您好！这是一份关于零售企业绿色度评价指标体系构建的问卷，目的是通过您的回答搜集关于评价零售企业经营的绿色化程度的指标，从而为我们评价零售企业的绿色度提供参考依据。

本问卷采用不记名方式，全部资料仅供学术研究之用，绝不对外公布，敬请放心填写。由衷感谢您百忙之中的帮助并致以最真挚的敬意！

×××

填写说明：

1. 请您根据指标内容在相应的重要程度栏内打“√”，每项只选一个程度。

2. “修改意见”一栏用于您对指标内容、名称的修改。

3. “补充”一栏用于填写您认为遗漏的评价指标。

序号	评价指标内容	指标重要程度					修改意见
		非常不重要	不重要	不确定	重要	非常重要	
资源节约指标							
1	单位建筑面积能耗	①	②	③	④	⑤	
2	单位营业面积电耗	①	②	③	④	⑤	
3	单位营业面积水耗	①	②	③	④	⑤	
4	耗能设备能源利用率	①	②	③	④	⑤	
5	办公用品循环利用情况	①	②	③	④	⑤	
6	商场温度控制情况	①	②	③	④	⑤	

续表

序号	评价指标内容	指标重要程度					修改意见
		非常不重要	不重要	不确定	重要	非常重要	
7	包装废弃物回收利用情况	①	②	③	④	⑤	
8	节能技改资金投入	①	②	③	④	⑤	
9	清洁能源使用率	①	②	③	④	⑤	
10	废旧商品回收利用情况	①	②	③	④	⑤	
环境友好指标							
1	绿色采购比例	①	②	③	④	⑤	
2	共同配送实施情况	①	②	③	④	⑤	
3	绿色商品销售比例	①	②	③	④	⑤	
4	室内空气质量监控	①	②	③	④	⑤	
5	环境管理体系认证	①	②	③	④	⑤	
6	营业场所绿化情况	①	②	③	④	⑤	
7	环保建筑材料使用情况	①	②	③	④	⑤	
8	商场购物环境舒适度	①	②	③	④	⑤	
9	环保制冷剂使用情况	①	②	③	④	⑤	
10	商品包装物减量程度	①	②	③	④	⑤	
11	限塑令执行情况	①	②	③	④	⑤	
消费安全指标							
1	商品质量安全保障	①	②	③	④	⑤	
2	商品质量抽检合格率	①	②	③	④	⑤	
3	商品虚假宣传情况	①	②	③	④	⑤	
4	重大商品质量事故	①	②	③	④	⑤	
5	顾客投诉处理满意率	①	②	③	④	⑤	
6	重大价格欺诈事故	①	②	③	④	⑤	
7	顾客人身安全保障	①	②	③	④	⑤	
8	重大人员伤亡事故	①	②	③	④	⑤	
9	重大火灾事故	①	②	③	④	⑤	
10	顾客财产安全保障	①	②	③	④	⑤	
11	消费者财产安全事故	①	②	③	④	⑤	
12	应急突发事件预案演练情况	①	②	③	④	⑤	

续表

序号	评价指标内容	指标重要程度					修改意见
		非常不重要	不重要	不确定	重要	非常重要	
经济绩效指标							
1	净资产收益率	①	②	③	④	⑤	
2	总资产报酬率	①	②	③	④	⑤	
3	总资产周转率	①	②	③	④	⑤	
4	流动资产周转率	①	②	③	④	⑤	
5	销售增长率	①	②	③	④	⑤	
6	销售利润增长率	①	②	③	④	⑤	

补充：

除了以上指标外，您认为还有哪些指标可用于零售企业绿色度的评价？请您写入下面的空格。

1. ____________________

2. ____________________

3. ____________________

若您希望得到该研究的有关研究成果，请留下您的联系邮箱地址：

____________________。

附录十一　零售企业绿色度评价指标权重调查问卷

尊敬的专家：

您好！非常感谢您在百忙之中抽空填写此份问卷，本问卷的主要目的在于确定零售企业绿色度评价指标的权重。本问卷采用不记名方式，全部资料仅用于零售企业绿色度评价指标体系研究，敬请放心填写。您的宝贵意见将对整个研究结果产生关键影响，由衷感谢您百忙之中的帮助并致以最真挚的敬意！

×××

一　问卷说明

1. 概念界定

零售企业绿色度：是指零售企业自身经营的绿色发展程度，零售企业对资源、环境以及社会的负面影响越小，绿色度也越高。零售企业的绿色发展要以经济效益的发展为基础，因此零售企业绿色度是对企业的生态效益、社会效益和经济效益的一种综合度量。

2. 填写说明

调查问卷根据层次分析法（AHP）的形式设计。这种方法是在同一个层次对影响因素重要性进行两两比较。衡量尺度划分为5个等级，分别是绝对重要、十分重要、比较重要、稍微重要、同样重要，分别对应9、7、5、3、1的数值。靠左边的衡量尺度表示左列因素重要于右列因素，靠右边的衡量尺度表示右列因素重要于左列因素。根据您的看法，在对应方格中打钩即可。

如果您觉得各级别不能精确的表达您对某个比较问题的看法，例如您对一个比较问题的看法应该介于十分重要和比较重要之间，那么您可以通过在十分重要和比较重要两个方格之间画圈来表达您的看法。

3. 示例：

您认为一辆汽车是安全性重要，还是价格重要？如果您认为一辆汽车的安全性相对于价格十分重要，那么请在左侧（十分重要）下边的方格打钩。

样表 1　对于评价汽车，安全性相对于价格十分重要

A	评价尺度									B
	9	7	5	3	1	3	5	7	9	
安全性		√								价格

注：衡量尺度划分为 5 个等级，分别是绝对重要、十分重要、比较重要、稍微重要、同样重要，分别对应 9、7、5、3、1 的数值。

如果您认为一辆汽车的价格相对于安全性稍微重要，那么请在右侧（稍微重要）下边的方格打钩。

样表 2　对于评价汽车，价格相对于安全性稍微重要

A	评价尺度									B
	9	7	5	3	1	3	5	7	9	
安全性						√				价格

注：衡量尺度划分为 5 个等级，分别是绝对重要、十分重要、比较重要、稍微重要、同样重要，分别对应 9、7、5、3、1 的数值。

二　问卷内容

1. 在评价“零售企业绿色度”时，下列各组比较指标的相对重要性如何？

A	评价尺度									B
	9	7	5	3	1	3	5	7	9	
资源节约										环境友好
										经济绩效
										消费安全
环境友好										经济绩效
										消费安全
经济绩效										消费安全

注：衡量尺度划分为 5 个等级，分别是绝对重要、十分重要、比较重要、稍微重要、同样重要，分别对应 9、7、5、3、1 的数值。

2. 在评价“零售企业资源节约程度”时，下列各组比较指标的相对重要性如何？

A	评价尺度									B
	9	7	5	3	1	3	5	7	9	
单位营业面积耗电量										单位营业面积耗水量
										节能技改资金投入
										商场温度控制
										包装废弃物回收利用
										办公用品循环利用
单位营业面积耗水量										节能技改资金投入
										商场温度控制
										包装废弃物回收利用
										办公用品循环利用
节能技改资金投入										商场温度控制
										包装废弃物回收利用
										办公用品循环利用
商场温度控制										包装废弃物回收利用
										办公用品循环利用
包装废弃物回收利用										办公用品循环利用

注：衡量尺度划分为5个等级，分别是绝对重要、十分重要、比较重要、稍微重要、同样重要，分别对应9、7、5、3、1的数值。

3. 在评价“零售企业环境友好程度”时，下列各组比较指标的相对重要性如何？

A	评价尺度									B
	9	7	5	3	1	3	5	7	9	
绿色商品销售比例										室内空气质量监控
										环境管理体系认证
										商场购物环境舒适度
										商品包装物减量程度
										限塑令执行情况
室内空气质量监控										环境管理体系认证
										商场购物环境舒适度
										商品包装物减量程度
										限塑令执行情况

续表

A	评价尺度									B
	9	7	5	3	1	3	5	7	9	
环境管理体系认证										商场购物环境舒适度
										商品包装物减量程度
										限塑令执行情况
商场购物环境舒适度										商品包装物减量程度
										限塑令执行情况
商品包装物减量程度										限塑令执行情况

注：衡量尺度划分为5个等级，分别是绝对重要、十分重要、比较重要、稍微重要、同样重要，分别对应9、7、5、3、1的数值。

4. 在评价“零售企业消费安全程度”时，下列各组比较指标的相对重要性如何？

A	评价尺度									B
	9	7	5	3	1	3	5	7	9	
商品质量安全保障										商品质量抽检合格率
										顾客投诉处理满意率
										顾客人身安全保障
										顾客财产安全保障
商品质量抽检合格率										顾客投诉处理满意率
										顾客人身安全保障
										顾客财产安全保障
顾客投诉处理满意率										顾客人身安全保障
										顾客财产安全保障
顾客人身安全保障										顾客财产安全保障

注：衡量尺度划分为5个等级，分别是绝对重要、十分重要、比较重要、稍微重要、同样重要，分别对应9、7、5、3、1的数值。

5. 在评价“零售企业经济绩效”时，下列各组比较指标的相对重要性如何？

A	评价尺度									B
	9	7	5	3	1	3	5	7	9	
净资产收益率										流动资产周转率
										销售利润增长率
流动资产周转率										销售利润增长率

注：衡量尺度划分为5个等级，分别是绝对重要、十分重要、比较重要、稍微重要、同样重要，分别对应9、7、5、3、1的数值。

个人背景信息

1. 您的工作单位：________________________

2. 您的职务/职称：________________________

3. 单位所在地：__________省__________市__________区

问卷到此结束，再次感谢您的帮助！

附录十二　零售企业绿色度评价调查问卷

尊敬的先生/女士：

您好！我们正从事零售企业绿色环保方面的学术研究，旨在调查和了解零售企业绿色经营的现状，为推进零售企业的绿色发展提供借鉴和参考，希望能够得到您的大力支持！

本问卷采用不记名方式，全部资料仅用于“零售企业绿色度评价指标体系研究”的撰写，调查的结果我们将严格保密，且承诺不会用于任何商业交易，敬请放心填写。如果需要，我们将在所有研究工作完成后将最终研究成果提供给您参考！

您的宝贵意见是完成本研究的关键，期盼您的鼎力支持，谢谢！

×××

请根据您所在企业近一年内的实际情况回答以下问题，并在最符合的选项上划“√”。

一　资源节约指标

1. 我们企业的单位营业面积耗电量为

（$单位营业面积耗电量 = \frac{企业全年电力消费量}{营业面积} \times 100\%$，以字母 *UPC* 表示）

□ 225kwh/m^2 及以下

□ 225kwh/m^2 < $UPC \leqslant$ 250kwh/m^2

□ 250kwh/m^2 < $UPC \leqslant$ 275kwh/m^2

□ 275kwh/m^2 < $UPC \leqslant$ 300kwh/m^2

□ 300kwh/m^2 以上

2. 我们企业的单位营业面积耗水量为

（$单位营业面积耗水量 = \frac{企业全年用水量}{营业面积} \times 100\%$，以字母 *UWC* 表示）

□ 1.5t/m² 及以下

□ $1.5t/m^2 < UWC \leqslant 1.75t/m^2$

□ $1.75t/m^2 < UWC \leqslant 2t/m^2$

□ $2t/m^2 < UWC \leqslant 2.5t/m^2$

□ 2.5t/m² 以上

3. 我们企业2011年对每家店铺进行节能改造投入的平均金额是

（节能改造主要是指对照明、空调、电梯、冷冻冷藏及其他耗能设备进行细节改动或局部改造）

□ 50万元以下

□ 50万～100万元

□ 100万～300万元

□ 300万～500万元

□ 500万元以上

4. 我们企业在商场温度控制（夏季不低于26℃，冬季不高于20℃）方面做得

□差　　□较差　　□一般　　□较好　　□好

5. 我们企业在包装废弃物循环利用（如返回配送中心或供应商进行循环利用，而不只是用作废品出售）方面做得

□差　　□较差　　□一般　　□较好　　□好

6. 我们企业在办公用品循环利用（如复印打印时双面用纸、设立纸张回收箱、避免使用一次性办公用品等）方面做得

□差　　□较差　　□一般　　□较好　　□好

二　环境友好指标

1. 我们企业的绿色商品销售比例为

$$（绿色商品销售比例 = \frac{绿色商品销售额}{所有商品销售额} \times 100\%，以字母 SGP 表示）$$

□ 5%及以下

□ $5\% < SGP \leqslant 10\%$

□ $10\% < SGP \leqslant 20\%$

□ $20\% < SGP \leqslant 30\%$

□ 30%以上

2. 我们企业在安装空气质量监测系统，对营业场所内的空气质量进行实时监控方面做得

□差 □较差 □一般 □较好 □好

3. 我们企业 ISO14001 国家环境管理体系认证情况

□从未有意向进行认证

□有意愿在近五六年进行认证

□有意愿在近三四年进行认证

□有意愿在近一两年进行认证

□已获得认证

4. 我们商场购物环境的舒适度

□差 □较差 □一般 □较好 □好

5. 我们企业在减少使用商品包装（如抑制过度包装、销售“适度包装商品”，并引导生产企业实行“绿色包装”）方面做得

□差 □较差 □一般 □较好 □好

6. 我们企业在对塑料购物袋实行明码标价，有偿向顾客提供方面做得

□差 □较差 □一般 □较好 □好

三　消费安全指标

1. 我们企业在保障商品质量安全（如严格执行索证索票制度、制定并执行商品验收流程和标准、严格执行商品安全销售管理流程等）方面做得

□差 □较差 □一般 □较好 □好

2. 我们企业的商品质量抽检合格率为

（$\text{商品质量抽检合格率}=\frac{\text{商品抽检合格批次}}{\text{商品抽检总批次}}\times 100\%$，以字母 QSG 表示）

□ 80%及以下

□ $80\% < QSG \leqslant 85\%$

□ $85\% < QSG \leqslant 90\%$

□ $90\% < QSG \leqslant 95\%$

□ $95\% < QSG \leqslant 100\%$

3. 我们企业的顾客投诉处理满意率为

（顾客投诉处理满意率 $=\frac{\text{顾客对投诉处理结果表示满意的投诉数量}}{\text{顾客总投诉数量}}\times 100\%$，以字母 SCC 表示）

□ 80%及以下

□ $80\% < SCC \leqslant 85\%$

□ $85\% < SCC \leqslant 90\%$

□ $90\% < SCC \leqslant 95\%$

□ $95\% < SCC \leqslant 100\%$

4. 我们企业在保障顾客人身安全（如合理设置导向标志、警示标志以及告知性标志，定期维护公共设施与消防设施，定期进行消防应急预案演练等）方面做得

□差　□较差　□一般　□较好　□好

5. 我们企业在保障顾客财产安全（如营业员口头提醒、安保人员巡查、监控设施实时监控等）方面做得

□差　□较差　□一般　□较好　□好

四　经济绩效指标

1. 我们企业2011年净资产收益率为

（净资产收益率 $=\frac{\text{企业税后净利润}}{\text{资产总额}-\text{负债总额}}\times 100\%$，以字母 ROE 表示）

□ $2.3\% \leqslant ROE < 7.1\%$

□ $7.1\% \leqslant ROE < 11.5\%$

□ $11.5\% \leqslant ROE < 17.3\%$

□ $17.3\% \leqslant ROE < 21.1\%$

□ 21.1%及以上

2. 我们企业2011年流动资产周转率为

（流动资产周转率 $=\frac{\text{主营业务收入}}{\text{平均流动资产总额}}\times 100\%$，以字母 CAT 表示）

□ 1.6次 $\leqslant CAT <$ 2.4次

□ 2.4次 $\leqslant CAT <$ 3.3次

□ 3.3 次 $\leqslant CAT<5.3$ 次

□ 5.3 次 $\leqslant CAT<7.4$ 次

□ 7.4 次及以上

3. 我们企业 2011 年销售利润增长率为

（销售利润增长率 $=\dfrac{本年销售利润增长额}{上年销售利润}\times 100\%$，以字母 PSG 表示）

□ $-5.3\% \leqslant PSG<6.4\%$

□ $6.4\% \leqslant PSG<18.2\%$

□ $18.2\% \leqslant PSG<29.8\%$

□ $29.8\% \leqslant PSG<33.9\%$

□ 33.9% 及以上

企业背景信息

1. 企业业态：

□百货公司　　□大型综合超市　□购物中心　□专业商店　□其他

2. 企业性质：

□内资企业　　　　□外资企业　　　　□中外合资企业

3. 企业是否上市：

□上市公司　　　　□非上市公司

4. 企业成立年限：＿＿＿＿＿＿

问卷到此结束，请检查是否有漏答之处，再次感谢您的参与！

后　记

我于2009年开始关注服务业的绿色发展问题，2010年开始在CSSCI学术期刊公开发表学术论文，并于2012年9月初完成了本书的初稿。之后不断修改、完善，相继在《中国软科学》《安全与环境学报》等期刊发表了系列阶段性成果。在此基础上于2014年8月26日申报国家社科基金后期资助项目，很幸运于2014年12月获准立项。在紧张的工作之余，我对书稿又进行了长达三年的修改、完善。其间又有成果在《中国环境科学》《商业经济与管理》等学术期刊公开发表。呈现在读者眼前的这本小册子是我近十年不断探索、不断完善的结果。

全书的思想观点、研究设计、框架布局、主要章节、修改定稿由我完成。湖南商学院副研究员舒莉，华中科技大学硕士生陈美丽，以及湖南大学工商管理学院硕士生杜静、刘盼、唐宇、宿兰芳、何安康参与起草了部分章节的初稿。

感谢国家社科规划办设立后期资助项目，为潜心治学者提供了获取国家项目的机会和宽松的科研环境！感谢五位匿名评审专家对我研究工作的肯定，尤其感谢他们高屋建瓴地提出了修改完善意见！感谢社会科学文献出版社恽薇老师、王婧怡老师为本书出版付出的心血！

感谢中国人民大学"杰出学者"特聘教授谷克鉴先生、中央财经大学学术委员会副主任齐兰教授、浙江财经大学工商管理学院副院长王建明教授在项目申报时的鼎力推荐！感谢我所在单位湖南大学工商管理学院为普通教师营造了良好的工作环境！

感谢论文中涉及的国内外学者，他们的论著给了我有益的启迪。

感谢所有关心我、帮助过我的人！

贺爱忠

2018年5月28日

图书在版编目（CIP）数据

服务业绿色发展：驱动机理、绩效测评与战略反应 / 贺爱忠著. --北京：社会科学文献出版社，2018.11

国家社科基金后期资助项目

ISBN 978 - 7 - 5201 - 3579 - 5

Ⅰ.①服… Ⅱ.①贺… Ⅲ.①服务业 - 绿色经济 - 经济可持续发展 - 研究 - 中国 Ⅳ.①F726.9

中国版本图书馆 CIP 数据核字（2018）第 227205 号

· 国家社科基金后期资助项目 ·

服务业绿色发展：驱动机理、绩效测评与战略反应

著　　者 / 贺爱忠

出 版 人 / 谢寿光
项目统筹 / 恽　薇
责任编辑 / 王婧怡　孙智敏

出　　版 / 社会科学文献出版社 · 经济与管理分社（010）59367226
地址：北京市北三环中路甲 29 号院华龙大厦　邮编：100029
网址：www.ssap.com.cn
发　　行 / 市场营销中心（010）59367081　59367018
印　　装 / 三河市龙林印务有限公司

规　　格 / 开 本：787mm × 1092mm　1/16
印 张：20.25　字 数：338 千字
版　　次 / 2018 年 11 月第 1 版　2018 年 11 月第 1 次印刷
书　　号 / ISBN 978 - 7 - 5201 - 3579 - 5
定　　价 / 89.00 元

本书如有印装质量问题，请与读者服务中心（010 - 59367028）联系